国家卫生健康委员会"十四五"规划教材

全国高等职业教育专科教材

供护理、助产专业用

护理美学基础

第 2 版

主　编　王晓莉

副主编　何　岩　孙海娅

编　者　（以姓氏笔画为序）

王　娟（山西医科大学汾阳学院）

王晓莉（江苏医药职业学院）

王淑芳（江苏省盐城市第三人民医院）

白毛毛（临汾职业技术学院）

乔　叶（菏泽医学专科学校）

孙海娅（济宁医学院）

杨玉静（山西医科大学汾阳学院）（兼编写秘书）

吴秀梅（江苏省盐城市第一人民医院）

何　岩（甘肃卫生职业学院）

张荣芳（河南护理职业学院）

胡　蝶（郑州卫生健康职业学院）

郭莉莉（山西中医药大学）

新形态教材

人民卫生出版社

·北京·

图书在版编目（CIP）数据

护理美学基础 / 王晓莉主编. -- 2 版. -- 北京：
人民卫生出版社，2025.6. --（高等职业教育专科护理
类专业教材）. -- ISBN 978-7-117-38105-5

Ⅰ. R47-05

中国国家版本馆 CIP 数据核字第 20259Q3D98 号

人卫智网	www.ipmph.com	医学教育、学术、考试、健康，购书智慧智能综合服务平台
人卫官网	www.pmph.com	人卫官方资讯发布平台

护理美学基础
Huli Meixue Jichu
第 2 版

主　　编：王晓莉
出版发行：人民卫生出版社（中继线 010-59780011）
地　　址：北京市朝阳区潘家园南里 19 号
邮　　编：100021
E - mail：pmph @ pmph.com
购书热线：010-59787592　010-59787584　010-65264830
印　　刷：人卫印务（北京）有限公司
经　　销：新华书店
开　　本：850×1168　1/16　　印张：10
字　　数：282 千字
版　　次：2018 年 12 月第 1 版　　2025 年 6 月第 2 版
印　　次：2025 年 7 月第 1 次印刷
标准书号：ISBN 978-7-117-38105-5
定　　价：49.00 元

打击盗版举报电话：010-59787491　E-mail：WQ @ pmph.com
质量问题联系电话：010-59787234　E-mail：zhiliang @ pmph.com
数字融合服务电话：4001118166　E-mail：zengzhi @ pmph.com

高等职业教育专科护理类专业教材是由原卫生部教材办公室依据原国家教育委员会"面向21世纪高等教育教学内容和课程体系改革"课题研究成果规划并组织全国高等医药院校专家编写的"面向21世纪课程教材"。本套教材是我国高等职业教育专科护理类专业的第一套规划教材,于1999年出版后,分别于2005年、2012年和2017年进行了修订。

随着《国家职业教育改革实施方案》《关于深化现代职业教育体系建设改革的意见》《关于加快医学教育创新发展的指导意见》等文件的实施,我国卫生健康职业教育迈入高质量发展的新阶段。为更好地发挥教材作为新时代护理类专业技术技能人才培养的重要支撑作用,在全国卫生健康职业教育教学指导委员会指导下,经广泛调研启动了第五轮修订工作。

第五轮修订以习近平新时代中国特色社会主义思想为指导,全面落实党的二十大精神,紧紧围绕立德树人根本任务,以打造"培根铸魂、启智增慧"的精品教材为目标,满足服务健康中国和积极应对人口老龄化国家战略对高素质护理类专业技术技能人才的培养需求。本轮修订重点:

1. **强化全流程管理**。履行"尺寸教材、国之大者"职责,成立由行业、院校等参与的第五届教材建设评审委员会,在加强顶层设计的同时,积极协同和发挥多方面力量。严格执行人民卫生出版社关于医学教材修订编写的系列管理规定,加强编写人员资质审核,强化编写人员培训和编写全流程管理。

2. **秉承三基五性**。本轮修订秉承医学教材编写的优良传统,以专业教学标准等为依据,基于护理类专业学生需要掌握的基本理论、基本知识和基本技能精选素材,体现思想性、科学性、先进性、启发性和适用性,注重理论与实践相结合,适应"三教"改革的需要。各教材传承白求恩精神、红医精神、伟大抗疫精神等,弘扬"敬佑生命、救死扶伤、甘于奉献、大爱无疆"的崇高精神,契合以人的健康为中心的优质护理服务理念,强调团队合作和个性化服务,注重人文关怀。

3. **顺应数字化转型**。进入数字时代,国家大力推进教育数字化转型,探索智慧教育。近年来,医学技术飞速发展,包括电子病历、远程监护、智能医疗设备等的普及,护理在技术、理念、模式等方面发生了显著的变化。本轮修订整合优质数字资源,形成更多可听、可视、可练、可互动的数字资源,通过教学课件、思维导图、线上练习等引导学生主动学习和思考,提升护理类专业师生的数字化技能和数字素养。

第五轮教材全部为新形态教材,探索开发了活页式教材《助产综合实训》,供高等职业教育专科护理类专业选用。

王晓莉

正高级实验师、副主任护师

　　江苏医药职业学院国家级精品在线课程"护理礼仪与人际沟通"负责人，全国护理技能大赛优秀指导老师，从事临床护理工作 12 年、护理教学 28 年。主持的在线课程"护理礼仪与人际沟通"获"十四五"江苏省职业教育首批精品在线课程，2022 年国家级职业教育精品在线课程；主编了"十三五""十四五"国家规划教材 3 部，苏沪版规划教材 2 部；主编新形态教材 1 部，主编教材《护理礼仪与人际沟通》荣获"十四五"职业教育江苏省规划教材；获江苏省信息化课堂教学大赛二等奖；获江苏省高校微课教学大赛三等奖 2 次。

　　美——沁润心灵、滋养职业。同学们，让我们一起来学习做"德技兼修"的新时代"五美"护士，为健康中国贡献自己的一份力量。

　　护理美学是将美学理论应用于护理实践的一门新兴学科，它运用美学的基本理论、基本知识，从护理的角度研究护理活动中美的现象及护理审美规律，是美学在护理领域的具体体现。

　　随着社会的进步、经济的发展，以及人们生活水平的不断提高，人们对护理服务的需求呈现高品质、多元化的趋势。医学模式的转变和护理学科的不断完善，要求护士在护理工作中将美融入护理实践的各个环节，为服务对象和社会提供优质、美好的护理服务，塑造护士美好的职业形象，使护理美学达到为健康服务的至高境界。

　　本教材以党的二十大精神为引领，以新时期卫生与健康工作方针为指导，以《全国护理事业发展规划（2021—2025年）》为依据，着眼于护理工作实际，将护理美学和美学护理融为一体，引导学生在学习美学基本理论的同时，认识护理工作中的美，感受护理美的魅力，并能够在护理岗位上实践美、创造美。

　　本教材从美学概述、护理与美、护士的心灵美、护士的形象美、护士的行为美、护士的语言美与非语言美、护士的技术美、护理工作中的环境美、护士的审美修养、护理审美评价等方面进行论述，将医务人员的职业思想、职业道德和职业精神等元素有机融入，突出培养适应时代要求和临床需求的心灵美、形象美、行为美、语言美和非语言美、技术美的"五美"护士。本教材配套丰富的多媒体资源便于学生自主学习和自我评价；以护士岗位工作任务引领教学活动，注重教材的实用性；设置思维导图二维码，实现一图见全貌；设置微视频二维码，将临床护理岗位中护士美的情境再现，方便学生参照实践；设置练习题二维码，方便学生自主学习；思考题以鲜活、生动的临床案例引导学生在护理岗位上实践美、创造美。本教材适用于三年制高职专科护理、助产专业的学生。

　　全国多个院校的教师和具有丰富实践经验的临床护理专家参与了本教材的编写，为教材的编写付出了辛勤的劳动，在此一并表示感谢。

　　由于时间仓促及水平所限，教材中难免有不足之处，尤其是探索与创新等内容尚待各位同仁的认同、帮助及指导，欢迎广大读者批评指正。

教学大纲
（参考）

王晓莉

2025年6月

目 录

第一章 | 美学概述

ER 1-1 教学课件

ER 1-2 思维导图

学习目标

1. 掌握形式美；美的基本形态和基本范畴。
2. 熟悉美的本质和特征；美感及其特征；审美的心理要素。
3. 了解美学的产生和发展；美的内容和形式；审美心理过程。
4. 学会运用美学基本理论指导生活和护理工作中的审美活动。
5. 具备审美意识，提升审美能力，增强文化自信。

发现美、感受美、欣赏美、创造美，是人类所特有的精神需求。从古到今，人们不断对"美"进行探索、讨论和研究，最终形成了一门独立的学科——美学。它丰富了人们的思想、艺术和文化，使人们更好地理解和欣赏世界的多样之美。

第一节 美与美学

情境导入

小赵在校期间专业课成绩优异，但在实习过程中她发现，自己的努力并未获得患者的认可。经过一番观察及与带教老师的沟通，她终于明白想要胜任护士角色仅靠专业知识是不够的，在护理情境中必须加入美的设计，在职业生涯中必须注入美的追求。

工作任务：
请说出小赵应该具备的基本美学知识。

一、美学的产生与发展

美学是研究美、美感、美的欣赏和创造、美育的本质和特征及其发展规律的一门学科。从多姿多彩的自然界到诗意栖居的人类社会，美是普遍存在的。人类发现美、追求美和创造美的过程，在文明史上具有相当重要的意义。

（一）美的产生

人类对美的追求从诞生的那一刻起便开始了。当原始人把"自然界中的石头"打磨成光滑匀整的石斧、石凿的时候，便感受到了它们在实用性基础上的形式美。当山顶洞人把由石珠、兽牙、海蚶壳等串成的装饰品挂到脖子上的时候，便把追求美的种子撒在了心田（图 1-1）。

旧石器时代（距今 300 万 ~1.2 万年前）晚期，人类已懂得把逝者按照一定的葬俗进行埋葬。山顶洞人在逝者周围撒上赤铁矿粉末，用石器和装饰品随葬，这表明了原始信仰的萌芽。在众多遗址发现的装饰品，则标志着人们审美意识的出现及原始艺术的起源。原始艺术家们还在洞穴墙壁上刻画野牛、马、鹿、大象、狮子等动物形象，这些成为最早的绘画作品。

到新石器时代（距今 1.2 万~4 000 年），原始人更是制作出形态各异、线条流畅、造型优美的陶器、玉器等。例如，1958 年在陕西宝鸡北首岭出土的小口尖底陶瓶，瓶身呈纺锤形，带环状耳，可系绳，利用重心转换原理调节平衡，以方便从河里取水（图 1-2）。1971 年在内蒙古翁牛特旗赛沁塔拉出土的玉龙，躯体卷曲若钩，造型生动，雕琢精美（图 1-3）。1987 年在河南省舞阳县贾湖遗址，出土了用鹤类尺骨制成的骨笛（图 1-4），距今 9 000~7 800 年，是中国考古发现的最早的乐器。

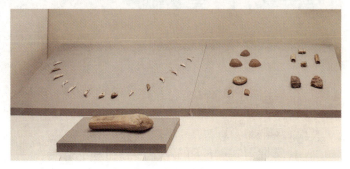

图 1-1　山顶洞人项饰

图 1-2　小口尖底陶瓶

图 1-3　玉龙

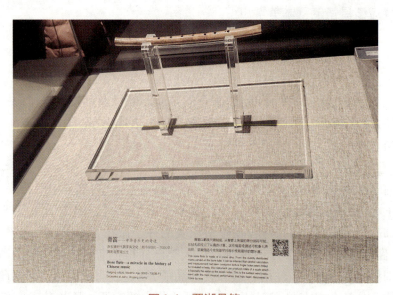

图 1-4　贾湖骨笛

贾湖骨笛

唐代诗人王之涣的《凉州词》中"羌笛"一词，让汉、唐之后的人们常认为笛源于西域羌人，并非华夏族原有的乐器。但1986—1987年及2001年，距今9 000~7 800年的40多支截取丹顶鹤尺骨（翅骨）制成的骨笛，相继在河南舞阳贾湖遗址出土，被称为贾湖骨笛。骨笛身长20cm左右，管径1.1cm左右，通体呈土黄色，晶莹亮洁。笛孔有2、4、5、6、7、8孔之别，大多数为7孔。贾湖骨笛拥有两个八度音域且半音阶齐全，不仅能演奏五声、七声调式乐曲，还能驾驭含变化音的异域曲调。它的出土颠覆了"中国传统音乐以五声音阶为主"的固有观点，为音乐理论和演奏技法发展提供了珍贵物证。更为重要的是，它是中华民族迈向文明的重要标志，对中国礼乐制度、道家道教及整体文化文明产生了深远影响（图1-4）。

原始艺术生动地反映了人类早期的绘画、音乐、舞蹈、诗歌等审美活动，人类的审美意识也伴随着长期的社会实践逐渐形成和发展起来。随着语言文字的产生和审美领域的扩展，人类的审美活动逐渐发展成为抽象的、明确的审美观念，美学理论和美学思想开始形成。总之，从审美意识到审美思想，再到美学的诞生，是一个从低级到高级发展的漫长历程。

（二）美学的产生

美学思想最早蕴含于哲学之中，其渊源可以追溯到奴隶社会。随着社会分工的出现，艺术有了飞速的发展，哲学家们关于人类审美和艺术经验的讨论，成为美学的萌芽和历史起点。

国外的美学思想始于古希腊，许多大哲学家都提出过有关美学的重要观点。毕达哥拉斯提出"美是和谐"的思想，认为美在于"对立因素的和谐统一"。柏拉图对"什么是美"和"什么东西是美的"两个不同的命题进行辨析，从哲学思辨的高度讨论美学的问题。亚里士多德提出"美是整一"的学说。古罗马美学思想基本上是古希腊美学思想的延续。进入漫长的中世纪后，美学也浸透着封建宗教色彩。文艺复兴时期的美学开始崇尚人性，在绘画、雕塑、文学、音乐等作品中把人作为表现的主体。

中国美学有悠久的历史，春秋战国时期是中国古典美学发展的一个"黄金"时期。中国传统美学的思想精粹主要包括中和之美、协调之美、和善之美、和合之美等和谐思维。"中和"是儒家美学与伦理思想的核心概念，"中"指不偏不倚的适度原则（《中庸》"喜怒哀乐之未发谓之中"），强调内在平衡。"和"指多样性的统一（《论语》"君子和而不同"），体现矛盾因素的有机协调。二者结合构成宇宙根本秩序，《中庸》称"致中和，天地位焉，万物育焉"，将审美境界提升至宇宙论高度。"协调"是指事物内部各构成要素及各种相关事物之间的和谐统一，是世界万物运行的客观规律。中国传统文化非常重视人与自然、人与人之间的和谐与统一，主张"和谐即美""协调即美"。"和善"是指和谐的形式与仁善的内容有机统一。善即仁，是内在美；和即协调，是外在美。善是美的重要前提，美是对善的弘扬。尽善尽美，至善至美，是中国传统美学的最高境界。"和合"之美强调整体，不仅要求客体内部各个部分之间是和谐协调的，而且要求客体与环境之间也是和谐协调的。以上四者的有机统一，构成了中国传统美学思想的特色。

从战国后期开始，美学得到普遍的重视，而且深入到了文学、音乐、绘画、戏剧、书法等各个领域，取得了较为出色的成果。比如文论方面有陆机的《文赋》，钟嵘的《诗品》，刘勰的《文心雕龙》等；乐论方面有阮籍的《乐论》，嵇康的《声无哀乐论》等；画论方面有顾恺之的《论画》，谢赫的《古画品录》等；剧论方面有王骥德的《曲律》，李渔的《闲情偶寄》等；书论方面有孙过庭的《书谱》，张怀瓘的《书断》等。这些著作体现了当时人们对美的规律的探求与把握，将审美经验与艺术鉴赏有机结合，提出了诸如意象、神思、韵味、意境等中国特有的审美范畴，展示了我国古代美学鲜明的民族特色。

直到近代，美学才成为一门独立的学科。德国鲍姆嘉通的《美学》于1750年出版，首次提出了美学的概念。他认为人类的心理活动包括知、情、义三个方面，研究人理性的有逻辑学，研究人意志的有伦理学，主张设立一门专门研究"情"的美学新学科。

（三）美学的发展

18世纪美学进入一个蓬勃发展的时期，18世纪末到19世纪初形成的德国古典美学是国外美学发展的高峰。康德在1790年出版的《判断力批判》中提出并论证了一系列美学根本问题，形成了较为完整的理论体系。他主张审美活动是非功利的直观感性活动，是主体的自由创造活动，为美学提供了思想基础。黑格尔在《美学》巨著中展示了庞大的、完整的美学体系，成为国外美学思潮的集大成者。

19世纪中叶，马克思主义美学诞生，对德国古典美学进行了革命性的批判和改造，使美学走上了科学的道路。马克思和恩格斯以辩证唯物主义和历史唯物主义的世界观，为美学发展提供了科学的哲学基础。在《1844年经济学哲学手稿》中，马克思提出了美学研究的科学方法论原则，即理论与实践相统一、逻辑与历史相结合；论证了美是社会实践的产物，是人的本质力量的对象化，是物化了的人的本质、个性和生命；提出了"劳动创造了美"的基本美学命题，并阐述了创造美的规律，即对象的规律性与人的目的性的统一；指出了艺术创作的原则和方法，即按照美的规律来建造等重要的理论。马克思对美、美感、美的规律等美学基本理论问题作了精辟的阐述，从而为美学的崛起奠定了坚实的理论基础。

在我国，王国维将《美学》列入教学计划，标志着美学在中国的确立。他主张用美学的观念重讲中国文化，特别是中国艺术。之后，宗白华、邓以蛰在一种世界文化比较的背景下探讨中国美学的独特性，取得了相当大的成就。

20世纪50—60年代的美学大讨论，形成了以吕荧为代表的主观派、以蔡仪为代表的客观派、以朱光潜为代表的主客观统一派和以李泽厚为代表的客观社会派，出现了四大学派争鸣的繁荣局面。20世纪80年代的"美学热"不仅代表了美学研究的复兴，而且促进了美学研究的深入和分化，出现了生活美学、生产美学、商品美学、科学美学、文艺美学、景观美学、比较美学等分支，代表了美学研究的又一高潮。自20世纪90年代以来，围绕着对于实践论美学的反思而提出的超越实践美学和改造完善实质美学的争论、审美文化研究新热点的形成、关于中国美学话语重建的讨论等，表明中国美学进入了百家争鸣的新的美学转型时期。

21世纪初，中国美学进入本土化创新阶段，学者们开始突破西方美学范式，回归中国传统思想资源，同时结合当代文化实践，形成了一系列具有原创性的理论体系。体现为：第一，对传统美学的现代阐释，如叶朗提出"美在意象"理论；朱良志强调"生命的安顿"是中国美学的核心。第二，对生态美学的中国化建构，如曾繁仁提出"生态存在论美学"；袁鼎生创立"生态审美场"理论。第三，生活美学的兴起，如刘悦笛提出"审美民主化"需回归日常生活的审美重构；潘知常强调审美应超越功利，回归生命本真状态。第四，马克思主义美学的中国路径，如张世英提出"万有相通"的美学观；王杰探索马克思主义美学与中国民间审美经验的结合。第五，跨文化视野下的比较美学，如彭锋通过分析中国山水画与西方风景画的差异，提出"非对象化审美"理论，揭示中国艺术"以物观物"的特质；张法在《中国美学史》中重构"天下观"美学体系，对比中西"美"范畴的语义差异。

本土化创新的共同特征：第一，在方法论上突破"以西释中"，转向"以中释中"或"中西互释"；第二，在问题意识上回应全球化时代的文化认同危机（如"乡愁美学"的提出）；第三，在实践指向上关注数字时代、城市化进程中的审美新课题（如"旅游美学"的研究）。这一时期的创新，标志着中国美学从"跟着说"转向"接着说"，形成了如"生生美学""意象美学"等具有国际影响力的美学理论。

二、美的本质和特征

（一）美的本质

美的本质问题，是美学理论的根本问题。对美的本质的界定，至今未能获得一致的意见。

1. 历史上关于美的本质的探讨　在世界美学史上，德国古典美学对美的本质进行了探索，取得了重大的成果，最有代表性的是康德与黑格尔。在 20 世纪 50 年代，处在发展中的中国美学也对这个问题展开了富有成效的讨论，总结起来主要有以下三种：

（1）**客观美论**：认为美是客观事物自身的属性，与人的主观愿望和情感无关，是不以人的意志为转移的客观现象。它有一定的合理性，但离开人类社会，离开审美主体的社会实践而孤立地谈美，有片面之嫌。

（2）**主观美论**：强调美不在物而在于心，关键是人的主观感受。"美，只要人感受到它，它就存在，不被人感受到，它就不存在。"自然景物之所以成为自然美是欣赏者把美的属性附加给对象的结果。它重视人的感情、趣味等对审美活动的影响，但片面地夸大了主观意识的作用，以美感代替美，缺乏说服力。

（3）**主客观统一论**：认为美是主客观之间的相互作用，既取决于客观事物本身的属性，同时也包含人的主观评价与感受。它为探讨美的本质提供了一个较为全面的角度。

2. 马克思主义美的本质观点　马克思主义美学观提出，美是社会实践的产物，而人类的劳动，是人类最基本的实践活动。劳动的过程是人的本质力量对象化的过程。所谓人的本质力量对象化，具体地说，一方面指人在劳动实践中将自己的创造才能和智慧乃至整个生命活动物化在对象之中，使人的本质见诸客体，从而使之成为人的对象；另一方面，人从自己劳动实践改造过的对象中看到了自己的创造才能、智慧、思想、情感、意志、理想、品格等，从而使对象"人化""社会化"了，即将人的本质力量对象化到具体的事物上，从而在其创造的世界中直观自身。也就是说，人类的生产劳动，一方面创造出人类所需要的产品，另一方面在这些产品中凝结了劳动者的智慧和才能，体现了人的本质力量——自由创造的生命表现，因而给人带来喜悦和欢愉，使人从中获得美的享受。

这一观点阐明了美与社会实践的关系，说明美是以宜人的感性形式体现的人类创造性劳动，是人的本质力量的对象化，是对人的本质力量的肯定，从而科学地揭示了美的本质和规律，为美学开辟了广阔的发展前景。

（二）美的特征

美的本质是内在的、抽象的，但美的现象形态却是丰富的、生动的。这些千姿百态、异彩纷呈的美的事物，皆有着自身的特征。

1. 具体形象性　凡美的事物都是以具体可感的感性形象出现，在形式上占有一定的时间和空间，具有相应的形式属性，可以为人们的感官所感受。黑格尔认为，美只能在形象中显现。花的美离不开它的色彩、气味和形态，人的美离不开他的面貌、形体和行为。形象也是艺术的生命，绘画、雕塑、舞蹈、音乐、电影、电视等艺术就是以形象来反映生活，它们都必须借助色彩、线条、形体、声音、语言等材料来塑造形象。形象性是构成美的重要条件，但并不代表有了形象性自然就有了美，只有那些赏心悦目、引导人向上的形象才是美的。

2. 感染愉悦性　美的事物有较强的感染力，能引起审美主体的情感波动，使人情不自禁地受到吸引，从而感到愉悦和激动，在精神上得到满足。正如畅游西湖令人心旷神怡，聆听交响乐《黄河》使人精神振奋。产生这种感染力的根本原因在于，美的事物是以宜人的感性形式出现的，它会唤起人们的幸福感和快乐感，引发人们的爱慕和追求。美的感染性是在内容和形式的统一中体现出来的。

3. 客观社会性　美的客观社会性包含两个含义。首先，美作为一种社会现象，是人类社会的产物，不能离开人类社会而存在。其次，美的事物有或隐或现的社会功利价值，作为美的内在属性，它隐藏在美的形象之后，既表现为物质功利，即实用功利，有益于人的生存；更表现为精神功利，强调精神的愉悦与满足，成为人类的精神食粮。

三、美的内容、美的形式与形式美

大千世界中美的事物和现象丰富多彩，千差万别，它们都通过一定的形式表达内容，以具体可感的形象感染人，给人以美的享受。美同其他事物一样，是内容与形式的统一体。

（一）美的内容与形式

任何事物都有其内容和表现形式。内容是构成事物的一切内在要素的总和，是事物存在的基础；形式是内容诸要素的内部结构和外部表现方式。

1. 美的内容 是呈现在感性形式中的人的本质力量。首先，被称为美的东西能显示人类自由创造的本质，与人们丰富多彩的社会实践活动息息相关，即"人化的自然""自然的人化"。其次，这种人的本质力量必须通过能够激发情感共鸣的感性形式来展现。它不依赖于理性思维的抽象推演，而是以生动直观的形态直接触动人们的心灵。

2. 美的形式 是指显现人的本质力量的感性形式，是美的内容的存在方式。美的形式分为内形式与外形式。美的内形式是指与美的内容直接相关的内在结构与组织，如一部小说的语言、体系、逻辑结构或一幢建筑物的内部构造；美的外形式是指事物的感性外观，如小说的封面设计、建筑的外观形象（图1-5）。

图1-5 古建筑中的牌坊

美的形式有鲜明的宜人性的特征，符合人们的审美需求，是一种有观赏价值、有巨大感染力与吸引力的形象。例如，西湖之美，美在晴中见潋滟，雨中显空蒙，令人倾倒和迷醉。而有些使人厌恶的东西，即便有再复杂的形式，也是不具有观赏性的。

美的内容与形式之间是辩证统一的关系。一方面，美的内容决定美的形式，没有美的内容就不会有美的形式。另一方面，美的形式表现美的内容，为美的内容服务。适宜的形式促进内容，反之破坏内容。例如，得体的着装会强烈地烘托一个人的精神气质，不得体的着装则会有损人的形象。

（二）形式美的概念和特征

形式美普遍存在于自然美、社会美以及艺术美之中，是任何美的对象都不可或缺的最基本的属性。自然美中富有韵律的山川走势、灵动的水流形态、变幻的云霞色彩等，社会美中富有线条的身姿与形体、优雅的举止等，艺术美中富有表现力的结构和造型、韵律和节奏等，都属于形式美的范畴。

形式美在美的形式基础上产生，它是由美的外在形式演变而来的，是各种形式因素有规则的组合构成的具有独立审美价值的美。其主要特征有：

1. 相对独立性 形式美可以作为独立的审美对象，在无需考虑相关内容的前提下，直接引发人们对美的感受。一般情况下，先行进入人的视野的往往是事物的色彩、造型等外在形式的美。在长期的审美活动中，人们反复接触这些美的形式，使之具有了相对独立的审美价值和意义，如一首优美舒缓的音乐，仅凭旋律就会将人带入心旷神怡的境界；又如一幅抽象派的作品，单靠色彩也会令人觉得赏心悦目。

2. 抽象性　形式美是从众多美的形式中概括出来的某种共同特征,一般具有朦胧的审美意味。也就是说,人们对于某种单纯形式产生的情绪,只有依附于具体事物时才有确定感。艺术家在运用各种色彩创作艺术作品时,正是因为熟知不同色彩和造型对于人们的一般意义,才能借此传达自身的情绪、情感。形式美的这种抽象性的特征,使它适用于表现各种事物的美,具有极大的自由性。

3. 装饰性　形式美不仅能够作为独立的审美对象存在,而且常常附着于具体的物质形态,起到装饰美化的作用。人类越来越懂得借助形式美来完善自身和环境,提升生活的品质,获得丰富的审美享受。

4. 民族性　不同民族的审美习惯总是会受到其生存环境、文化传统、心理因素等多方面的影响,在形式美的选择上具有很大的差异性。

5. 时代性　随着科技和社会的进步,人们对形式美的标准也发生着相应的变化。

(三) 形式美的构成要素

构成形式美的要素包括形式美的感性因素和构成形式美的法则。

1. 色彩　色彩是人眼对 380~780nm 波长可见光的视觉感知。其光谱色按波长递减呈现红、橙、黄、绿、蓝、紫的连续渐变。不同波长的可见光混合起来,能够使人感受到其他不同的颜色;所有的可见光混合起来,就能使人感到白色。人的视觉系统能够分辨的色彩在 200 万 ~800 万种,它们都是由色相、明度(广度、亮度)、纯度(饱和度、彩度)三元素叠加产生的结果。不同的色彩会产生不同的视觉效果,唤起人们对冷暖、轻重、大小、华丽与质朴等不同的心理感受。例如,以红、黄为主的暖色给人温暖、热烈、危险的感受;以蓝、绿为主的冷色给人寒冷、理智、平静的感受;白、灰等中性色给人舒适与和谐的感受。另外,色彩还可以给人积极、主动和消极、被动这两种相反性质的情感效应。

2. 形象　形象是事物具体可感的外在形态,是由点、线、面、体组成的空间性的美。形象的基本特征是边界线,因此人们对于形象的审美,可以从边界线入手。例如,直线具有挺拔感,有刚劲、坚强、稳定的含义;曲线具有运动感,象征柔和、轻盈、优雅、流畅(图 1-6);垂直线给人紧张、兴奋、突破的感受;折线给人动态感、灵巧感。人们在建筑美学上充分运用了线条因素,如希腊式建筑常运用直线,罗马式建筑常运用曲线,而哥特式建筑则常运用斜线。

图 1-6　曲线之美

3. 声音　声音是由振动产生的声波所引起的。声波可用振幅、频率和波形来描述。振幅为声波的压力，与此相一致的审美心理是音强。频率是声波的振动周期，与此相关的审美心理是音高。波形是由振幅与频率决定的，与此相关的审美心理是音色。声音作为形式美具有情感性，高音使人情绪高亢，催人奋进；低音深沉，引发悲伤感。声音引起的心理、生理反应，往往比色彩和形象更为强烈。

（四）形式美的法则

形式美的法则，是形式美的感性因素按照一定规律组合的结果。

1. 对称与均衡　对称是各形式要素在上下、左右、前后的相同或均等的状态，如自然界大多数生物的形体结构是对称的。对称法则在建筑艺术上体现得尤为明显，如北京故宫、山西乔家大院（图1-7）等，都是对称美的典范。对称宜于表现静态，给人以整齐、稳重、沉静和庄严的审美感觉。均衡是对应的双方等量、不等形，具有动态的稳定感，与对称相比更具有变化中的美感，如苏州园林盆景（图1-8）、杂技与舞蹈中的造型，以及绘画构图讲究的形体之间、色彩之间、形象和背景之间的关系等，都是均衡美的具体运用。

图1-7　山西乔家大院

图1-8　苏州园林盆景

2. 整齐一律　整齐一律是指多个相同或相似的部分进行重复排列，呈现出对等或对称的状态，它包含"重复"与"齐一"两个要素，如整齐排列的路灯、规格一致的窗口、齐整如一的兵阵、一级级的台阶、常见的排比句式等，给人一种庄重、威严、气势恢宏的感觉。

3. 比例与匀称　比例是指事物的整体与部分、部分与部分之间的组合关系。它可以通过大小、长短、轻重等质与量的差异表现出来，如常用于艺术上审美的"黄金分割"。匀称是指合乎一定的比例关系，它会使人产生严整、和谐、舒适的美感，如中国绘画中有"丈山尺树，寸马分人"之说等。

4. 对比与调和　　对比是将具有显著差异的因素进行组合、比较，使人产生鲜明、醒目、振奋、活跃的感受，如色彩中的明暗、冷暖；形状中的大小、曲直、方圆；声音中的高低、清浊；排列的疏密、位置的远近等。调和是将两个或两个以上相近似的元素并列在一起，使人感到融合、协调、宁静，如色彩中相邻色的运用、明度与纯度层次的变化，如苏州博物馆（图1-9）；音乐中利用谐音造出的和声；园林艺术中花草假山和石径水廊构成的"曲径通幽"的意境等。

图1-9　苏州博物馆

5. 节奏与韵律　　节奏是指事物有规律的周期性变化的运动形式。节奏广泛存在于自然、社会和艺术领域，如日升月沉、昼夜交替、花开花落（图1-10，图1-11），这是时间上的节奏；又如岭脉蜿蜒、峰谷相间，这是空间上的节奏。韵律是指语言或物体运动的均匀的节律，如古典诗词中的押韵、平仄、对仗以及音乐中抑扬顿挫的和谐流动等。与简单重复的节奏不同，韵律是一种更具变化、更富有音乐感的重复，并融入了情感、意境等元素，因而更具表现力和感染力，广泛存在于生产生活和绘画、音乐、舞蹈、建筑等艺术领域。

图1-10　春日牡丹

图1-11　冬日残荷

第一章　｜　美学概述　　9

6. 多样与统一　多样是指构成整体的各部分形式要素的差异性，体现了事物的千差万别，如形上有正斜、曲直、长短、大小、方圆等性质；质上有轻重、强弱、刚柔、润燥等性质；势上有抑扬、进退、动静、聚散、升沉等性质。统一是指这种差异的各部分协调一致，体现了事物的共性和整体联系，如人体美就是具有不同形状和功能的多种元素的和谐统一。多样与统一是对形式美中对称、平衡、整齐、比例、参差、节奏等规律的集中概括，是形式美的高级法则。在多样中求得统一，才使事物呈现出和谐、丰富、整体的美。

四、美的基本形态

美有不同领域的存在形态的差异，即美的形态，也有美学属性或表现形态的差异，即美的范畴。研究美的不同形态和范畴，有助于从多角度全面揭示美的本质和规律，使人们更好地进行审美欣赏和审美创造。

美的形态又称为美的"存在形态""存在领域"，是从审美客体存在领域的角度对美进行划分。美的基本形态主要包括自然美、社会美、艺术美和科学技术美。

（一）自然美

自然美指客观存在于自然界的具有审美价值的自然物和自然现象的美。大自然给人提供了无限广阔的审美领域，以其美景秀色使人产生多方面的精神享受，具有巨大的感染力。

1. 自然美的分类

（1）未经人类加工改造过的自然美：许多迷人的景色、瑰丽的奇观，如泰山日出（图1-12）、黄河落日（图1-13）、武陵源峰林（图1-14）、九寨山水（图1-15）等，皆为大自然的杰作。自然物和自然现象的美是一种客观存在，但自然并不会意识到自身具有美的特质。因此这种美是与人类的活动密切相关的，并呈现出符合人类目的的形式，即"自然的人化"。自然美是人类生产和生活的需要，众多自然物和现象的审美价值被不断地发现和利用，装饰了人类的生活，带来了审美的愉悦。随着人类审美能力的不断提高，自然美的范围也会不断扩大。

（2）人类加工改造过的自然美：人们在感受自然美时，经常能发现各种生动的造型，如亭台楼榭、小桥石径、雕梁画栋、碑林石刻、万里长城，以及花卉种植等，它们都属于人的本质力量的对象化，亦即"人化的自然"，如元阳梯田（图1-16）。许多精彩绝伦的碑刻题咏、诗文楹联，更是给这些自然景观增添了人类精神创造的隽永魅力。这部分改造或再现的自然美，展示了人自身的智慧和力量，同时丰富了人类的审美对象、提高了审美层次，愈发显现出自然美对于人类生活的巨大意义，也加深了人与自然不可分割的密切关系。

图1-12　泰山日出

图1-13　黄河落日

图 1-14　武陵源峰林

图 1-15　九寨山水

图 1-16　元阳梯田

2. 自然美的特征

（1）**侧重于形式美**：审美对象虽然是内容与形式的统一，但自然美却始终以形式取胜。人们在欣赏自然美时，往往被审美对象的形式所吸引，沉浸于美的形式及其带来的愉悦之中。

（2）**喻义和象征性**：自然美作为人类审美观照的结果，寄托了人类的许多理想信念、思想与情感。例如，中国文人推崇的梅、兰、竹、菊"四君子"，以及出淤泥而不染的荷花，喻义冰清玉洁、虚心劲节、坚贞不屈等品格之美；迎风斗雨的海燕有力地传达了人们对于顽强意志这一品质的赞赏。

（3）**多样性和不确定性**：自然事物和现象呈现出来的美不是单一的，而是多层次、多角度、多面的。不同的人在不同条件下欣赏同一自然对象，获得的感受会有很大的差异，所谓"横看成岭侧成峰，远近高低各不同"。另外，自然美具有朦胧的、不确定的意味，有时同一自然物、同一属性也会出现截然相反的审美意义。这些不同的审美感受与欣赏者的能力和经历相关，同时也融合了欣赏者特定的心境。

（二）社会美

社会美是存在于社会领域中的人和事物的美。社会美是人类社会实践的产物，与自然美同属于现实美的主要内容。

1. 社会美的分类　社会美是个宽泛的概念，一切从事创造劳动的社会主体、创造物质文明与精神文明的社会活动，以及相应的成果都属于社会美的范畴。它主要体现为人的美、生产劳动美、生活美等，其中人的美是社会美的核心。

（1）**人的美**：人的美是指人的外在形态美和内在精神美，是人的形式美与内容美的统一。人的外在形态美是通过人的相貌、体态、风度等表现出来的美，包括形体美、姿态美、行为美和语言美等。形体美要求结构匀称、比例协调、充满活力；姿态美要求"站如松、行如风、坐如钟、卧如弓"，即自然大方；行为美要求风度优雅、符合道德规范；语言美要求语句准确、鲜明、生动，谈吐和气、文雅、谦逊。

人的内在精神美是指人的生命美、才智美、道德情操的美、精神意志的美。生命美要求健康向上、充满生机与活力；才智美要求富于智慧、具有才华；道德情操的美要求正直、谦逊、勤劳、友爱；精神意志的美要求百折不挠、勇往直前。

（2）**生产劳动美**：劳动过程就是创造美的过程。人类不仅依靠劳动创造了大量的财富，在劳动创造中发现和把握事物的规律，获得利用规律的能力和智慧，并且在劳动产品中展示了自身的本质力量，由此获得极大的审美享受。劳动产品的美是自身功能美、造型与材质美、色彩美的综合体现。例如，一根普通的木材，被打造成各种造型的家具时就具有了社会美的属性；一块普通的玉石，被雕琢成精美绝伦的玉器时便体现了人类的智慧美，如清代白玉双龙耳杯（图1-17）。

图1-17　清代白玉双龙耳杯

（3）**生活美**：日常生活美是指包括衣、食、住、行等社会生活的各个方面的美，如服饰美、家居美、饮食美、旅游美，以及友谊、爱情、社会风尚等各方面体现出来的美。随着物质生活水平的不断提高，人们对于日常生活美的追求越来越丰富多样。例如，家居越来越走向唯美与个性化；交往越来越注重礼仪规范。

2. 社会美的特征

（1）**侧重于内容**：与自然美不同，社会美则更多地以内容取胜，它充分体现了人类的创造精神。合乎大多数人的利益、对人类社会进步有积极意义的内容，是社会美的前提和基础。社会美要求真、善、美的统一，拾金不昧、诚实守信、助人为乐、爱岗敬业、勤劳勇敢等优秀品质，都是公认的社会美。

（2）**阶级性、时代性、民族性**：不同阶级基于自身的经济地位、生活方式和价值观念，形成了截然不同社会美的认知。时代性赋予了社会美动态的特征。每个时代独特的社会背景、科技水平和文化氛围塑造了该时代的审美标准，如科技创新、绿色环保等理念成为当今社会美的新体现。民族性则让社会美呈现出丰富多彩的地域特色。不同民族拥有各自独特的历史、文化、宗教和风俗习惯，这些因素共同构成了民族的审美心理和价值取向。

社会美的阶级性、时代性和民族性相互交织，共同构成了社会美复杂而多元的面貌，让我们能够从不同的视角去感受和理解美的多样性。

（3）**实践性**：社会美并非天然存在，而是人类社会依据美的尺度有意识、有目的地创造出来的成果。人的美在社会生活与人际交往的滋养下不断完善；劳动产品的美是人们在不懈探索美的规律过程中得以生产和优化；日常生活的美同样是在遵循美学原理的基础上，逐渐增添个性元素、提升舒适度，如国家大剧院独特的楼梯设计（图1-18）。

（三）艺术美

艺术美是艺术家通过对现实生活的艺术加工，从而表现在艺术作品中的美。艺术美是美的重要存在形态，是美学研究的主要对象。艺术美来源于现实（自然美和社会美），又高于现实。

1. 艺术美的分类　艺术美可以分为实用艺术的美，包括工艺、建筑等，如明孝端皇后九龙九凤冠采用的錾刻、花丝、点翠、镶嵌等工艺（图1-19）；表现艺术的美，包括音乐、美术、舞蹈，如《雀之灵》塑造了灵动、美丽的孔雀形象；造型艺术的美，包括雕塑、绘画、摄影、书法、篆刻，如北海公园长廊的苏式彩画（图1-20）；综合艺术的美，包括戏剧、电影、电视等；语言艺术的美，即文学。

图1-18　国家大剧院楼梯设计

图1-19　明孝端皇后九龙九凤冠

图1-20　北海公园长廊苏式彩画

知识链接

昆　曲

昆曲又称昆剧、昆腔、昆山腔，是中国最古老的剧种之一。昆曲的特色体现在演唱时运用较多的装饰性花腔，并对字音严格要求，平、上、去、入逐一考究，每唱一个字，注意咬字的头、腹、尾，即吐字、过腔和收音，使音乐布局的空间增大，变化增多，其缠绵婉转、柔曼悠远的腔调软糯细腻，犹如江南人用水磨粉做的糯米汤团，因此也被称为"水磨调"。

昆曲曲文秉承了唐诗、宋词、元曲的文学传统，许多剧本，如《牡丹亭》《长生殿》《桃花扇》等，都是古代戏曲文学中的不朽之作。昆曲的唱腔华丽婉转、念白儒雅、表演细腻、舞蹈飘逸，加上完美的舞台置景，可以说在戏曲表演的各个方面都达到了最高境界。它是中国传统文化艺术高度发展的成果，在中国文学史、戏曲史、音乐史、舞蹈史上占有重要的地位。2001年昆曲入选联合国教科文组织首批"人类口头和非物质遗产代表作"。

2. 艺术美的特征

（1）**典型性**：典型性是艺术作品通过个别艺术形象表现出某些具有普遍性、代表性的东西，借此达到对事物本质和规律的把握。艺术的典型性使得艺术中的美比现实更加鲜明生动，也更具审美价值。例如，《梁祝》是忠贞爱情的典型；葛朗台是贪婪吝啬的典型；李逵是鲁莽直率的典型。艺术美的典型性也造就了艺术美的独特性，因为典型所以无法被简单复制。

（2）**情感性**：艺术美的一个重要特征是以情动人。艺术美之所以具有强烈的感染力，是因为它包含了艺术家的情感。例如，贝多芬的《命运交响曲》体现了作者与命运抗争的顽强拼搏精神。这些作品自诞生以来，一直能够引起人们强烈的共鸣，对人的积极行为起到了巨大的激励和推动作用。布达拉宫作为闻名遐迩的宫堡式建筑群，从色彩和造型上都充分展示了藏式建筑艺术的审美追求，它不仅是宗教信仰的象征，更是民族历史的见证，是汉藏民族团结和国家统一的象征（图1-21）。

（3）**形象性**：形象是艺术美的生命和外观，艺术是通过塑造具体可感的形象来反映社会生活、传达作者观念的，如造型艺术通过形体，音乐艺术通过声音，文学艺术通过语言文字等。它们分别从不同的方面借助不同的媒介塑造了栩栩如生的艺术形象，给人们留下深刻的印记。艺术的形象性在提升人的审美能力和审美情趣方面具有独特的作用，如造型艺术在视觉感官的审美方面发展人们的构图感、色彩感、韵律感、质感，以及目测能力、透视能力和直观能力，如岳麓书院框景（图1-22）；音乐艺术在听觉感官方面发展人的节奏感、音色感、协调感、结构感；文字艺术在言语感官方面发展人领会和表达情感意蕴的素养。

图1-21 布达拉宫

图1-22 岳麓书院框景

(4)理想性：艺术美体现了艺术家的创造力，凝聚了艺术家个体的理想、情感和愿望。艺术美区别于现实美的重要特征之一就是理想性，它是对现实的超越，具有引导人上升的作用，如梵高的绘画极具视觉冲击力，是画家本人理想的写照。艺术美可以满足人们对完美的追求，现实美是有缺陷的，艺术美则能弥补其缺陷，成为一种理想的美。艺术美的这种理想性的特征，不仅常见于对美好事物的呼唤和讴歌，也常见于对丑的事物的讥讽和鞭挞，从反面来寄托人们希求改变的强烈愿望。

（四）科学技术美

科学技术美是美的一种高级形式，它客观地存在于人类创造性的科学发明和发现之中，是人类在探索、发现自然规律的过程中创造出来的成果或形式。科学理论给人的美感主要来自人们对研究对象内在美的领悟。用美的尺度来衡量理论成果，是科学技术美的重要内涵。科学技术美不同于艺术美，它不是"美中见真"，而是"真中见美"。

1.科学技术美的分类

（1）实践美：从随机中确定成果，从偶然中找到必然，从模糊中显出光明，是科学的实验美和方法美的表现。科学美不仅是发现，也是创造、重构。一切科学探索和创造的实践活动，都是人追求自由的体现。

知识链接

从"和谐"驶向"复兴"，高铁变迁里的科技华章

"和谐号"是引进消化吸收国外技术再创新的成果，寓意技术融合与社会和谐。"复兴号"是我国自主研发、拥有完全自主知识产权的结晶，象征民族复兴。"复兴号"采用先进的低阻力流线型设计，节能效果好，行驶阻力降低，能耗大幅下降。它空间更宽敞，座椅间距增加。同时，它的智能化程度高，有实时监测系统和免费 Wi-Fi，照明也升级为多模式。从"和谐号"到"复兴号"，彰显着我国高铁技术不断突破，正以创新驱动驶向科技强国的新征程。

（2）公式美：能更深刻地反映事物内在规律且合乎标准化、规范化与简单化的逻辑表达，就是公式美的体现。它是人类自由创造的智慧积淀。古希腊欧几里得的《几何原本》被誉为"科学史上的艺术品"。爱因斯坦的相对论，也被众多科学家赞誉为物理学中最美的理论，它以极具美感的公式形式，深刻揭示了时空、物质和能量的本质联系。

（3）理论美：人类认识世界的每一次新的发现和发明、突破和创造，都是人类借助抽象的理性形式在实践中的间接反映，即理论美的表现。理论美还包括那些在科学创造中借助想象、联想、灵感等非逻辑的直觉途径提出的科学假设。同公式美一样，理论美也是人类自由创造的成果。

2.科学技术美的特征

（1）主客观的统一性：科学技术美的客观性是指承认自然界对科学美的优先地位，揭示了自然界丰富多彩的运动形式及发展规律，如实地反映了自然界的本来面目与和谐的实质。科学技术美的主观性是指，科学技术美充分地体现了人创造的自由，并不断经由科学的途径获得更大的自由度，体验到人类崇高感和自我超越感。科学技术美是客观性与主观性在实践基础上的统一。

（2）科学技术美与科学技术真之间的统一：科学理论中的真与美具有统一的关系，科学理论的真是美的基础，没有真就没有美；而科学技术的美，又是追求科学技术真的动力。科学的最高境界就是真与美的统一。科学技术美会紧随科学技术真的发展进程，不断拓展自己的范畴，并积极推动科学技术真的不断进步。

五、美的基本范畴

美具有无限多样的表现形态。美的范畴又称美的"表现形态"，侧重于从审美对象不同的审美特性及其给予人的不同审美感受的角度进行分类。美的基本范畴通常分为优美、崇高、悲剧、喜剧。

（一）优美

优美又称秀美、纤丽美、典雅美等，是通常所说的狭义美。优美是一种优雅的、柔性的、偏于静态的、极易被人们接受的美。优美的对象一般都具有小巧、柔和、淡雅、细腻、光滑、圆润、轻盈，以及舒缓等特征。优美是最常见的一种美的形态。

1. 优美的表现形式

（1）**自然界中的优美**：自然界中的优美具体体现在事物自身和谐统一的形式美。自然物以光、色、形、音等合规律的组合呈现出明暗、浓淡、大小、高低、刚柔等矛盾的统一，以大自然的完美和谐作用于主体的感官，从而获得安静甜美的心理感受，如清风朗月、鸟语花香、湖光山色、幽谷小径、小桥流水等，美不胜收。正如苏轼所描绘的西湖图景"水光潋滟晴方好，山色空蒙雨亦奇。欲把西湖比西子，淡妆浓抹总相宜"（图1-23）。

图1-23　杭州西湖

（2）**社会生活中的优美**：社会生活领域中的优美体现内容和形式的统一，是作为社会人的个体合乎礼仪、道德规范的言行举止及其所反映的一致的思想观念，以及群体或社会稳定、平和的局面。社会美重视心灵之美，但在人的形体及行为方面也有很多体现，如婀娜的身姿、俊秀的面庞，以及温暖的友情等。

（3）**艺术作品中的优美**：艺术作品中的优美是自然界与社会生活领域中优美的反映。其反映内容的合规律性、合目的性，使人感受到其中的和谐统一。艺术作品中的优美多表现为一种静态美，如施特劳斯的《蓝色多瑙河》会把人带到波光粼粼的多瑙河那深情款款的意境中。

2. 优美的特征

（1）**和谐感**：优美显著的特征是内外关系的和谐，是各种冲突要素的和谐共处、相互交融、浑然一体。优美处于矛盾的相对统一和平衡状态。优美在形式上的特征表现为柔媚、和谐、安静与秀雅，因而在美感上使人感到悦耳悦目，人在感官上获得极大满足和享受，从而达成平静、轻松、愉快、心旷神怡的心境。

（2）**自由感**：优美的事物不夹杂任何痛苦感和拘束感，给人的刺激都是轻柔的、顺滑的、流畅的，符合人们对于平衡、舒适的追求，使人喜爱和乐于亲近。

（二）崇高

崇高是与优美相对应的一个范畴，与优美相比，它是以高亢、伟大、磅礴见长的美。崇高的对象一般具有出众的特征。

1. 崇高的表现形式

（1）**自然界中的崇高**：自然界中数量、力量和体积巨大，有威力的事物随处可见，给人惊心动魄和开阔胸怀之感，如波涛汹涌的大海、庄严巍峨的群山、神秘浩渺的太空；也包括人类创造的宏伟建筑，如雄伟壮丽的长城、气势雄浑的三峡大坝等。

（2）**社会生活领域中的崇高**：社会生活领域的崇高主要表现为社会变革的伟大实践，如盛大的国庆阅兵式、卫星升空等波澜壮阔的历史场面和伟大创举；也指在道德和思想行为方面出众的人和事，如各领域内"时代楷模"的伟大人格。这种美又叫壮美，给人震撼心魄的强劲魅力。

（3）**艺术中的崇高**：艺术中的崇高是自然和生活领域中崇高的反映。其集中表现的都是现实中的崇高客体，常常会表现一些重大的题材、深刻的内容、雄浑的风格，如贝多芬的《英雄交响曲》中向往自由、向往革命的精神，苏轼的《赤壁怀古》中"大江东去，浪淘尽，千古风流人物"的豪迈。艺术作品的崇高还表现为其深刻的思想容量、壮美的艺术结构和形式，以及艺术家的博大情怀。

2. 崇高的特征

（1）**壮美**：崇高的对象都是巨量的，无论是数量、力量，还是体积、品质。崇高表现了矛盾冲突，具有不可遏制的、压倒一切的力量和强劲气势。在形式上表现为粗犷、激荡、刚健、雄伟、坚韧的特征，如广西德天瀑布（图1-24）。崇高是伟大、出众的。

图 1-24　广西德天瀑布

（2）**强烈的感染力**：崇高体现了主体与客体处于激烈矛盾状态所显示的伟大精神和力量，给人的审美体验是震撼心魄、激奋昂扬的，使人产生惊奇、狂喜、敬仰、豪迈等情感反应，不是亲近，而是对抗，是心生敬畏，是激励人奋发向上的积极效应。崇高除了有积极的审美意义，还具有独特的认识和教育意义。

（三）悲剧

悲剧是指有正面素质的人物，在必然的社会矛盾冲突中受到伤害或毁灭，从而引起人们悲伤、痛苦，以及奋进情绪的一种美。悲剧集中表现为悲，但本质上却与崇高相通，能够催人奋进，产生审美愉悦。审美范畴的悲剧并不仅限于戏剧类型的悲剧，还存在于其他艺术样式及社会生活之中。

1. 悲剧的分类

（1）**命运悲剧**：在对人存在的思考中，把人生的不幸归咎于个体无法掌控和逃避的命运，说明生命的无奈。

（2）**性格悲剧**：对人生的思考从人的内部进行归因，认为"性格即命运"。把人自身具有的性格缺陷和不同人物、时间、性格的冲突等，看作决定人命运的关键因素。

（3）**社会悲剧**：将对人生与社会命运的思考重点放在社会与个人之间及社会环境自身的冲突和对抗上，着力揭示各种社会问题是不幸的根源，从而引发人们对社会正义、家庭伦理等方面的思考。

（4）**存在悲剧**：将对人的存在思考放在存在的意义本身，认为人的生命充满了内在的矛盾。不仅生命个体的来源是非理性的、荒诞的，并且这样的人与外部世界的关系也是陌生的、冷漠的。

2. 悲剧的特征

（1）**结局悲惨**：悲剧必须有悲惨的结局，主人公必须最终遭到毁灭。悲剧来源于人的有限性和多舛的命运，在悲剧性矛盾冲突和悲剧性性格中集中展现悲剧的效果。例如《红楼梦》由大观园中众姐妹的聚会开始，以众芳凋零、人去楼空、花落人亡为结局。

（2）**人物正面**：悲剧主人公常常是具有崇高精神的人物形象。他们对人生有着执着的信念，拥有强烈的生存欲望与非凡的意志。然而，他们在本质上往往是无辜的受害者。悲剧独特的艺术效果在于能引发人们内心深处的"怜悯和恐惧"，唯有"一个人遭遇不应遭遇的厄运"才能达到这种效果，如《李尔王》中的小女儿，无端卷入权力纷争，在胜利前夕死去。

（3）**教化与解脱**：悲剧感是一种以痛感形式出现的快感。悲剧以正面力量的暂时挫折为基本内容，但以此表达斗争的艰巨性，以及体现出敢于直面人生的顽强意志和精神。它的美学特性是壮美与崇高，它的审美价值是教化与解脱，用被毁灭来加以肯定，用悲伤来激发人们对美好事物的追求，以此净化心灵，提升精神，获得审美享受。

（四）喜剧

喜剧是通过美对丑的嘲弄、否定和揭露，真实地展示新事物淘汰旧事物、新生力量战胜腐朽势力的历史过程。喜剧艺术就是把失去存在必然性的无价值的东西撕破给人看，以便人们在对丑的嘲笑中肯定美。美学范畴的滑稽，其典型形态是艺术中的喜剧、漫画、相声等。

1. 喜剧的分类

（1）**讽刺**：用夸张、虚拟、变形等简明的艺术手法对不合理的事物和现象进行辛辣的嘲笑和非难，以使人对此有更鲜明、深刻的理解和认识。讽刺多反映否定性喜剧的人物性格，采取的是尖刻、辛辣的否定性态度。喜剧讽刺的不只是讽刺对象的丑恶，而且是讽刺对象的荒谬可笑。因此，讽刺的手段主要是揭露，而不是抨击。它是要揭开不安其位的否定性事物身上那层华丽的面纱，暴露其丑陋的面目。讽刺呈现出尖锐、鲜明的判断色彩，令人忍俊不禁，甚至忘情大笑。

（2）**滑稽**：通过异常的外表、动作、语言等直露手法，对无足轻重、包含可笑因素的丑进行嘲笑，表明主体对背后有关的客观规律性有了清醒的认识。滑稽是睿智对丑的揭露和调侃，体现了美对丑的明显优势。滑稽有肯定性的，也有否定性的，可以是仇恨、鄙弃，可以是惋惜、同情，甚至还可以是钦佩、赞赏。滑稽不同于纯批判性的讽刺，必须让人觉得可笑的。滑稽的笑，是令人一眼看穿而引起的捧腹大笑。

（3）**幽默**：幽默通过夸张、比喻、象征、寓意、双关、谐音等手法，运用一种内在的机智、诙谐的才华轻松地对社会生活中不合理的事物或现象作出轻微含蓄的揭露、批评、挪揄和嘲笑，使人们在轻松愉快之中加以否定。幽默暗含讽刺，但具有比讽刺更强的正面性和肯定性。幽默对于对方的态度是温和宽厚，是一种含笑的批评、委婉的讽喻、善意的戏谑、风趣的规劝。幽默于含蓄中带着暗示，使人领悟过后发出会心一笑。

2. 喜剧的特征

（1）**寓庄于谐**：喜剧善于将严肃的主题或深刻的思想以生动活泼、诙谐有趣的形式展现出来，在引人发笑的同时巧妙地揭示生活中的种种现象与问题。"寓庄于谐"具体表现为营造表里不一、荒谬怪诞的情境，让观众在欢笑中获得思考和启示。

（2）**引人深思**：喜剧是对审美客体由于理性的倒错而产生的某种异化的、扭曲人的本质的力量加以夸张和渲染。但无论讽刺、滑稽还是幽默，都是内容与形式的统一。它们都能引导人们在对恶的渺小和善的优越的比照中，积极肯定人的本质力量，从而唤醒人们的同情和善意。人们尽可以因丑态发出笑声，却并不怎么憎恶。

第二节　美感与审美

客观事物和现象的美为人们所感受到的时候，会产生相应的美感。美感的获得是通过审美活动来实现的，是体现在审美欣赏和审美创造活动中的一种特殊心理现象。美感及审美活动都受审美主体的知识修养、心境，以及审美趣味的影响。

一、美感的产生和特征

美感有两种不同的含义：一是广义的美感，亦即审美意识。它包括审美意识活动的各个方面和各种表现形态，如审美趣味、审美能力、审美观念、审美理想、审美感受等。二是狭义的美感，专指审美感受，即人们在审美活动中，因接受美的对象的刺激而引起的愉悦体验，也称为美感经验。这种体验包括理智上的启迪、精神上的愉悦、情感上的满足等。

美感包括对美的认识、欣赏和评价，是审美意识的基础和核心。

（一）美感的产生

美感属于社会意识范畴，有其发生、发展的生理、心理和社会基础。

1. 美感产生的生理基础　美感的产生在客观上依赖于人的感官与大脑神经活动过程。对不具备审美能力的对象而言，美感不可能产生。从感受器方面来说，主要是听觉和视觉。不同感觉之间还可以相互作用，产生联觉，如闻到花香会增加对花的形态美的视觉感受。个体的感受性受感觉阈限的制约，有很大的差异，如音乐家一般有更敏锐的听觉。

2. 美感产生的心理基础　美感是一种心理活动，人的审美能力除了先天感官之外，还包括认知、情感、气质上的领悟力，以及审美态度等。不同的个体的心理能力不同，会产生不同的美感。客观的审美态度使人能够超越直接的功利考量，从对象上领略到一种精神的愉悦。审美心理中的文化历史因素对个体的美感有相当大的影响或制约。不同的人群、不同的文化修养决定了美感的不同。

3. 美感产生的社会基础　美感是人类社会实践的产物。一方面，人类通过物质资料的生产实践不断地改造自然的面貌和性质，将自然转化为人化的自然，使其成为人类的审美对象，为美感提供了客观基础。另一方面，人类的社会实践也塑造了人类自身，锻炼了人类的审美能力，使人类走向新的自觉，在更高层次上参与美的欣赏和创造，获得美好的审美感受。

（二）美感的特征

美感是一种特殊的社会意识，带有明显的主观色彩，是一系列心理过程的综合。

1. 美感的直觉性　直觉性是美感的一个显著特征，它有两层含义。首先美感的直觉性是指对美的形象的直接领略，离不开具体可感的感性形象。其次美感的直觉性是指排斥概念，指完全专注于对对象的外观形象的感受。在欣赏活动中，人们无需借助理性思考就能不假思索地得出美的判断，如见到一望无际的草原（图1-25），人们会脱口而出："好美的景色啊！"美感的直觉性具有直观性、突然性、专注性、透明性，人们在对对象进行整体的领悟和把握时，把感性经验和超感性的经验统一于瞬间。

美感的这种直觉性貌似单纯，实则是理性元素作为经验和观念不知不觉地渗透在感性因素中的结果。直觉活动创造的形象，是通过意识的综合作用实现的，也是意识的情趣表现。

图 1-25 桑科草原

2. 美感的功利性与非功利性的统一 美学格外重视美感的非功利性，它使得审美欣赏具有特殊的教育作用。美能够满足人们的精神需要，这本身就是一种广义的功利性，即美在精神层面具有实用价值。当符合人的需要时，就会产生积极的、肯定的情感体验，形成改造世界的强大动力，并促使人们陶冶情操、提高生活品位。例如，每当国际歌响起时，就会激荡起人们为人类正义事业奋斗的坚定信念。

美感的精神功利性是人类审美境界提升的表现。原始人的美感与物质功利紧密相关，而随着人类实践的发展，精神功利的内容逐渐取得了独立的价值。人们能够自由地在高层次的情感诉求中去追求精神的文明和美，并从中获得极大的满足和审美愉悦。这种精神性的功利追求，也越来越有可能超出个人的一面，而向符合社会利益的广义功利迈进。

3. 美感的愉悦性 愉悦性是美感的又一突出特征。美感的愉悦性是指人们从审美对象中获得的愉快、喜悦、惬意、满足、陶醉等心境。美感的愉悦性是人类所独有的高级的精神享受，包含不同的层次。感官的愉悦叫作悦耳悦目，它是单纯的愉快和满足；心灵和情感的愉悦叫作悦心悦意，需要充分的人生体验和文化教养；最高级的愉悦叫作悦神悦志，它超越了舒适、高兴、称心、如意等感受，而上升到对宇宙和人生的整体思索和把握，具有深刻的启示作用，如王之涣的《登鹳雀楼》："白日依山尽，黄河入海流。欲穷千里目，更上一层楼。"这种感受相对于从一只茶壶、一个图案、一首歌曲获得的感受，有着更丰富的精神和心理内涵。要拥有这样的境界，必须有一种高超的眼光和宽阔的胸襟。

二、美与美感

美与美感的关系问题是美学中的重大理论问题。谁决定谁，是划分唯物主义美学和唯心主义美学的分水岭；而美感是能动的反映还是被动的反映，是划分辩证唯物主义美学与旧唯物主义美学的根本标准。

（一）美感来源于客观的美

唯物主义美学都坚持物质的第一性，认为客观事物的美是先于人的美感而存在的。审美客体是审美价值的物质载体，具有现实的或潜在的审美属性和可以被审美主体观照的表现特征。它作为刺激的信息直接作用于人的感官，从而引发人们的审美活动。如果没有审美客体，美感就会成为无本之木、无源之水。《乐记》中说："凡音之起，由人心生也。人心之动，物使之然也。感于物而动，故形于声……乐者，音之所由生也，其本在人心之感于物也。"

（二）美感来源于一定的审美关系

客观存在的美要转化为审美主体的审美对象，其审美属性必须对主体具有审美意义。也就是说，并非所有美的存在都会唤起人的美感，只有那些在一定条件下被审美主体所感知、与审美主体的兴趣相契合、被审美主体选择、与主体确定了审美关系的，才能成为审美客体并引起美感。也只有在这种情形之下，客体的审美价值才能真正实现。

（三）美感来源于审美主体对审美客体能动的反映

客体的美的本质不是固定不变的，由于美感过程中有情感和理性的参与，人们对客观美的认识有很大的差异。根据审美主体、审美兴趣、审美方式的不同，显现出不同的特征，美的形象也会发生变化。美感是审美主体对美的再创造，它会对审美对象进行意识加工，融入想象成分。随着主体审美能力的不断提升，审美客体的范围将不断扩大，内容和形式也将不断丰富，从而更契合人的审美理想。

三、审美心理要素

美感的获得依赖于人的审美活动过程及其水平。审美是一种价值判断活动，是人类特有的一种特殊意识活动，表现为具有审美意识的审美主体与进入其审美视野、具有审美特征的审美客体之间的相互作用。

审美是人类在社会实践中逐步形成和发展的，是审美认识、审美情感和审美能力的总和。它是人类区别于动物的重要特征。

（一）审美感知

审美感知是人的感觉器官受审美对象刺激所引发的对事物的反应，包括审美感觉和审美知觉。它是审美心理活动的基础。

1. 审美感觉 是对审美对象个别属性的最直观的反映。感觉是人类认识的起点，审美感觉是审美认识的起点。这种审美认识是粗浅的、个别的，但却是不可或缺的。

2. 审美知觉 作为审美感觉的综合，审美知觉是对审美对象整体属性的把握。审美知觉不是对感性材料的简单综合，而是融入了审美主体的生活经验、文化修养、个性趣味、情感体验等，因此不同的审美主体会有不同的审美知觉。

审美感知具有整体性、选择性、情感性等特点。整体性是指在审美感知的过程中，审美主体把审美对象作为整体来感知，而不是孤立地分离出个别的线条和颜色；选择性是指在审美感知的过程中，审美主体会在众多事物中对被吸引的对象有清晰的印象；情感性是指审美感知的过程始终伴随审美主体的情感体验，有强烈的感情色彩和主观性。

（二）审美想象

审美想象是审美主体在已有经验的基础上，对审美对象进行加工改造，创造新的审美对象的过程。想象是一种思维活动的高级形态，它在人类的创造活动中起着非常重要的作用。黑格尔认为，艺术家的要务不止于对经验材料的收集与挑选，艺术家必须是创作者，必须在他的想象里把感发他的那种意蕴、对适当形式的知识，以及他的深刻的感觉和基本情感熔于一炉，从这里塑造他所要塑造的形象。审美想象包括联想、再造想象和创造想象。

1. 审美联想 审美联想是由一种事物想到另一事物的心理过程，包括接近联想、类比联想和对比联想等。

2. 审美再造想象 审美再造想象就是在主体经验的基础上，根据语言、线条、色彩等符号，在头脑中构造相应形象的过程。审美再造想象在文艺欣赏中的作用是巨大而广泛的，特别是语言艺术欣赏。审美再造想象在欣赏者的整个心理过程中占据特别重要的地位。例如，在欣赏中国的诗词曲赋时，有相应文化素养的主体在大脑中更容易建立形象感。

3. 审美创造想象 审美创造想象是根据某种记忆表象，构建新颖独特的新形象的审美思维活动过程，它是人自由、自觉能动性的表现。审美创造想象具有以下特点：

（1）**新颖性**：指从未出现过的创造性构思。对于审美主体来说，审美创造想象具有一种新奇性，这在浪漫主义文学作品中多有体现。

（2）**独特性**：这是审美想象最重要的特点之一。它是指审美创造想象的结果或者过程是无法再模仿的，是不可重复的。

（三）审美情感

审美情感是审美主体在审美活动中对审美对象表现出的主观态度和体验。审美情感伴随整个审美过程，是审美心理中最活跃的因素，是审美活动的内在动力。审美情感具有以下特征：

1. 精神愉悦性　在审美活动中，审美主体始终处于愉快、满足、喜悦、陶醉的情感状态之中。审美情感不是单纯的快感，而是结合了心灵深层次感受的、具有深刻社会内涵的综合情感。悲剧中对毁灭的痛和喜剧中对丑的事物的嘲弄，同样折射出人对美好事物的期待和向往，因而能获得愉快的体验。

2. 超功利性　审美情感是一种高级的社会化的情感，与一般性需要的满足不同，往往超越了狭隘的个人功利和物质功利，在审美活动中求得情感的升华。审美活动中的"高峰体验"就是这种超越的体现。

3. 情感适宜性　审美活动虽有情感参与，但不能过分带有主观情绪色彩，否则既不客观也不长久，达不到愉悦精神的效果。例如，观看一部电影时过度入迷，难以从电影的情节中走出来，就会影响现实情绪。

（四）审美理解

审美理解是审美活动中对审美对象的特征、联系，以及规律的把握，是审美活动中的理性因素。审美理解有如下特点：

1. 非概念性　审美理解不是靠概念、判断和推理的逻辑形式进行的独立过程，而是存在于审美感知、审美想象和审美情感等多种审美心理元素中。

2. 无意识性　审美理解发挥作用通常是不自觉的，是一种理性的直观。也就是说，审美主体并非刻意地运用逻辑推理等理性思维去分析审美对象，而是在瞬间凭借直觉达成对审美对象的理解。这种情况在自然美的欣赏中比较普遍。

3. 多义性　审美理解不像定义那样确定、清晰，往往是朦胧多义的。审美理解的这种多义性比既定的认识更广阔、更丰富，有着"可意会不可言传，言有尽而意无穷"的意味。这是艺术审美中的重要特征。由于审美对象自身的规定性，理解活动应始终围绕对象展开，而不是主观任意的。

审美理解的达成需要特定条件。首先，清晰认知审美状态。审美主体无论与审美对象处于何种深度交融的状态，都能自觉秉持审美活动的非功利性，维持应有的心理秩序，适时调整自身状态以契合审美的目的性，从而从容地获得美妙的心理感受。其次，需要相关知识储备。审美活动是审美主体个人素养的综合体现。审美主体对审美对象的特点、背景条件等方面的理解和把握，是推动审美活动深入进行的潜在动力。丰富的知识储备能帮助审美主体更敏锐地捕捉审美对象的细节，甚至在欣赏过程中对已有的认知进行补充或修正，进而与审美对象产生共鸣，实现审美体验的升华。

四、审美心理过程

审美心理作为一个完整的过程，包括准备、实现和成果三个阶段。

（一）准备阶段

准备阶段是审美心理的初始阶段，这一阶段要求主体从日常现实中脱离出来，摆脱功利意识，心无旁骛，专注于对象的感性形式，形成审美态度。审美态度的具体化就是形成审美注意，即对形状、色彩、声音、线条、节奏等事物外在形式的注意。如雄伟的建筑、碧绿的草原、精致的五官，这些不仅会吸引主体的注意,同时还会给主体带来愉悦的感受。伴随着这种审美注意,主体会产生一种隐约的兴奋和渴望,即出现审美期待。

(二)实现阶段

实现阶段是获得审美感受,产生审美愉悦、审美满足的阶段,也是审美活动达到高潮的阶段。在这一阶段审美主体通过感知、想象、情感、理解等多种因素的和谐活动,使自身对审美对象的体验和感悟直抵内心,从而提升心理境界,获得精神上的愉悦和满足。

(三)成果阶段

成果阶段是因审美体验的积累而产生审美观念,形成审美趣味,孕育审美理想,进而形成和提高新的审美能力的阶段。在实现阶段获得审美感受,达到审美愉悦,并非代表审美心理的结束,而应在丰富发展主体原有的审美观念和审美趣味的过程中,不断推动新的审美活动的产生。

美是人类在认识世界和改造世界的过程中,自身的需要和意愿得到满足后的主观感受和体验,是人内心获得的价值感和自由感。对个人来说,美不仅可以净化心灵、安抚人心,也可以塑造人格、升华生命。对一个社会或一种文明来说,美学理论是对其文化结晶的语言再现,体现了其民族性格和民族特征。庄子曰:"天地有大美而不言,四时有明法而不议,万物有成理而不说。"求真、向善、致美,是每一个人所追求和向往的境界,也是人类社会的理想境界。

(乔 叶)

思考题

1. 悲剧的审美意义是什么?
2. 美感是如何产生的?
3. 美与美感有什么关系?
4. 审美的心理要素有哪些?

ER 1-3
练习题

第二章 | 护理与美

ER 2-1
教学课件

ER 2-2
思维导图

学习目标

1. 掌握护理审美标准；护理美育的途径。
2. 熟悉护理审美的层次与目标；护理审美的需求；护理美育的任务。
3. 了解护理美学的概念与内涵；护理美感的内涵与特征；护理美育的概念、内涵与特点。
4. 具备护理美学素养，在未来的护理岗位上能以美的心灵、美的形象、美的行为、美的语言和美的技术为患者提供优质、美好的护理服务。

护理美学是一个发展较快的新兴学科，尽管其系统理论研究的历史较短，但蕴含在护理专业学科中的美却是根深蒂固的。自 20 世纪 80 年代末以来，我国护理界开始对护理美学理论与实践进行系统研究。20 世纪 90 年代中期，我国许多护理院校逐步开设护理美学课程。目前，对护理美学理论与实践的研究仍在深入发展。

第一节 护理美学

情境导入

李大爷因为突发心肌梗死，被送往医院急救，经过一段时间的住院治疗，病情有了改善。一天，李大爷躺在病床上，想到家里的琐事觉得心里很烦闷，在他起身准备喝水时，不小心摔碎了玻璃杯，他感觉很懊恼，情绪更差了。这时护士小王刚好进来，看到李大爷心烦意乱的样子，便走了过来，问："李大爷，您怎么了？我有什么能帮助您的吗？"看到小王温暖的笑容与关切的态度，原本心情很糟糕的李大爷顿时觉得心里舒坦了许多，说："没什么，就是年纪大了，手滑把杯子摔碎了。"小王说："我来帮您，您坐着就好，小心别被玻璃划伤。"小王把李大爷扶到床边坐下，麻利地收拾了那些残片。李大爷觉得她的动作轻柔而敏捷，好似一阵清风，将自己心中的阴霾一扫而空。

工作任务：
请分析护士小王的哪些行为赢得了李大爷的信任。

一、护理美学的概念

护理美学的统一概念尚未形成。但一般认为，护理美学是将美学、医学、护理学的相关基本理论与技术相结合，研究护理实践中的美学问题、美学现象，以及护理审美规律的一门新兴护理学科。它以马克思主义美学的基本原理为指导，借鉴护理学、人文科学、社会科学等诸多学科的理论、方法和研究成果，从人、环境、健康、护理的角度出发，以护理审美为核心，研究护理实践中的美学问题与护士审美观,探究护理美的现象,探究护理审美的发生、发展及其一般规律。

根据这一概念,可以认为:第一,护理美学是护理领域中的人文科学,这门学科不仅凝聚着社会文化、历史和人生的哲理,同时还闪烁着护理事业为人类健康奉献的智慧,以及护理美学所预期塑造的护理专业形象;第二,护理美学的理论体系中包含着哲学理论渊源和美学的基本原理,并显现出与其他学科的关联性,故护理美学应构建和完善自身的理论体系;第三,护理美学需借鉴多学科的成果与方法,紧紧围绕着"人"这一中心,从环境、健康、护理这几个层面去发掘、扩展、创造和展示护理美,为提升护理学的艺术性而发挥其独有的价值。

二、护理美学的内涵

从护理学发展的历程看,虽然护理美学只是一个刚刚起步的学科,但护理专业学科的美却早已蕴含其中。随着历史的发展与人们审美意识的提高,护理中的美被人们逐一认识并体现出护理专业的时代魅力。因此人们在探讨护理美学的发展历程时,应从护理学与社会发展的历史中去寻觅和追随其丰富的内涵,以加深对护理美学本质的认识。

(一)根植在护理本质中的护理美学

护理美学始于远古时期的护理实践活动,从最初的哺育、保护、援助和照顾等护理活动,到医疗卫生工作中对患者的照料,无不体现出护理最朴实的美,即秉承博爱、奉献和服务的精神信念,将同情与关爱无私地奉献给人类。这种源于护理本质的美正是护理美学的精髓和根基。

(二)孕育在护理学创立与发展历程中的护理美学

自 19 世纪中叶护理学创立以来,南丁格尔就将护理美学思想融入了护理理论之中,认为护理本身就是一门精细的艺术。在美学思想的影响下,护理美学的理念已经渗透到各个护理领域,成为护理工作的重要因素。护理环境的美化、护士形象的塑造、护理人际关系的营造等,无不体现出护理美的内涵和精髓。护理美学也逐渐发展成为一门融合科学和艺术的独立学科。

(三)拓展在美学研究领域中的护理美学

自 20 世纪 80 年代以来,美学与诸多学科相互渗透成为当代美学的一大特点。在这一时期,美学逐步发展和完善,并形成了诸多的分支学科,如医学美学、护理美学、商业美学等。护理美学作为美学的分支,不仅秉承了当代美学思想,还与其他美学分支相互影响、相互补充,并且形成了护理美学的理论体系。

(四)升华在为人类健康服务中的护理美学

随着护理专业的发展,人们对健康提出了更高的要求。在这种情况下,护士肩负着更多的责任,秉承着更高的护理要求。随着医学模式的转变,护理在服务对象、服务范围、服务模式等方面正发生着根本性的变革。护理对象由患者扩展到健康人群,服务范围由医院延伸到社区及家庭,服务模式从疾病护理转变为生理、心理、社会的整体护理。

三、护理美学的研究意义

随着社会文明的进步和医学模式的转变,护士的形象在不断地变化,护士所肩负的责任也在逐步转变和扩充。学习护理美学有利于提升护士的审美素质和人文修养,挖掘护理工作的审美经验,推动护理美学和护理学的进一步发展。

(一)促进现代护理学的发展

现代护理学是自然科学与社会科学相结合的一门综合性应用学科,它是科学、艺术和人道主义的结合,应充分体现出护理工作的整体美、系统美、层次美、和谐美、有序美和节奏美,并把自然美、社会美、艺术美相互交融,形成自己独特的学科体系。

护理工作的范畴已从对医院患者的疾病护理扩展到对社会人群的健康保健,护士也从被动的执行者转变成相对独立的决策者;从医治疾病走向预防疾病,从救护生命到注重生命质量,充分体现了人们对护理美的追求。同时,护理实践的发展迫切地需要具有良好职业形象的护士与之相适应,这不仅是适应现代护理学发展的必然趋势,也是医院精神文明建设的一个重要"窗口",更是护士自身完善的重要手段。

(二) 实施整体护理的必然要求

整体护理的思想是护理学的基本概念框架之一,它贯穿于研究和发展护理理论及护理概念的过程中,也是护士解决复杂健康问题的指导思想。整体护理的五个环节业务操作繁多而琐碎,但只要按照护理活动的程序化、层次性、节奏性等形式美的审美要求实施,就可以达到繁而不乱、琐而不碎的优质、高效的护理目标,使护理工作呈现出一种协调美;就可以使患者都得到全方位的护理,保证护理计划得到有效的落实,使护理工作循序渐进、互为因果;护理工作始终围绕着"患者"这个中心进行,体现出其节奏美。

作为一名称职的护士,不仅需要掌握医学理论和护理学知识,也要具备一定的美学修养,寓美学理论于护理实践之中,用美好的心灵、形象、行为和语言唤起患者美的享受,以达到维护和促进身心健康的目的。

(三) 满足卫生保健事业的需要

《"健康中国 2030"规划纲要》指出要着力加强护理、康复等急需紧缺专业人才培养培训,面向健康人群、亚健康人群、临床患者、康复人群,为其提供健康管理、社区护理、康复护理、安宁疗护等服务。护理服务领域的延伸和服务内容的拓展,要求护士不仅要具备娴熟精湛的护理技能,还要为服务对象提供美的医疗环境,兼具心灵美、形象美、行为美、语言美和技术美等,以期从更高层次上达成生物、心理和社会的完美状态。

知识链接

《"健康中国 2030"规划纲要》战略目标(摘录)

到 2020 年,建立覆盖城乡居民的中国特色基本医疗卫生制度,健康素养水平持续提高,健康服务体系完善高效,人人享有基本医疗卫生服务和基本体育健身服务,基本形成内涵丰富、结构合理的健康产业体系,主要健康指标居于中高收入国家前列。

到 2030 年,促进全民健康的制度体系更加完善,健康领域发展更加协调,健康生活方式得到普及,健康服务质量和健康保障水平不断提高,健康产业繁荣发展,基本实现健康公平,主要健康指标进入高收入国家行列。到 2050 年,建成与社会主义现代化国家相适应的健康国家。

四、护理美学的研究对象与内容

(一) 研究对象

护理美学的研究应结合当代护理专业发展的趋势与特点,其研究对象不仅要紧密联系现代护理的四个基本概念"人、环境、健康、护理",而且要以"人"作为研究的中心和重点,从美学的角度探究、升华护理美的本质与内涵、护理审美观念、审美标准、审美教育与审美评价,以及护理实践中美的现象与规律,解析和阐述护理科学中美的特性。

(二) 研究内容

护理美学的研究内容可概括为以下几个方面:一是护理本质与内涵的理性美,体现在护理的人文关怀与服务,对人的生命、尊严、权力的尊重与维护;二是护理学理论体系与结构中的科学美,体现在科学构想的思维框架与科学理论的系统性、严谨性和规范性;三是护理实践中展现出的感性美和心灵美,体现在护理工作者的职业形象、言谈举止等各个方面。

护理美学以"健康"的概念去研究"人"。人是健康最直接的体现,并贯穿于人生命周期的始终,其内涵十分丰富,主要包括两个部分:

1. 从服务对象的角度看,护理美学研究如何运用现代科学技术与条件,根据对称、均衡、和谐、完整、多样与统一的原则,去维护和拓展人体结构和形象所体现的形式美,探讨在护理工作中如何营造美的环境,用美的心灵、美的形象、美的行为、美的语言和美的技术去实践美、创造美,从而实现护理美的审视与审美目标。

2. 从护理工作者的角度看,应研究适合护理群体和个体的观念、思想、途径及方法,以确保护理工作者在自身健康的基础上,全力为服务对象营造美。

本教材将从护士的心灵美、护士的形象美、护士的行为美、护士的语言与非语言美、护士的技术美、护理工作中的环境美、护士的审美修养,以及护理审美评价等方面进行重点论述。

第二节　护理美感

一、护理美感的内涵

从广义的角度上看,护理美感即护理审美意识,包括护理审美意识活动的各个方面和各种表现形式,如护理审美态度、护理审美趣味、护理审美能力等。从狭义的角度上看,护理美感是人们对护理过程中存在美的对象的主观感受和反映,是人们在护理审美过程中的心理体验。它是全身心共同活动的结果,不仅包含了感官感受,还融合了感性、理性、情感等多种因素,是护理审美意识的核心部分。

二、护理美感的特征

护理美感是对客观美的反映和认识,是理性深入感性的多种心理因素的和谐活动,具体表现为以下几方面的特征:

(一)护理美感是直觉性和理智性的统一

直觉性是护理美感的一个显著特征,它是指对客观对象作出美与不美的直接判断,在审美过程中并没有逻辑思维活动。这是由审美对象的直观性和形象性决定的。如病房中和谐的色彩搭配、整洁的病床、护士温柔的声音等形式的感染、刺激,都可以直接作用于患者的感官,使他们获得美感。

护理美感同时具有思想和理性认识,对理性的把握需要理智的思索和逻辑判断,即护理美感的理智性。因为美除去含有符合人们审美心理的形式外,还有合乎目的性的愉悦,并不只是物质的和生物的感觉。仅静脉输液这项操作本身并不容易让人感受到美,但护士熟练的操作为什么能给患者带来美的感受呢?因为其中蕴含着治病救人、尽量减少由于操作不当给患者带来痛苦的观念。

(二)护理美感是愉悦性和功利性的统一

在护理过程中,主体对美的追求是一种积极的精神需要,当主体欣赏美的事物时,会得到美的享受,在精神上感到愉快和喜悦,这就是护理美感的愉悦性。

同时,护理美感是基于治病救人、减轻痛苦、修复和塑造人体健康美的出发点,以他人对护理工作的信任为依托,以高度的职业责任感为美感体验的基础。所以,护士通过优质的护理服务质量、护理工作中和谐的人际关系、渊博的护理知识、精湛的技术手段等为患者解除了身体和精神上的痛苦,这就是护理美感社会功利性的表现。

第三节　护理审美

审美来自生活，美学思想由社会实践决定，并反作用于实践活动。护理审美是一种综合的审美意识、审美活动，它受到社会实践、社会总体价值观、行为体系的影响与制约，是人类精神文化的一种表现形式。护理审美在护理实践活动中通过真切的服务与沟通，唤起患者对生命韧性的审美，对生活希望的审美。护理工作中处处体现着美，护理活动是真、善、美的统一。

一、护理审美认知

护理审美是社会护理领域的一种特殊的审美活动，是护理审美主体在参与护理实践过程中，对护理审美客体美的能动反映，它是感性的、直觉性的，同时也是理性的、客观性的思维活动。护理审美以情感为基础，使人对护理工作中体现的美产生综合性的审美感受，从而逐步形成个人对护理美的相对稳定的审美情感、审美趣味、审美能力和审美理想，从而促进与维持人的健康，实现护理审美的最高目标。

在护理审美关系构成中，护理审美主体与审美客体是其核心内容，它们既是两个对立的概念，又是可以相互转换的统一体。

（一）护理审美主体

护理审美主体是指具有一定的社会文化和护理审美能力，能在社会实践中进行护理审美创造及欣赏的人。在护理审美活动中，主要由医务人员、就医者、健康社会人群等构成护理审美主体，他们参与到护理审美实践中，与护理审美客体构成具有特定意义的护理审美关系。他们能从护理美的角度，通过自身对护理美的认知、感受、实践、创造、评价，推动护理审美的发展。

（二）护理审美客体

护理审美客体是指具有护理美性质的，在护理实践中被护理审美主体进行审美活动的对象。护理美体现在诸多护理行为和活动中，包括医疗、护理、预防、保健、康复等活动中美的事物和现象。护理审美客体既可以是客观存在的事物，如人、医疗器械、自然环境、病房等自然客体，也可以是关系客体或者精神客体。对患者来说，护士的一句问候、一道温暖的目光都可能成为其审美客体，并使其产生好感，这是因为患者希望得到关怀。因此，护理审美客体不单纯是某件可以言明的事，还可以是主体内心期望的认知对象。

在整个护理审美心理反应中，一方面，审美主体不仅受到了外界美好事物的熏陶，获得了一种强大的精神力量，更重要的是，审美主体能将这种无形的力量落实到生活中，落实到每位服务对象身上。另一方面，护理审美活动对审美主体心理的冲击、影响，能提高护士的审美能力，丰富审美经验，培养其健康的审美趣味与审美理想，对护士整体素质的提高起到推动作用。

（三）护理审美主体和客体的关系

护理审美主体和护理审美客体是一对关系型概念。简单地说，一个是审美动作的发出者，另一个是审美动作的接收对象，两者是一个矛盾统一体的两个方面，相互依存、相互转化，辩证地存在于审美实践当中。

1. **相互依存**　护理审美主体和客体是相互依存、相互建构的。

（1）在护理审美关系中，审美主体与客体应是相互适应、相互作用的。如果护理审美客体不具备满足护理审美主体要求的素质，或者护理审美主体的审美标准和审美客体不一致，则很难建立这种特殊的精神关系。例如，在护理实践活动中，一个穿着整洁、言语恰当、操作行为准确轻柔，对患者表现出尊重和关爱的护士更能令患者感到美好，有利于减轻患者生理、心理上的不适；如果这位护士不符合护理审美的要求，或者该患者的审美能力不足，那么两者就不能构成护理审美关系。

（2）护理审美主体与客体通过认识与被认识、欣赏与被欣赏共同促进、共同发展。护理审美主体能够肯定客体的存在价值，并为审美客体的发展指明方向。在护患关系中，患者对护士的反馈有助于管理人员评估审美活动的开展状况，促进管理人员将审美意识渗透到管理中。它不仅是调整护理审美活动方向与目标的依据，也是提高护理质量、实施有效的护理质量监测的重要途径。而公认的护理审美客体能够作为评价主体审美能力的指标，帮助主体树立正确的审美观。这也是审美客体与审美主体相互作用的体现。

2. 相互转化　人可以通过认识改变客观世界，也可以通过认识改造主观世界。在护理实践过程中，护理审美主体与客体在一定条件下是可以相互转化的。当一名护士为患者进行护理操作时，他可能会考虑怎样操作能最大限度地保证患者整体的美观与功能的合理，甚至对患者康复过程中的变化作出审美评判，在这个过程中，护士是审美主体，而患者是审美客体；同时，护士处于一个被观察的状态，患者会从各个方面观察护士操作时的姿势、技巧以及与护士交流时护士的态度、表情，对护士作出审美评价，此时，护士就成为审美客体，患者是审美主体。例如，由于糖尿病患者需要长期注射胰岛素，因而在住院期间，护士作为审美客体，给患者注射，接收患者对护理活动的审美反应；而后，在教患者注射的过程中和观察患者自行注射时，护士作为审美主体发现操作中的问题，帮助患者掌握这项自我注射的技能并提高注射治疗质量。这种角色互换的关系是存在于多方面的，可能在同一时间、同一人物身上发生，甚至在多种审美关系中出现。

护理教师铺床教学

二、护理审美的层次与目标

（一）护理审美的层次

人是一个复杂的统一体，既有普通哺乳动物所固有的生理需求，又具备其他生物所不具备的情感表达能力，健全的感官和护理审美需求是构成护理审美主体的必要条件。审美层次与主体在审美活动中的主观感受密切相关，在人类进化的过程中，情感是在生理感知之后产生的，人们审美感受的形成与发展也经历了相应的阶段。

1. 感知层次　当一个人接触某件事物时，首先感受到的就是这件事物对他感觉器官的刺激，无论是视觉上的、听觉上的或是其他类型的刺激，都是决定审美主体对客体审美评价的因素。

所谓审美感知，是指以耳、目为主的全部审美感官所体验到的感受。这种美感形态，通常以直觉为特征，仿佛审美主体在与审美对象的直接交融中，不假思索地便可于瞬间感受到审美对象的美，同时唤起感官的满足与喜悦。

在实际的护理审美过程中，主体在欣赏不同客体时，会获得不同的审美感受，这种护理审美对象的外在美的表现形式给主体带来的更多的是一种感性的美，保持着生理上的特点。在感官层次上，对护理审美主体而言，客体带来的赏心悦目的感官体验是引起审美注意的直接因素。一般来说，那些色彩、形体、声音等条件符合审美规律并且别具一格的东西往往会得到更多的关注。例如，在护理实际工作中，护士可以根据这一点，以更优雅的姿态为患者提供更优雅的护理环境、更舒适的护理操作，从而提高患者的愉悦感，使患者作为护理审美主体有着更好的审美体验。然而，这种停留在浅层的审美感受是不能持久的，随着时间的推移，审美主体容易因审美疲劳而失去美的感受。

2. 情感层次　在情感层次上，审美主体能透过眼前或耳边具有审美价值的感性形象直观地体会到客体某些较为深刻的意蕴，获得审美享受和情感升华，与审美客体产生情感上的共鸣。这种悦心悦意的美观效果是审美主体的一种主观感受，也更具社会性、精神性。审美主体在感受到客体的悦耳悦目后，会通过对审美对象更深层次的认识、理解和品味，进一步融合自己的知识、文化以及过往的社会经历，从而形成个性化的审美感受。例如，在护理实践中，常看到受癌症折磨的患者，对能领悟情感的护士来说，他们此时看到的不单纯是患者的身虚体弱，而是患者与疾病抗争、永不言弃的精神世界，从而领悟生命之美。

相比较而言，悦耳悦目是直觉的、感性的认识，仅限于审美客体的形象结构特征；而悦心悦意则是以理解为前提的审美感受，主体在观察时处于一种和谐自由的想象和理解的状态，把握其中蕴含的深刻意味作为感性与理性的交融，更有利于维持审美主体的审美情趣，也有利于提高主体审美欣赏的境界与能力。

3.价值层次 审美客体对主体有调节和引导作用，能够帮助主体达到更高的人生境界，这些都是在审美主体对客体深刻领悟的价值层次上实现的。作为审美感受的最高层次，它不再是只获得主体的情感理解，而是反作用于审美主体。以音乐艺术为例，《义勇军进行曲》《黄河大合唱》等音乐作品，激励着不同时代的人们向歌曲中的目标迈进。审美客体所蕴含的时代激情能鼓舞人心，激发人们的情感，增强人们的意志，甚至对社会发展与进步也起到一定的积极推动作用。又如，面对那些即使身处困境也坚持不懈、不向疾病低头的患者，感受他们乐观的心态和强大的意志，能够让处于悦神悦志层次的审美主体感受到一种奋发搏击的精神，从而激发审美主体自己努力奋斗的进取之心。

悦神悦志价值层次的审美体验是审美主体心灵的自我超越与人生价值的升华，是审美主体重新审视世界、审视自己而进行的哲学思考与精神上的升华，它是一种超越自我的精神力量，是一种灵魂上的感触与震撼。

在护理实践中，护士面对的大多是生理上、心理上遭受挫折的人，护士不仅是患者身心健康的守护者，更是患者生命尊严的捍卫者，护理审美给予他们的支撑和鼓励是不言而喻的。现代医疗护理越来越注重人的整体健康，护理审美也承担着更加艰巨的任务，因而具有更丰富的内涵和价值。

(二) 护理审美的目标

护理美学作为美学与护理学的交叉学科，是美学原理在护理学领域中的运用，它既遵循美学原理，又以护理学的实际应用为基础。护理学研究的重点是如何实施整体护理，以达到最佳医疗护理效果；而任何艺术美都是人们社会生活的结晶，美学离开了人便毫无意义。因此，无论护理或是美学，它们的工作都是围绕人进行的，维护和促进健康是护理审美的核心。

人类对健康及提高生活质量的追求从未停止，这些不仅是人类高级的审美理想，也是医疗护理追求的目标。护理是以维护和促进人体健康和完整为目的的一门科学艺术，人体健康美是护理实践追求的最终目标。

护理审美从一个人刚出生就已经开始了，人的健康美这一目标贯穿于人生命的全过程，它是人的美最为直接的表现。例如，在孕妇待产期间的常规护理中，保持一定的营养和愉悦的心情是保证胎儿能在母体内健康发育的关键；在产妇产后的护理中，乳房护理和会阴护理不仅关系到婴儿的哺育和母体的恢复，也关系到母亲日后的康复美；新生儿一出生，在经初步护理后展现出来的红润、柔嫩的肌肤，健康、明亮的形象便是最初始的健康美。

在随后的几个发育阶段，婴儿期、幼儿期、学龄前期、学龄期等的护理中，无不体现着以人体健康美为目标的护理活动的宗旨。例如，幼儿在腹泻期间，应保持臀部及周围皮肤清洁、干燥，避免皮炎和湿疹的发生；老人在患病期间应适当地使用床栏，以免坠床或发生骨折等意外。这些问题都关系到人的健康，体现着人的美。

护理审美的实施是维持人体各个系统功能的完整、自我形象的健全的重要保证。在实施整体护理的过程中，护士必须考虑如何使服务对象身心和谐，并全心全意地帮助他们，选择对其健康最有利的方案，从生理、心理、社会、文化等方面满足服务对象身心健康的需要。护士追求美、欣赏美、创造美的过程本质上是为了逐步使患者重新建立人体健康、完整的美，从而获得最佳的护理效果，重视护理中的审美应用，以达到护理审美的目标。

三、护理审美标准

（一）护理审美标准的含义

美是没有形状的，每个人心中都有自己的尺度来衡量审美对象的美。护理审美对象的审美价值在主观上由审美主体具体把握，只有满足护理审美主体的审美需要，引起审美主体对其产生相应反应的对象才会被主体认为具有审美价值，具有护理美。在实际评价中，任何有关美的事物总是有规律可循的。这种能体现护理审美对象审美价值、由护理审美主体从护理实践中归纳和总结出来的用以衡量的尺度便是护理审美标准。

（二）护理审美标准的特性

1. 主观性与客观性 护理审美是由审美主体依据自己的审美趣味、审美理想等对审美对象进行评价的过程。一方面，不同的审美主体对审美对象的理解有一定的偏差，因此，审美客体是否具有护理美以及美的程度，在某种程度上是护理审美主体意识的反映。衡量的尺度不同，标准就相应会有差别，体现了护理审美标准的主观性。另一方面，护理审美主体与审美客体之间的审美关系是客观形成的。在护理审美主体千差万别的审美感受中，客体的审美属性、审美价值是客观存在的。而且，护理审美标准承载着深厚的历史积淀，是不以人的主观意识而转移的客观存在。

美是经过实践检验的结果。例如，随着医学科学知识的普及，人们逐渐意识到肥胖会引起体内代谢的失衡，导致高血压、高血脂等一系列疾病；而消瘦容易造成营养不良，身体虚弱。因此，标准体重的美才是公认的美，它是与人的生理习性息息相关的，体现了审美标准的客观性。

2. 相对性与绝对性 护理审美标准不是一成不变的，具有相对性。随着人类社会的发展与变迁，不同时代的人有着不一样的审美思想和观念。可以看到，不同的护理审美标准在不同时代所受到的褒贬是有区别的，这些都体现了审美标准的相对性。而在一个特定的年代，护理审美标准反映的是与人们生活息息相关的审美需要，是处于这个时代的人们护理审美观念、审美趣味、审美理想的集中体现。从总的方向来看，人们追求美的目标总是相同的，这便是审美标准的绝对性。因此，护理审美标准是相对性与绝对性的辩证统一体。

四、护理审美需求

在历史长河中，无论时代发生怎样的变化，人们都有着相似的人生理想，虽然努力方式不同，但最终的愿望都是类似的，人们对美的追求也存在着一定的交集。前人已积累了不少可供后人借鉴的审美经验，总结了不少对护理审美标准的认识。从审美客体的现实审美价值及主体的审美感受出发，护理美的各种表现都是真、善、美在护理实践中的和谐统一。

（一）对"真"的护理审美需求

"真"是指护理活动要真实地反映客观事物，美感是客观事物的审美属性引起的人们情感上的愉悦，唯有审美对象是真实的客观存在，人们才能有机会认识美、了解美、感受美。护理美的"真"使审美主体在享受愉悦的情感体验的同时也认识到了审美客体的本质，可以说，"真"是一切美感产生的基础。

在追求护理美的整个过程中，一切活动其实都是围绕着"真"而发生、展开的。护士在进行护理评估、护理诊断、制订护理计划、具体实施各项操作并进行评价时，都应以"真"为审美指导思想，以达到维护、修复、促进患者身心健康的目的。例如，护士在收集患者病情、病史等资料并进行评估、判断时，其正确性的依据便来源于资料的真实性，只有资料真实，才能保证护理的对症实施，保障患者的健康。

护理审美评价对"真"的要求是一种心理体验，它既没有固化为需要探讨的机制，也可以脱离现实之外而存在。比如，医护人员在感受到其服务对象逐渐好转时，会自然而然地产生这种审美愉悦感,同时可能浮现对其未来康复时情境的憧憬,这时候产生的心理上的愉快虽然超越了客观现实的"真",但又建立在现实的基础上,所以说,"真"无时无刻不围绕着护理审美活动的进程,是护理审美的基础。

(二) 对"善"的护理审美需求

"善"是指人在与客观物质世界的现实联系中,客观对象对人的功利价值。美以"善"为基础,"善"是美的核心。在通常情况下,凡是美的事物都是对社会、对人类有利而无害的,一切损害社会利益、阻碍人类发展的事物都不可能是美的。美的本质是能满足人的心理需要但不以利益为目的,它能超越眼前的直接功利价值并提供给人巨大的精神财富。

在护理审美中,"善"就是一心一意地对患者负责的责任心与爱心。只有具备了这种"善",才能使患者体会到护理服务为他们带来的体贴的话语、悉心的服务,建立和谐的护患关系,因此说"善"是护理美的核心,也是护理审美的前提。在护理实践中,护士仅具备外在的形象美与精湛的技术是不够的,只有将"善"融入其中,才能真正展现出良好而全面的护理形象,使人感受到护理事业的崇高。

虽然美超越了现实功利性,但这并不否定其实用性、功利性等价值。例如,从护理操作的角度来说,其本质是满足操作目的,实现操作本身价值的一种行为,只有满足了患者的护理需要,实现这种实用性价值,它才具有审美价值。在一定意义上,护理审美对"善"的要求,集中体现在护理的目的及护士的职业道德上,只有对患者确切地负责,才能有美的存在。

(三) 对"美"的护理审美需求

护理工作的特殊性要求护士内在美与外在美融合统一,并创造出美好的环境,使患者产生美感,享受美,感受到生命与生活的灿烂,从而增强战胜疾病的勇气与动力。

美离不开真与善,也不能违背真与善,但同时美也有其自身独特的内容。这种美的可感性不同于真与善的心灵美,更多地体现在外在美的特征上。例如,在护理工作中,患者对护士美的第一感受就是外在美,护士的外在美能给患者带来愉悦之感,端庄优雅、大方得体的美能让患者将其与护理的工作性质相联系,体现出护理工作的严谨与专业性。

护理的形象美不仅是人与护理环境和谐统一的需要,它也是护理审美对象属性的直接表现。形象美既包括仪容、仪表等静态美,又包括举止行为等动态美。对审美主体而言,能激发美感的形象应具有如下特点:

(1) **形象的完整性**:完整统一是一种和谐美,它不仅代表审美客体本身的完整,也包括其与环境融合的协调美。主体在观察审美客体的同时,往往是把眼前的事物当成一个整体来欣赏的,并且与其所处的环境相交织、衬托,互相影响。在适宜的环境中,可实施恰当的举措,保持环境与审美客体的统一性。例如,护士在静脉穿刺时能做到一次成功,在手术过程中与医生的配合准确、敏捷、协调,这些能更加凸显客体的美,引起审美主体的审美快感。护士精湛顺畅的护理技术、有效切实的护理结果、端庄优雅的仪表、亲切温柔的态度和大方得体的举止,便是一种整体和谐的状态。因此,应对护士的实际护理活动给予重视。

(2) **形象的独特性**:独特是指不同于一般普通事物的特质,独特的事物能吸引人们的眼球,这也是人们追求创新、创造新事物的体现。就好比"万绿丛中一点红",独特的事物能给予人们惊喜,让人感觉眼前一亮。但是这种独特也需在一定范围内、在主体能接受的条件下,才能迸发光芒。

(3) **形象的创造性**:护理既是科学,又是艺术,护理美通过创作与发展,能从各个方面完善、提高其审美形象,赋予其更高的审美价值。

除了在形象上能带给主体美感之外,美的事物还能引导人们之间心灵的沟通,带给人们精神的力量。这种精神力量的特征是护理美本质力量的体现,是评价护理审美价值的重要因素。

患者的护理审美需求

1. 儿童患者

（1）满足儿童审美情趣需求：儿童的语言表达能力较差，病情变化快。性格开朗、语言甜美、有良好仪表的护士较易获得患儿的亲近感并建立良好的护患关系。

（2）减少患儿恐惧心理：儿童对疼痛敏感，护士通过亲切的语言、和蔼的态度、精湛的技术可减轻患儿的疼痛感，增强患儿面对疾病的信心。

2. 女性患者

（1）保护女性的形体美、功能美：在护理过程中要注意维持女性的形象美。

（2）构建情感美，维护女性尊严：护士应注意与患者进行情感上的沟通，在检查、操作过程中，注意保护、遮蔽患者的身体。

3. 老年患者

（1）生理美：在老年护理中，护士应做好基本的生活护理，掌握老年疾病的特点，及早发现疾病变化，保证生命质量。

（2）心理美：护士应给予恰当的关心，对他们的成就予以肯定，指导老人合理照顾自己，给其带来心理上的安慰。

第四节　护理美育

美是人的一种本性需求。在医院中，优美的环境和护士良好的仪表、语言、行为不仅给患者以美的熏陶，而且对患者的康复有着积极的影响。为了获得系统化、理论化的审美经验，提高自身的审美能力，护士必须学习美学理论知识并建立正确的审美观，而护理美育则是护士完善自我、优化护理工作的必然要求。

一、护理美育认知

（一）护理美育的概念

护理美育即护理审美教育，是指通过一定的方式，培养护士正确健康的审美观和审美情趣，提高护士认知美、感受美、实践美、创造美的能力。也就是说，护理美育是指对护士美的素质的培养和教育。

（二）护理美育的内容

从内容体系上说，护理美育包括一般审美教育和护理审美教育两部分。

1. **一般审美教育**　护理美育中的一般审美教育，是运用美学理论，借助自然美、社会美与艺术美的形式，对护士进行情感教育，使其全面发展。它通过探讨美的形式、特征和本质，帮助护士提高美学修养，形成良好的审美意识，并按美的规律塑造自身。同时，审美教育对于智力发展和德育培养有极大的促进作用，因此，审美教育成为培养具有高尚审美情趣和道德修养的护理工作队伍的有效方法。

2. **护理审美教育**　是在普及一般审美教育的基础上结合护理美的要求，对护士美学素养的培养和教育。它在美育的基础上，围绕特定的护理环境，通过一定的方式，培养护士正确健康的护理审美观和护理审美情趣，提高护士认知美、感受美、实践美、创造美的能力。

（1）**护理美学的基础理论教育**：应注意与专业内容及特点的结合，教育侧重点应放在护理美感和护理审美价值及标准上。如在分析美的基本形态时，应着重认识护理学自身的审美特点和规律，着重培养护士对美的实践能力、创造能力。在具体的实施过程中，还应注意与学校的一般审美教育相互联系、相互促进，在多种形式的审美活动中融入一定的专业内容。

（2）**护理审美观教育**：护理审美观是人们对护理活动中美与丑的基本观念和态度，它直接指导人们的护理审美实践和护理美的创造实践。审美观不是独立的，它随着世界观的变化而变化。一个人所处的历史条件不同、社会地位不同、受教育程度不同，所形成的审美观也是不同的，它直接影响着人的审美心理、审美行为。建立正确的审美观，使之成为指导护士工作和生活的一种自觉意识，是护理审美观教育的首要任务。

（3）**护理审美能力的培养和训练**：护理审美能力是指作为主体的人对护理美的感受力、想象力、洞察力和创造力。主体的审美能力是一定的生理、心理和社会意识形态诸多因素的结晶，它形成于一定的社会文化环境之中，受一定社会审美观念、审美理想的影响和制约，并具有鲜明的个体差异。理想的审美刺激与创造性想象及灵感相结合，可激发护士的创造冲动，激励护士追求丰富、追求完美，从而表现出创造的行动。例如，在护理操作中，通过准确、娴熟、优雅的动作可刺激护士追求护理操作的精确美和艺术美，并付诸实践。

（三）护理美育的特点

护理美育始终围绕护理工作，指导护士在实践中应用美学理论，美化护理环境，美化护士的形象与内心，创造人与环境、人与健康的和谐关系。它不仅具有鲜明的护理职业特色，同时具有客观性、感染性、深邃性和创造性的特点。

1. **职业性**　鲜明的护理职业特色是护理美育最重要、最独特的特点。护理美育紧紧围绕护理活动这一特定环境，从"人与需要""人与环境""人与护理"的各种关系出发，探讨如何在护理实践中应用美学理论，美化护士与护理环境，优化护理过程，创造人与人、人与环境、人与健康的和谐。护理美育离不开护理活动的大背景，体现在护理工作的细微之处。

护理职业美是护士不断提高修养的过程，在护理实践中，护士对患者进行细心的观察与照料，使其在和谐的环境中得到治疗，从而促进患者早日康复。而护理过程的优化又依赖于护理美与经过护理美熏陶的护理人才。通过不断加强职业道德修养，塑造护士美的心灵，使其拥有美的情感、情操以及健康的人格，确立对人，特别是对患者的正确态度，使护士的内在美与外在美有机地结合起来，以提高整体护理质量。

2. **客观性**　护理美育寓于形象之中，具有客观性。美的事物都是客观存在的，它们以具体、鲜明、生动的形象来感染人，引起人的美感。护理美育从客观、具体的形象入手，激发护士敬业奉献的工作精神，使其置身于社会美；引导护士欣赏秀丽山河等美景，感受自然美的本质力量；引导护士在艺术作品中陶冶情操，体验艺术美。如护士救死扶伤、无私奉献的品质是社会美在护理领域的体现；医院的自然环境是自然美在护理领域的体现；护士优美的姿态、病区的色彩装饰是艺术美在护理领域的体现。护理美育让护士在赏心悦目的环境中丰富知识、升华思想、净化心灵，以达到优化护理过程的目的。

3. **感染性**　护理美育寓于情感之中，具有感染性。护理美育以美感人，以情动人，通过美的事物激发护士及服务对象的情感，从而引起情感共鸣。如在护理活动中，护士整洁大方的仪表、亲切温馨的语言、优美娴熟的操作均能使服务对象感受到护理工作的动态美。通过情绪的传递，使他们热爱生命，与疾病作斗争。

4. **深邃性**　护理美育是在潜移默化中实现教育目的的，具有深邃性。护理活动中美的事物，对人的思想和情感会产生深远的影响。护理美育通过美的熏陶，帮助护士逐步构建完善的心理结构和心理定向，将外在的影响逐步内化为自身的素养和信念，从而影响其精神生活。这种潜移默化的作用是持续存在的，推动个体的审美修养和情操不断深化。

5. 创造性　护理美育寓于护理实践之中，具有创造性。在护理美育的过程中没有强制性的成分，受教育者是自由的、主动的，并具有独特性和创造性。护理美育通过美的事物感染受教育者，使其在轻松而舒畅的心境中获得情感的满足。护理美育的培养目标是个性化和个人创造性，倡导符合护理审美规律的独特的审美活动，在实践中训练受教育者独特的思维、表达和创造能力。

二、护理美育的任务

（一）提高学生感受美的能力

提高感受美的能力是审美教育的基本任务。感受美的能力是个体通过感官感受客观存在的美并产生美感的能力，包括审美感知力和审美理解力。学生一般已经具有了一定的审美感知力，需要通过适当的审美教育使审美感知力得到锻炼并活跃起来。例如，让学生走出校园，去体验大自然的美，体验社会生活中的美，形成敏锐的审美感知力。审美理解力是在感知美的基础上，把握自然事物的意蕴以及艺术作品的意义和内容的能力，它是一种有意识的教育和文化熏陶的结果。

（二）培养学生鉴赏美的能力

鉴赏美的能力是对审美对象的鉴别与评价的能力，是一种更高层次的审美能力，会受到诸如实践经验、民族传统和文化素养等因素的影响。审美教育必须结合世界观和人生观的教育，联系生活经验，让学生懂得做什么样的人最美，什么样的语言和行为最美。学生应能够辨别各种形式的艺术美，能够分析出作品的精致与粗犷、高雅与低俗，并学会识别和抵制庸俗的作品。引导学生正确认识专业，通过教育实践，发现护理工作的美，理解护理学专业的美，致力于追求专业美的完善。

（三）形成学生创造美的能力

创造美的能力是人的审美意识能动性的表现。审美教育旨在让学生通过各种方式去表现美，要提高学生的动手能力，并通过自身行动合理安排日常生活，美化学习和生活的环境。还应当提高学生的艺术创造能力，针对学生个人的爱好和特长去培养学生在文学艺术等多方面的创造才能。

审美教育的各项任务是相对独立的，是一个反复培养、训练并不断提高的过程。其各项任务又是相互联系的，感受美的能力的发展是鉴赏美的能力的基础，而鉴赏美的能力的提高又能使人更自觉地去感受美。如果感受美和鉴赏美是认识美的世界，那么创造美则是按照美的规律去改造世界。

三、护理美育的途径

护理审美教育的途径和方法很多，就学校护理教育而言，主要包括护理教学过程中的审美教育及社会实践活动中的审美教育。

（一）护理教学过程中的审美教育

在教学过程中实施审美教育是学校护理美育的主要途径。这里所说的教学过程不是特指护理美学的教学过程，而是泛指护理专业一切基础理论课、实训课、临床教学见习和实习等内容广泛的教学过程。

1. 基础理论教学中的美育　在学校护理基础理论教学中，无论是医学基础课程还是护理专业课程，每门课程的教学活动都可以融入形象具体的护理审美教育。

（1）形象性是美的最显著的特征，但仅有具体的形象，并不能决定事物是否美，美还必须有很强的感染人的力量，以吸引人们去接近它、感受它，给人以愉快的审美感受。在基础理论教学中，教师应充分利用这一特点，将审美教育渗透到每一堂课中。例如，通过精心设计，制作布局、色彩、线条充满美感的幻灯片、图片、表格等教具，启迪学生的智慧，唤起灵感，激发审美情趣。这样不仅能使学生更快、更好地理解掌握教学内容，而且可以在赏心悦目的教学过程中，受到美的熏陶，形成一定的审美感受力、审美鉴赏力。

（2）"人"的美作为医护美学的基本范畴，在各门专业课程教学中应得到充分体现。基于对"人"的美的这种认识，在专业教学中注意引导护生重视人与周围环境的互动作用，探索如何通过护理干预，实现人与环境的和谐，维护人的健康美。这种健康包括人生理的健康和心理的健康，在一些专业课，如护理心理学等课程的教学中，结合专业教学内容培养护生对人的整体美的认识，使他们认识到不仅生理系统健全，而且心理状态良好、情绪稳定、对自己有信心的人才是真正美的人，并在此基础上树立整体的护理观念。

（3）美具有社会性、功利性的特点。社会性是指美作为一种社会现象，与人们的实践活动有着十分密切的关系，它通过实践的内容与成果取悦于人，需要通过人们的各种行为表现出来，使人们能感受到它的美，但是起决定作用的不是它的形式而是它的内容。功利性是指美与社会实用性有着直接的联系，美不能脱离社会实用性。护理职业美不仅在于仪表、姿态等外在的形式美，而且还在于一切的护理行为均应有利于患者的身心健康；在于护士对患者的关爱、理解、同情；在于崇高的职业道德和职业理想。这些社会形式的美，正是护理专业教学中应不断强调的基本观点。

2. 实训教学中的美育　在护理院校的教学中，实训教学占有相当大的比重，因此，精心设计实训教学，在实训教学中融入审美因素，是护理审美教育的又一重要途径。

实训教学能促使护生培养某些良好的心理品质，如敏锐的观察力、持久的注意力、精确的概括力，这些能力的培养也是护理美育所要达到的目的。应强调的是，每一次实训的完成过程应该是严谨的、精确的、流畅的，只有这样才能使护生通过参与实训而体会到严谨精细的科学美和规范流畅的操作艺术美。

充满美感的实训教学过程，不仅能使护生在学习知识和技能的同时，获得审美感受能力、审美鉴赏能力和审美创造的欲望，而且由于护生在实训课中感受到的美感，护生对实训教学的兴趣得到了提升，以此加深护生对知识、技能的理解，加速操作技能的熟练过程（图2-1）。

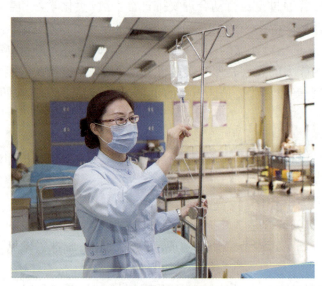

图 2-1　护理实训教学

护理专业的实训课程在很多时候需要护理模拟人的辅助。在实训教学中，应注意引导护生尊重模拟人、爱护模拟人，在操作过程中体现对患者的关心和尊重以及良好的护患关系，注重与患者（模拟人）之间的沟通，使护生在实训课堂上体验到真实的场景、真正的护患交流，以促使护生自觉地进入护士角色，逐渐体会到护理活动中的真、善、美。

3. 临床教学中的美育　在护理基础理论教学和实训教学中实施美育，犹如在护生心灵的土壤中种下了一粒美的种子，这粒种子能否发芽、成长，更多地取决于临床教学这一关键环节。在临床教学中,护生开始进入职业角色,开始接触真实的医疗护理环境、疾病与患者。医院和病区环境是否整洁优美,医疗和护理活动是否严谨科学,各种人际关系是否和谐融洽,都将对护生产生深远的影响。因此,在临床教学中应注意以下几个方面:

(1)**临床带教教师应是体现护理美的楷模**:教师是护生模仿的对象,尤其对刚刚进入临床的护生来说更是如此。教师的仪表姿态、语言特征、工作态度、行为习惯、道德情操等无不在潜移默化地影响护生,感染护生。一个举止端庄高雅、技术娴熟精湛、对患者充满爱心的带教教师,会在不知不觉中引导护生树立高尚的职业道德、提高审美修养,使临床教学成为学校美育得以扩展和深化的场所。

(2)**努力为护生营造美的实习环境**:环境对人的影响是巨大的。病房的布局结构、绿化装饰、色彩、光线、音响、温度、湿度等符合美的要求,工作场所整洁悦目,物品摆放规范有序,人际关系和谐融洽,这些都是教学医院和病区应该努力达到的目标。

(3)**将美学思想有效渗透到整体护理实践中**:整体护理要求护士把自己的护理对象始终看作一个整体来分析认识,把握整体,注意整体中各个部分之间及整体与外部环境的相互关系,重视心理护理在恢复身心平衡与协调方面的作用,体现了整体美;整体护理运用护理程序的工作方法,涉及系统论、人类基本需要论、信息交流论、问题解决论等多个相互关联、相互支持的理论体系,体现了协调美;整体护理要求护士有广博的知识面、精湛的专业技术,能独立处理患者身心、社会、文化等多方面所出现的各种各样的问题,促使护士不断丰富、更新知识,体现了进取美。因此,临床教学不仅要指导护生掌握整体护理的工作程序和方法,还要引导护生发现整体护理中蕴含的美的因素,在对人进行整体护理的同时,感受美、实践美、创造美(图2-2)。

图2-2　临床护理实践

(二)社会实践中的审美教育

社会实践活动中的审美教育形式是多种多样的,如可以举办各种类型的美学讲座,开展美学论坛;开设第二课堂,培养护生对艺术美的鉴赏能力;开展书评、影评活动,使护生充分享受文化美的熏陶;组织各种形式的课余活动,为护生体验美、创造美提供机会和场所等。综合起来讲,这些社会实践活动中的美育形式可以归纳为以下几大类:

1. 通过艺术手段进行美育　艺术美是自然美和社会美的反映,内容丰富,形式多样。一方面,艺术美比生活中的美更有集中性、更典型、更理想,有着巨大的审美感染力;另一方面,与自然美相对比,它更加直接地体现了人的审美创造能力。因而通过艺术手段进行美育,不仅能增强护生对美的感受能力、鉴赏能力,而且能发展其创造美的能力(图2-3)。

图 2-3　校园文化艺术活动

2. 通过自然进行美育　大自然是美育取之不尽的源泉，自然美千姿百态，变化无穷，是最易为护生所接受的一种审美形式。与自然美接触，可以身临其境地感受到美的最质朴也是最丰富的形态，受到多方面的感染和熏陶。

3. 通过各种社会活动进行美育　有目的、有计划地组织护生参加各种社会活动，使护生在感受美、欣赏美的基础上，有机会参与美的创造和评价（图 2-4）。

护生审美能力的培养是一个潜移默化的过程，需要长期的熏陶与培养。从审美心理的角度分析，在审美能力的形成中，形象、具体、客观的事物容易引起个体的注意，因此教育者在审美教育的过程中，应精心选择恰当的教育方式，因势利导，以激发护生的审美情感为切入点，循序渐进地进行，切忌空洞地说教。

图 2-4　社会实践活动

四、护理美育在护理实践中的作用

（一）提高审美情趣，促进心理健康

护理美育在于启发人们发现美、体验美、欣赏美和创造美，从而实现对自我身心的调控，带来精神的愉悦和安宁。通过护理审美活动，护士可从美学视角去探索人的身体美、心理美、环境美，旨在创造一个积极健康的护理环境。

（二）树立正确的护理审美观

审美观是人生观、世界观的一部分，它影响着人们的言行，也影响着人们的人格品质与职业修养。护理美育使护士善于发现周围美的事物、善于体验美的感受，唤起人们心中对美的共鸣，塑造崇高的职业道德和人格修养。

（三）促进护士全面发展，提高职业素养

护理事业的发展关键在于护士的全面发展。智育、德育和美育是培养高素质人才的重要手段。美育是德育必不可少的环节，它将真、善、美联系起来，利用美引导善，将道德教育融入精神感受；审美有益于智力，可促进护士形象思维能力、想象力和创造力的发展。

审美教育有助于护士发现美、体验美、创造美，从而发展人格、完善自我，达到内在美与外在美的和谐统一，成为具有较高素质的全面发展的护理人才，满足社会发展的需要。

（孙海娅）

在某医院心外科病房，李护士正在为心脏手术患者进行术前准备，她始终以温和的语气沟通，专注倾听患者诉求，各项操作动作轻柔，为患者成功营造安全舒适的环境，显著缓解患者术前焦虑。请结合案例思考：

1. 李护士的行为体现出护理美育的哪些特点？

2. 护理美育的临床意义有哪些？

ER 2-4

练习题

第三章 | 护士的心灵美

教学课件

思维导图

学习目标

1. 掌握护士的职业思想；护士的职业道德规范；护士的职业精神。
2. 熟悉职业思想的含义与内涵；职业道德的含义与内涵；职业精神的含义与内涵。
3. 了解心灵美并感受心灵美。
4. 学会在护理专业的学习中和未来护理工作的岗位上实践护士的心灵美。
5. 具有良好的职业思想、高尚的职业道德和崇高的职业精神，能在护理工作中实践美、创造美，成为"德技兼修"的高素质护士。

心灵美是护士们的宝贵财富、亮丽名片，它源于一个人的思想、品德和情感，透过外表，映照光辉。护士在工作中坚守初心，用爱与关怀诠释职业的崇高，照亮了无数人的生命旅程。挖掘心灵美的精神内涵，学习、弘扬心灵深处之美，是每一位护士义不容辞的责任与使命。

第一节 心 灵 美

情境导入

王奶奶因乙肝晚期被收治入院，她的儿女们都在外地工作、久未探望。农历腊月初八那天，护士小张下小夜班前特地去探望王奶奶，王奶奶随口说了句："今天看到病房里有病友家人送来腊八粥，闻着味道好香啊！"简单的话语却让小张心中波澜起伏，小张没有犹豫，立刻回家熬好粥，又穿越浓浓的夜色赶回到老人身边。当小张将那碗热气腾腾的粥送到王奶奶面前时，这位孤独的老人泪流满面。

工作任务：
请分析小张身上所具备的品质和精神。

一、认知心灵美

（一）心灵美的含义

《辞海》中对"心灵美"解释为人的内心世界的美。中国古代将心灵美称作"内秀""性善""仁""诚"等。心灵美是人的本质美，它包括美好的思想，真挚的情感，忠贞的情操，坚强的意志，诚实的品质，卓绝的智慧等。

（二）心灵美的内涵

心灵美包括思想意识的美，如正确的立场、观点、方法、崇高的理想，爱国主义、集体主义思想；道德情操的美，如情感、操守、格调的美等；精神意志的美，如进取精神、创造精神、顽强意志、崇高气节的美；智慧才能的美，如高度的文化素养、知识才能、聪明睿智等。

心灵美是人的形象美、行为美、语言和非语言美的内在依据，并通过具体的感性形态展现出来，被人们所感知。它体现了社会文明对人的思想、感情、意志的要求，是真、善、美的结合，知、情、意的统一。心灵美在人的外在表现中具有重要地位，是人们在实践活动中追求和塑造理想人格的重要方面。

二、感受心灵美

心灵美的思想在我国确实源远流长，有视死如归的思想意识之美，有尊老爱幼的道德情操之美，有高风峻节的精神意志之美，有厚德载物的智慧美。心灵美是个人品质的重要组成部分，它不仅代表着高尚的品德和情操，更体现出积极向上的人生态度和坚定的信仰。新时代的护士应以塑造心灵美为目标，通过实际行动践行美，为护理事业的发展和社会的进步贡献自己的力量。

（一）思想之美

思想之美来自思想本身。当秋叶泛黄，有思想的人不会止步于西风残照的萧索表象，而是在飘落的黄叶中看见生命的轮回，凋零的叶片不仅是季节的句点，更是春泥的前身、新芽的序言。有思想的人可以从萧瑟中预见丰饶、消逝中读懂重生，在现实与理想的对峙中始终保持向上的姿态。

护士在平日的工作中，会遇到各种各样的患者，直面生命的脆弱与渺小，感受人生的生离死别、悲欢离合。有思想的护士面对鲜活生命的降生满怀欣喜；面对危重症患者的抢救竭尽全力；面对生命的离开会心痛惋惜；面对患者抢救无效时，不是任由悲伤与无力感占据内心而恐惧工作，更不是随时间的流逝而冷淡麻木，而是依然热爱护理工作，依然笃定救死扶伤这份信仰。生命的长度有限，但生命的宽度无限。有思想的护士，会保持冷静与清醒，淡定与从容，不会因暂时的困难而停止前进的步伐，不会因偶尔的乌云遮日而忘却明媚的艳阳，忠于护理事业，全心全意为患者服务，在有限的生命里散发出无限的光彩。

（二）精神之美

精神之美作为人内在力量的源泉，超越了物质与表象的限制，深入到心灵最深处。它是一种永恒的存在，不会随着时间的流逝而消退，反而会在岁月的沉淀中逐渐显现，散发出更为耀眼的光芒。精神之美不仅能激发人们的勇气和毅力，让人们在困难面前发挥坚韧不拔的精神，同时也能引导人们在平凡的生活中发现美、感受美、享受美。

南丁格尔精神是护士职业精神的核心，它强调对患者的关爱、尊重和照顾，是一种以人道主义为基础的职业道德和职业素质。传承南丁格尔精神、践行新时代护士职业精神，对于提高护士的职业道德素质、强化职业信念、增强职业责任感，以及推动护理事业的发展具有重要意义。

首先，传承南丁格尔精神是提高护士职业道德素质的重要途径。南丁格尔精神强调对患者的关爱、尊重和照顾，这种精神应该贯穿于护士工作的始终。护士应该秉持以人为本的理念，把患者的利益放在首位，全心全意地为患者服务。同时，护士还应该具备高度的职业素养和精湛的专业技能，不断提高自己的综合素质，为患者提供更加优质的护理服务。

其次，践行新时代护士职业精神可以强化职业信念。职业信念是指个人对于自己所从事的职业的信任和热爱程度，它是职业道德素质的重要组成部分。护士应该坚定自己的职业信念，时刻保持对护理事业的热情和执着，积极投身于护理工作中。同时，护士还应该具备敏锐的观察力和判断力，及时发现患者的需求并采取有效的护理措施，为患者的健康贡献自己的力量。

最后，通过传承南丁格尔精神和践行新时代护士职业精神，可以提高护士的职业道德素质，强化职业信念，增强职业责任感，推动护理事业的发展。这对于患者和社会都具有重要的意义，是实现健康中国战略目标的重要组成部分。

（三）情操之美

情操是指人的情感和节操。情操之美是指人的高尚情感和崇高节操，是心灵美的基础。护士具备美好的心灵，必须树立高尚的情操。

护士的情感是由救死扶伤这一特殊职业性质所决定的。护士面对的是患者，他们可能因病痛的折磨而变得情感脆弱或失去理智，护士需要以关心、爱护、体贴的态度为他们进行护理。因此要求护士的情感应建立在热爱生命、热爱健康、热爱人民、热爱护理事业的基础上，对患者痛之于心、急之于行、稳之于容，用高尚的责任情感为患者提供优质的护理服务，以保障患者的生命安全。

（四）智慧之美

智慧是卓越品质的象征，它不仅涵盖了个人的知识、见识和判断力，更延伸至待人处世的态度与广阔胸襟。护士的智慧之美展现出独特的魅力，成为护理工作中不可或缺的重要品质。

在护患关系中，护士的智慧之美表现为对患者理解和体谅。由于患者往往在身体和精神上承受着极大的痛苦和折磨，他们的情绪和行为可能会变得异常或者难以理解，在这种情况下，一位有智慧的护士会以理解和同情的心态来对待患者，避免过度反应。同时，护士的智慧美也体现在信任的建立上，护士需要与患者建立互相信任的关系，以便更好地了解患者的病情和需求，提供更好的护理服务。

在同事间的关系中，护士的智慧美表现为协作和包容。护理工作是一个团队工作，需要各方的协作和配合。在工作中，可能会存在一些小矛盾或者分歧，有智慧的护士会采取"和为贵"的态度，尽量避免矛盾激化，以维护良好的工作关系。同时，护士的智慧美也体现在对同行的支持和帮助上，以共同提高和进步为目标，促进整个团队的和谐和稳定。智慧之美是护士长期积累经验、不断学习和反思的精华，也是他们在护理工作中追求卓越的象征。

第二节　职业思想

> **情境导入**
>
> 早上，神经内科护士小郭正忙于执行医嘱，一位面露难色的男子走来，低声请求："护士，我是22床家属，我爸不小心把床单弄脏了，能否麻烦你帮忙更换一下?"小郭亲切地回应"没问题，被套需要更换吗?"家属略显尴尬地挠挠头："没顾上接便盆，可能都得换。"
>
> 考虑到患者失禁情况，小郭更换床单时，特意在患者臀下铺垫了防漏隔尿垫，并轻声向家属解释："大爷活动不便，咱们可以在身下铺着隔尿垫，既能保持干燥，也方便更换。"
>
> 然而3小时后，患者再次出现大便失禁，尽管隔尿垫承接了大部分排泄物，但因体位变动时护理垫移位，仍有部分污染床单，家属见状连忙致歉。小郭说："没关系的，大爷现在控制力差，咱们慢慢来。"她用温水细致地为患者擦拭肛周及后背皮肤，检查有无压红，更换干净的衣服后，重新铺好隔尿垫并调整至合适位置，确保床单平整干燥。患者儿子全程目睹，感动地说："您不仅帮我们解决问题，还教我们怎么护理，真是太用心了，让我们看到了希望。"
>
> **工作任务:**
> 请通过护士小郭的职业经历，分析其折射出的职业思想?

《辞海》中对"职业"的解释为人们所从事，赖以谋生的工作的性质、内容和方式。因此，职业既是一种既定的工种，又是一种特定的劳动角色，职业总是处于一定的社会环境和个体环境之中。职业的复杂性要求职业劳动者在职业生活中，除了需要具备作为公民应该具备的基本思想和道德素质外，还需要具备与职业相关的特殊的思想道德素质。

一、认知职业思想

(一) 职业思想的含义

职业思想是一种深入理解职业的价值取向,是个人对职业的独特看法和追求。不同的职业思想会引导人们设定不同的目标,以满足个人实现社会价值的需求。职业思想的形成,往往需要一个长期的教育和引导过程。护士作为职业群体,肩负着树立正确职业观念的重要责任,通过正确的职业思想引导,护士能够更好地适应新时代的职业发展需求,进而为社会作出积极的贡献。职业思想的建立和强化,也有助于护士在未来面对各种挑战时,能够以积极的态度和正确的决策,推动护理事业的进步和发展。

(二) 职业思想的内涵

职业思想素质主要由职业意识、职业品质、职业道德、职业价值观、职业信仰五个方面构成。

1. 职业意识 是在职业道德作用下的职业主体对自己从事的职业的一种自觉自主的认识,它构成了职业思想的主体。职业意识既有社会不同职业的共性,也有行业或企业的个性,包含着丰富的内涵,是每一位职业劳动者必须牢记和自我约束的意识。

2. 职业品质 品质是人的行为举止、作风、认知和思想意识的综合体现。职业品质则特指职业者在工作中所展现出的思想、品性和认识等方面的素质。这些品质是职业者取得职业成功的重要保障,拥有优秀的职业品质能够使职业者更好地适应工作环境,提高工作效率,从而获得更好的工作成果。

3. 职业道德 是从事特定职业的人们在特定职业生活中应遵循的道德准则和规范,以及与此相适应的道德观念、情感和品质。职业道德不仅是特定职业人员在职业活动中的行为指南,更是特定行业对社会承担的道德责任和义务的体现。在新时代的背景下,作为优秀的职业劳动者,不仅需要遵循一般的职业道德规范,还需要根据行业特点和要求,深入理解并践行职业道德,以便更好地履行职业职责。

4. 职业价值观 是个人在职业选择和发展方面所持有的核心信念和价值观,它反映了个人对职业的认识、态度和追求。一个人的职业价值观通常受到其教育背景、生活经历、社会环境和个人性格等多种因素的影响。这些因素共同作用,形成了个人独特的职业价值观。职业价值观对于一个人的职业发展至关重要,它不仅决定了人们的职业选择,还影响其工作态度和职业发展。因此,了解自己的职业价值观并找到与之匹配的职业是实现个人职业成功的重要前提。

5. 职业信仰 是劳动者对所从事职业的崇敬的体现,不仅塑造了劳动者的职业道德、职业目标、职业价值观,更是一种人生观、世界观在职业生活中的集中反映。每位职业劳动者都应有自己坚守的信念和决心,并以此作为职业行为的准则,这样才能不为外界所动,保持自我本色,坚守最初的信念和职业追求,不懈努力,最终在平凡的工作中创造非凡的成就,实现职业和事业的发展。

二、护士的职业思想

为了人类健康事业发展,护士应具备良好的职业思想和品质。因此,在护理工作中,护士需牢记:

(一) 热爱护理事业是护士的职业意识

作为一名护士,首先应保持对护理事业的热爱之心,始终坚信护理工作的重要性和价值,这样才能在日常工作中为患者提供优质的护理服务。职业意识的自觉源于护士对护理事业的认同和尊重,以及对患者的关爱和责任。

(二) 救死扶伤是护士的职业信仰

救死扶伤是护士职业的本能,这不仅是对生命的敬畏和尊重的体现,更是对人类健康的坚定守护。护士通过专业知识和技能,为患者提供及时、有效的救治。这种价值观念要求护士具备高度的责任感和使命感,以及耐心细致的品质。护士在日常工作中应始终以患者的生命安全和健康为重,时刻根据患者的病情动态调整护理目标,确保"及时、快速、准确"地完成各项护理工作,为患者提供周到、贴心的护理服务。

(三) 人道主义是护士的职业品质

人道主义体现在护士对待患者的态度和行为上。护士要关爱患者,尊重患者的人格和尊严,一切应以患者的需求和感受为出发点,因病制宜,根据每一位患者不同的病情,制订多样化、人性化的护理服务。同时人道主义需要护士具备同情心、爱心、耐心、细心,以及良好的沟通和协作能力。在日常护理工作中,应以"关爱生命,尊重患者"为导向,一切以患者身心需求为出发点,在关注患者身体健康的同时,以温和、耐心的态度去消除患者的内心焦虑,确保在为患者提供最佳护理和治疗的同时,也让他们感受到一种积极、乐观的心态。

(四) 全心全意为患者服务是护士的核心价值观

全心全意为患者服务则体现在护士对待工作的投入和专注上。护士要全身心地投入护理工作中,并时刻牢记"患者生命高于一切"的工作职责,恪尽职守、兢兢业业,以严谨的工作态度,确保患者的安全和健康。这就要求护士具备高度的职业精神和职业道德,始终保持以患者为中心的护理服务理念。

第三节　职业道德

情境导入

患者,女,38岁,直肠癌晚期。患者住院后情绪低落,封闭自己,不与外界交流。责任护士小李每天都细心地为她做着各项护理,不厌其烦。起初,患者对小李的护理工作表现得相当冷漠,甚至在治疗和护理时有些抗拒,但小李并未因此而退缩。有一天,患者因痰液堵塞导致呼吸不畅,腹部伤口使她不敢用力咳嗽。细心的小李及时发现并主动上前用双手轻轻地固定住患者的腹部伤口边缘,温和地引导并鼓励患者咳出黏稠的痰液。从那以后,患者十分配合治疗和护理工作。

工作任务:

请分析护士小李的行为所体现出的职业道德。

道德是人类特有的一种社会现象,是人类特有的用于调整人与人、人与社会,以及人与自然之间关系的行为规范,是以善恶为判断标准的社会准则。道德力量是影响社会发展的重要因素,道德水准是体现社会文明程度的重要标志。党的二十大报告明确指出:"提高全社会文明程度,实施公民道德建设工程,弘扬中华传统美德,加强家庭家教家风建设,推动明大德、守公德、严私德,提高人民道德水准和文明素养,在全社会弘扬劳动精神、奋斗精神、奉献精神、创造精神、勤俭节约精神。"

在工作中,护士的职业道德显得尤为重要。职业道德要求护士热爱护理事业、以患者为中心、具备高度的责任感和无私奉献的精神,这些道德品质是护士履行职责、为患者健康提供保障的必要条件。

一、认知道德与职业道德

(一) 道德的含义与内涵

1. 道德的含义　道德是以评价善恶的方式调节人际关系的行为规范和人类自我完善的一种社会价值形态。道德包括客观和主观两个方面,客观方面指一定的社会对社会成员的要求,表现为道德关系、道德体系、道德标准、道德规范和社会道德理想等；主观方面指人们的道德实践，包括道德意识、道德信念、道德判断、道德行为和道德品质等。

"四德"践行要点

2019年10月，中共中央、国务院印发了《新时代公民道德建设实施纲要》。《新时代公民道德建设实施纲要》指出，要把社会公德、职业道德、家庭美德、个人品德建设作为着力点。推动践行以文明礼貌、助人为乐、爱护公物、保护环境、遵纪守法为主要内容的社会公德，鼓励人们在社会上做一个好公民；推动践行以爱岗敬业、诚实守信、办事公道、热情服务、奉献社会为主要内容的职业道德，鼓励人们在工作中做一个好建设者；推动践行以尊老爱幼、男女平等、夫妻和睦、勤俭持家、邻里互助为主要内容的家庭美德，鼓励人们在家庭里做一个好成员；推动践行以爱国奉献、明礼遵规、勤劳善良、宽厚正直、自强自律为主要内容的个人品德，鼓励人们在日常生活中养成好品行。

2. 道德的内涵　马克思主义科学地揭示了道德的起源，认为道德源于人类的历史发展和人们的社会实践。道德并非源于个人的主观臆想，而是人类社会发展到一定阶段的产物。最初，道德以风俗习惯等形式表现出来。随着社会生产力的发展和社会生活日益复杂化、多样化，道德逐渐从风俗习惯中分化出来，成为一种相对独立的社会意识形式。

道德的功能是指道德作为社会意识的特殊形态对于社会发展所具有的功效和能力，集中表现为道德既是处理个人与他人、个人与社会之间关系的行为规范，也是实现个人自律和人格完善的一种重要精神力量。道德的主要功能包括认识功能、规范功能和调节功能。道德的认识功能是指道德反映社会现实，特别是社会经济关系的功效与能力；道德的规范功能则是在正确善恶观的指引下，规范社会成员在职业、社会公共和家庭领域的行为，并引导个人品德的养成；道德的调节功能是指道德通过评价等方式，指导和纠正人们的行为和实践活动，协调社会关系和人际关系的功效与能力。这些功能使道德成为一种重要精神力量，促进社会自律和完善。

(二) 职业道德的含义与内涵

1. 职业道德的含义　职业道德概念，从广义和狭义上均有明确的定义。广义的职业道德是指所有从业人员在所有职业活动中应遵循的行为准则，涵盖了从业人员与服务对象、职业与职工、职业与职业之间的各种关系，是社会道德在特定职业领域中的全面体现。狭义的职业道德则是在特定职业活动中应遵循的、体现特定职业特征的、调整一定职业关系的职业行为准则和规范。它是职业道德体系的核心，直接反映了职业行为的价值取向和道德标准。

职业道德是人们职业生活中必须遵循的一种规范和准则，是社会道德在特定职业领域中的具体反映。理解和践行职业道德，有助于人们明确职业发展的正确方向，规范职业行为，提升职业素养。职业道德涉及对职业价值的认知、职业情感的培育、职业思想的树立、职业意志的锻炼，以及良好职业行为和习惯的养成。只有自觉遵守职业道德，人们才能在岗位上充分发挥自身价值，为社会作出积极贡献。

2. 职业道德的内涵　职业道德是在职业活动中应遵循的、具有自身职业特征的道德要求和行为准则。作为社会道德体系中的重要组成部分，职业道德在职业活动中起着举足轻重的作用。职业道德具有稳定性、多样性和职业性等特征。它是在长期的职业实践中形成的，并保持稳定，反映了各种职业的特殊利益和义务。由于职业道德涉及特定的职业关系，具有特定职业的业务特征，因此呈现出鲜明的个性和多样性。同时，在不同的职业领域中，职业道德的内涵和表现形式也不同。

在特定的职业领域中,职业道德往往发挥关键作用。它并非一成不变,而是随着职业实践的发展而不断调整。尽管其内涵和表现形式可能因职业而异,但它们都具有普遍的道德价值和原则,为从业人员提供了行为指导。因此,从业人员在职业活动中应自觉遵守职业道德,以维护职业声誉和公众信任。

二、护士的职业道德与规范

随着医学的飞速发展和人们对健康需求与自我保健意识的增强,患者对护士的职业道德与整体素质的要求不断提高。因此要求护士关注患者需求,以患者为中心,为患者制订全面、全程、专业、主动、人性化的整体护理,深化优质护理服务的内涵。为达到这一目标,护士须具备扎实的护理知识、娴熟的护理技能、健康的心理和健全的人格,并加强职业道德教育,以成为适应社会需求的高素质护理人才。

(一) 护士职业道德

护士职业道德是在一般社会道德的基础上,根据护理专业的性质、任务,以及护理岗位对人类健康所承担的社会责任和义务,对护士提出的护理职业道德标准和护士行为规范。其用于指导护士的言行,调整护士与患者、集体、社会之间的关系;判断自己与他人在医疗、护理、预防保健、护理管理、教育、科研等实践过程中的是非、善恶、荣辱和褒贬的标准。

1.护士职业道德的基本内容 依据我国《护士条例》的宗旨,参照国际护士会《护士伦理守则》的内容,结合我国卫生健康事业发展需要,中华护理学会和中国生命关怀协会人文护理专业委员会于2020年共同制定了《中国护士伦理准则》。其中第二十二条提出以德修身:"坚守社会公德,善良正直,胸怀宽广;仪表端庄,言行优雅,自尊自爱,自信自强;严谨慎独,求真务实,至善尽美,陶冶良好的专业品质和人格特质。"

良好的职业道德不是与生俱来的,也不能毕其功于一役,重在循序渐进、日积月累。因此,护士在护理工作中要自觉地不断加强职业道德的修养,在职业价值、职业情感、职业意志、职业信念和职业行为等各方面遵循行为规范,最后达到潜移默化、水滴石穿的效果,逐步形成良好的职业道德修养,努力做到"德化于自身、德化于本职、德化于社会"的要求。

人文素养,提高人文关怀能力;将护理职业精神、护士伦理准则内化于心、外化于行,落实在每一个护理实践行为中。

第七章 护士自身修养

第二十二条 以德修身:坚守社会公德,善良正直,胸怀宽广;仪表端庄,言行优雅,自尊自爱,自信自强;严谨慎独,求真务实,至善尽美,陶冶良好的专业品质和人格特质。

第二十三条 身心健康:注意自身保健,保持良好的形象和身体状态;情绪稳定,精神饱满,直面困难,化解压力;积极进取,修炼良好的自控能力和社会适应能力,维护身心健康。

第二十四条 家国情怀:心怀天下,爱国爱家,以业报国,以情护家。重视亲情,尊老爱幼,互敬互爱,提升个人与家庭成员幸福感,平衡工作与家庭关系,促进事业与家庭的和谐发展。

2.护士职业道德的性质 护士职业道德是整个医德体系中的一部分,护理工作的特点决定着护士职业道德与一般的临床医学道德有所不同,具有其自身的特殊性。

(1)**护理和治疗的协调一致性**:护士担负着护理与治疗的双重任务,一方面需要与医生密切配合,执行医嘱,及时完成护理任务;另一方面要根据患者的生理、心理需要,作出护理诊断,拟订护理计划,采取护理措施,实施整体护理。事实证明,只有根据不同的对象和病情,进行恰当的治疗和护理,使二者协调一致,才能保证医疗过程的顺利进行,并取得较好的治疗效果。

(2)**护理工作的严谨性**:护理工作是一项对技术要求很高的工作,它以医学、护理等相关学科理论为指导,以执行医嘱为前提,通过对患者细致的观察、严格按照护理程序进行操作而完成护理任务。护士是否严格遵守护理制度,能否准确、及时、无误地做好各项护理工作,直接关系到护理质量,关系到患者的生命安危。

(3)**护理工作的特殊性**:护士职业道德在要求严谨性的同时,强调护士应具备灵活性、积极性和主动性。护士应根据患者的病情变化、治疗反应等,主动报告医生,提供相关信息,以利于诊断和治疗方案的制订与实施。在抢救垂危患者生命的紧急情况下,如医生未到达,护士应基于病情进行初步判断,灵活机智、果断地实施必要的紧急救护,如测量血压、给氧、吸痰、止血、配血、建立静脉输液通路等,必要时可进行人工呼吸、胸外心脏按压等(图3-1),这些措施将有助于赢得时间,为抢救生命提供有力支持。

图3-1 分秒必争的急诊护士

(二)护士职业道德标准

护士职业道德标准是在长期的护理实践中逐步形成并经过精心制订的,其基于护理道德基本理论和原则,旨在协调护士与患者、医务人员、社会人员之间关系,并为其提供应当遵循的行为准则和具体要求。这些标准不仅是对于护理职业道德优良传统的继承，更是护理行业的重要组成部分，是护士必须遵守的基本规范。

1. 忠于职守，平等待患　护理职业需要高度的热爱和专注，护士应全身心地投入，展现出对护理事业的尊重和执着追求。护士应具备高度的事业心和工作责任感，并将全心全意为患者服务作为护理工作的使命。在工作中，护士应尊重每一位患者的生命价值和人格，这不仅是对患者的尊重，更是对生命的敬畏。为了提供优质服务，护士需要时刻谨记道德规范，以专业的态度和行为来执行护理工作。

2. 遵守制度，安全护理　护理工作的实施应严谨，应严格执行"三查七对"制度。在执行医嘱、记录、观察患者、抢救患者等过程中，始终保持有条不紊，坚持查对，确保准确无误。在安全操作中，遵循相关制度，避免差错和事故的发生。这些措施旨在提供高质量的护理服务，确保患者的安全和舒适。

3. 热情服务，以诚相待　作为护士，应以专业的态度对待每一位患者，用热情周到的护理服务使患者感受到关心和温暖。在临床上，患者往往处于身体和心理上的脆弱状态，需要得到更多的关怀和照顾。因此，护士应以真诚、热情的态度对待每一位患者，尽最大的努力为他们提供最好的护理服务。热情服务和以诚相待是护士必备的素质和职业要求，也是提高护理服务水平、促进和谐护患关系的重要保障。

4. 廉洁奉公，遵纪守法　在与患者、家属以及其他相关人员相处时，护士应坚守高尚的职业道德，并严格遵守相关法律法规。同时，为了维护护理行业的公正性和公信力，护士应始终将患者的利益放在首位。在执行职责时，护士应时刻牢记职业道德规范，为患者提供高质量的护理服务，建立更为信任、和谐的护患关系，从而赢得社会的尊重与信任。

5. 内省自讼，克己慎独　内省自讼的方法在我国源远流长。《论语·里仁》就说："见贤思齐焉，见不贤而内自省也。"这种方法要求护士经常就自己的品行是否合乎职业道德的要求进行自我反省，通过反省随时了解、认识自己的思想、意识、情绪与态度。唯有长期持之以恒的自我审查、自我评价，才能在以后的护理工作中面对困难和挑战时坚持不懈，不断提升职业道德素养。

克己的方法是指护士应尽量自觉克制不正当的欲念，时刻将自己的思想和行为置于职业道德范畴之内。慎独是指在一个人独处、无人监督的情况下自觉坚持道德信念，谨慎遵守道德原则。

护理工作是以患者为服务对象的，护士的很多护理行为往往是一个人独自完成的。在无人监督的情况下，需要靠护士的自身道德修养来进行自我审视和约束。对于直接服务于患者的护士来讲，"慎独"是护理职业道德修养的重要部分，更是一种崇高的道德境界。例如，术后患者的观察及护理要求护士要富有同情心和责任心，将患者的利益置于首位，充分理解患者的恐惧、焦虑心理及术后带来的痛苦，并给予心理上的支持。在工作中，护士应认真履行自己的工作职责，严格执行查对制度（图 3-2），按照护理级别定时巡视病房，认真监测生命体征并记录，认真观察术后患者的引流导管是否通畅及伤口敷料渗血情况等。护士需要用自身的道德修养及诚信来规范自己的行为，把各项护理工作做到位。慎独修养非一日之功，护士要做到慎独，需要从身边的点滴做起，时刻严格要求自己，做到言行一致、表里如一，把每件细微小事都当作对自己道德信念的考验，真正做到"心底无私天地宽"。

图 3-2　严格执行查对制度

护士守则

第一条　护士应当奉行救死扶伤的人道主义精神，履行保护生命、减轻痛苦、增进健康的专业职责。

第二条　护士应当对患者一视同仁，尊重患者，维护患者的健康权益。

第三条　护士应当为患者提供医学照顾，协助完成诊疗计划，开展健康指导，提供心理支持。

第四条　护士应当履行岗位职责，工作严谨、慎独，对个人的护理判断及执业行为负责。

第五条　护士应当关心、爱护患者，保护患者的隐私。

第六条　护士发现患者的生命安全受到威胁时，应当积极采取保护措施。

第七条　护士应当积极参与公共卫生和健康促进活动，参与突发事件时的医疗救护。

第八条　护士应当加强学习，提高执业能力，适应医学科学和护理专业的发展。

第九条　护士应当积极加入护理专业团体，参与促进护理专业发展的活动。

第十条　护士应当与其他医务工作者建立良好关系，密切配合、团结协作。

第四节　职业精神

情境导入

某医院骨科收治一位左股骨颈骨折的赵爷爷，遵医嘱要求住院期间绝对卧床。然而，由于长期卧床、活动减少及饮食摄入不足，赵爷爷已经连续三天没有排便，尽管服用了通便药和使用开塞露，但效果并不明显。赵爷爷下腹胀痛、情绪异常烦躁，家属也焦虑万分。何护士长触诊后发现直肠内有大量干硬粪便嵌塞，判断开塞露因粪便过于干硬而未能充分软化远端粪便，在确认无肠梗阻等禁忌证，她二话没说，立刻戴上手套，用手一点一点为患者抠，成功清除嵌塞的粪便。排便后，赵爷爷腹胀缓解，情绪逐渐平稳。面对老人及家属的感谢，何护士长轻轻地挥挥手说："没什么，是我们应当做的。"不仅如此，何护士长还特意制作了一份精美的健康宣传单，详细介绍了针对赵爷爷这种情况预防便秘的护理措施和方法，她无微不至的关心和照顾，让赵爷爷和家属们倍感温暖和安心。

工作任务：

请分析何护士长的工作行为所折射出的职业精神。

对本职工作的热爱，是一种朴素的职业情感。热爱自己的职业，是一种责任、一种认真负责的态度，是一份坚守、一份担当的精神，是一种奋发向上的力量。我们需要大力弘扬职业精神，在平凡的岗位上书写不平凡的篇章。

一、认知职业精神

（一）职业精神的含义

职业精神是与人们的职业活动紧密联系、具有职业特征的精神与操守，是从事某种职业应当具备的精神、能力和自觉。职业精神是职业存在和发展的本质特征，是维护职业崇高性的重要保障。

目前，职业精神在国内还没有统一的界定。国内多位学者分别从社会主义精神体系、道德观、精神追求等角度进行了诠释。其相通之处在于，职业精神是一个精神体系，是在职业生活中形成的遵守职业道德、职业伦理,讲究职业良心的职业操守和建立在职业理想、职业信仰之上的精神追求;职业精神在内表现为一种较为稳定的职业心理品质,在外则表现为受职业心理品质支配的具有较强稳定性的职业行为习惯。

(二)职业精神的内涵

职业精神是新时代高素质技术技能人才必备的职业素养,新时代赋予了职业精神新的内涵。2022年修订的《中华人民共和国职业教育法》第四条明确指出:"实施职业教育应弘扬社会主义核心价值观,对受教育者进行思想政治教育和职业道德教育,培育劳模精神、劳动精神、工匠精神。"

1. 劳模精神 劳模就是劳动模范,劳模精神是在平凡岗位上作出不平凡业绩所坚持、坚守、坚定的基本信念、价值追求、人生境界及其展现出的整体精神风貌。劳动模范身上体现的"爱岗敬业、争创一流,艰苦奋斗、勇于创新,淡泊名利、甘于奉献"的劳模精神,是伟大时代精神的生动体现。

随着时代变迁,劳模精神的内涵不断丰富发展,但劳模精神的价值追求和精神引领未曾改变。新时代下护士应立足岗位、锐意进取,务实奉献,学习劳模精神,坚定理想信念,奋力担当作为,为提升人类健康水平贡献力量。

2. 劳动精神 劳动精神是每一位劳动者为创造美好生活而在劳动过程中秉持的劳动态度、劳动理念及其展现出的劳动精神风貌。

劳动不仅创造了人类,也是人类的本质特征和存在方式,并推动着社会历史向前发展。劳动改变自我,劳动改变社会,劳动价值代表着人类社会进步的希望。护士应深化劳动教育,弘扬劳动精神,为实现个人全面发展奠定坚实的思想基础和技能基础,树立以天下为己任、舍我其谁的社会责任感和担当精神。

3. 工匠精神 国之重器,始于匠心,唯匠心以致远。"工匠精神"本指手艺工人对产品精雕细琢、追求极致的理念,即对生产的每道工序、对产品的每个细节都精益求精,力求完美。任何行业、任何人"精益求精,力求完美"的精神,都可称"工匠精神"。

我国自古就有尊崇和弘扬工匠精神的传统。《诗经》中的"如切如磋,如琢如磨",反映的就是古代工匠在雕琢器物时执着专注的工作态度;"庖丁解牛""巧夺天工""匠心独运"都是对工匠精神的生动阐述。时代发展需要大国工匠,工匠精神历久弥坚。匠心追梦,技能报国,唯有大力弘扬工匠精神,执着专注、精益求精、一丝不苟、追求卓越,才能让工匠精神释放出璀璨的时代光芒。

二、感受职业精神

护士职业精神的形成绝非一蹴而就,它是一个需要长期磨炼和积累的充满挑战的过程。对于护士这个职业群体而言,岁月的洗礼和经验的沉淀是不断磨砺和提高职业素养的必经之路。护士只有持续不断地学习、实践和反思,才能更好地适应不断变化的职业环境。

护士需要以实际行动诠释职业精神,保持热爱和追求,以勇气和决心迎接挑战,不断提升专业技能和服务水平,努力为全人群提供覆盖生命全周期的、连续的、高质量的护理服务,满足患者对健康的需求,全面提升人民的健康水平,为实现健康中国战略目标贡献力量。

三、护士的职业精神

国际红十字会要求各国获得南丁格尔奖章提名资格的护士应具备以下精神特质:在自然灾害和武装斗争中表现出来的勇气和奉献精神,用积极的同情心为受伤、生病和其他弱势群体提供护理;在公共卫生或护理教育领域的模范服务和开拓创新的精神。

我国学者对护士职业精神的界定是护士在与患者的交往实践中所表现出的基本从业理念、价值取向、职业人格及职业准则、职业风尚的总和。护士职业精神之精髓是伦理道德原则,包括责任、自律、尊重、同情、诚实和守信等伦理原则,其内涵是珍视、尊重、关爱、敬畏生命,从职业的特殊性上还强调维护患者权益和团结协作的精神。概括起来,护士职业精神内涵为敬佑生命、爱岗敬业、团结协作、精益求精。

(一) 敬佑生命

敬佑生命涵盖敬畏生命和护佑生命两个方面。"敬佑生命、救死扶伤、甘于奉献、大爱无疆"。把敬佑生命放在第一位,也是将其放在护理职业价值观的基础和核心地位,是护士在职业认知层面的最基本的、核心的价值追求。敬佑生命,不仅要求自觉尊重生命,尊重每一个人的人格、权利和尊严,还要做到一视同仁,平等对待每一位患者,这也是中国传统文化中"仁医之道"的理念。生命是宝贵且脆弱的,护士对生命的无常和不确定性应抱有深刻的感悟,应始终保持对生命的敬畏,竭尽全力提供最好的护理和关怀。

(二) 爱岗敬业

中华民族素有"敬业乐群""忠于职守"的传统,这是中国人民的传统美德之一。

爱岗就是热爱自己的工作岗位,热爱本职工作,是从事职业者以正确的态度对待各种职业劳动,努力培养并热爱自己所从事的工作的幸福感、荣誉感。敬业是指用恭敬、严肃、负责的态度对待所从事的事业,无论职业高低贵贱,都需要全身心投入,尽职尽责。爱岗与敬业的精神是相通的,是相互联系的,爱岗是敬业的基础,敬业是爱岗的具体表现。

身为护士,需要在平凡工作中创造生命的奇迹。护理工作没有惊天动地的故事,没有催人泪下的豪言壮语,只有日复一日、年复一年兢兢业业、勤勤恳恳地在平凡的岗位默默奉献。即使在万籁俱寂的深夜,也有巡视的护士守护着患者的安全(图3-3)。临床护士的工作多是"三班倒"的值班制度,护士应全身心投入工作,用心做好每一件事,在平凡工作中创造生命的奇迹,真正做到干一行、爱一行、专一行。

图 3-3 夜幕下的护士

(三) 团结协作

现代医疗护理工作分科复杂、分工精细,共同的目标都是治病防病,保障人民身心健康。护士树立"一切为了患者"的理念,自觉发扬团结协作精神,与其他科室密切配合共同完成医疗护理任务。医疗护理工作并非孤立存在,它与众多科室息息相关。护理效果是整个医疗质量的重要环节,离不开其他科室的支持。

单丝不成线,独木不成林。在护理工作中,护士需要负责患者的生活护理、对患者病情进行动态观察,及时发现并报告患者的异常情况,为医生的诊断和治疗提供重要依据。当医生下达医嘱时,护士需要认真负责地审核、分解、执行医嘱,通过团队协作高效地完成各项医疗护理任务,确保患者得到及时、正确、安全的治疗。团队合作是护士专业技能、文化修养、性格、耐心、情商的具体表现，对于护士职业精神的体现至关重要。护士需要精诚团结，不计较个人得失，互相配合、谦让，共同为患者提供优质的护理服务。

（四）精益求精

护理工作是一项充满挑战与奉献的职业。护士肩负着守护患者生命与健康的重任，承载着他们对生命与健康的希望与信任。护士的责任是提供卓越的护理服务，因此护士需要始终精益求精，以患者的需求为出发点，坚守每一份责任，注重每一个细节。在技术操作和沟通交流方面，护士应秉持高标准、严要求的态度。

随着学科的进步，重症监护病房（ICU）、CCU（冠心病监护病房）等高水平的护理应运而生；信息技术的高速发展则使护理同仁能够更便捷地交流新知识、新技术；计算机处理系统可对大量的护理文字工作进行规范化处理，为护士们减轻了工作负担；从患者入院到出院，甚至循证护理全程式的护理管理，使护士与患者及家属的关系不再局限于单一的治疗和护理，而是演变为一种互动与人文的关系；全科护士、社区护士、专科护士的出现也对护理教育体制提出了新的挑战。

卓越服务、引领创新，是护理事业持续发展、迈步向前的理念。在此过程中，护士们需要积极探索创新、精益求精，以应对护理与其他学科交叉融合带来的挑战。新时代赋予新使命，护理工作作为卫生健康事业的重要组成部分，要求护士紧跟时代步伐，迎接新的挑战，提升护理队伍核心胜任力，为全体人群提供全方位、全生命周期的健康服务。

今天的你，明天的我

在新时代新背景下，护士的职业精神比以往任何时期都显得更加重要。护士需领悟职业精神，牢记使命担当，不断开拓创新，踔厉奋发、勇毅前行，持续提升护理质量，用优质护理服务保障人民健康，为护理学科发展、为健康中国贡献力量。

（胡 蝶）

思考题

根据医院《实习生管理制度》的要求，主管护理带教工作的李老师为了帮助实习护士树立正确的职业道德观念、尽快适应护士角色，制订了岗前培训的相关计划。

请问新时代下护士应具备哪些职业道德和职业精神？

练习题

第四章 ｜ 护士的形象美

ER 4-1
教学课件

ER 4-2
思维导图

学习目标

1. 掌握护士仪容修饰的要求；护士仪态美的要求；护士服饰美的要求。
2. 熟悉着装的基本原则；护士仪容修饰的原则。
3. 了解并感受仪容美、仪态美、服饰美。
4. 学会护士的仪容美、仪态美、服饰美，并在护理专业学习和未来的护理工作岗位上实践护士的仪容美、仪态美、服饰美。
5. 具备护理职业的自豪感与使命感，塑造美好的护士职业形象，助力护理事业发展。

　　个人形象是指一个人的外表或容貌，是一个人内在品质的外部表现，也是反映一个人内在修养的窗口。

　　职业形象是指职业群体或个人在职业活动中的公众印象，包括有形的外在形象和无形的内在形象。职业形象不仅体现了职业工作者的仪表、风度、行为举止和姿态等外在形象，更是其职业道德品质、知识、心理状态等内在素质的展示。

　　护士所面对的是需要健康服务的人群，美好的护士职业形象可以对护理对象的身心健康产生积极的影响，使护理对象产生愉快的心情，获得良好的生理、心理效应，从而达到治疗和康复的最佳效果。

第一节　仪 容 美

情境导入

实习护士小王即将离开学校，到医院开始为期8个月的实习。
工作任务：
请指导小王进行仪容修饰，以展现护士端庄大方的职业形象。

一、认知仪容美

（一）仪容的含义

　　仪容，有广义、狭义之分。广义的仪容通常指人的外观和外貌，包括头部、面部、颈部和肢体。狭义的仪容主要指人的容貌，包括头发和面部。在人际交往中，仪容会成为交往对象关注的重点，通过仪容建立起来的"第一印象"，会显著影响交往双方对彼此的整体评价。

首因效应

首因效应（又称第一印象效应）指人际交往中首次接触产生的初始认知对后续关系发展的导向作用，具有先入为主的特性。这种印象虽未必准确，却具备极强的鲜明性与持久性，往往主导着双方互动的走向。

心理学研究表明，个体在初遇的 45 秒内即可通过性别、年龄、外貌、表情、体态、着装等特征建立初步判断，并据此快速推断其内在修养与性格特质。若首次会面塑造积极形象，将显著提升交往意愿并加速建立互信。反之若初次接触引发负面观感，即便必须维持表面往来，双方关系也易陷入疏离状态，极端情况下甚至引发心理排斥或行为对抗。

该效应在现实社交中具有显著影响力，人们往往基于初次形成的认知框架持续作用于对他人的后续评价体系。

（二）仪容美的内涵

仪容美是指一个人美好的、健康的外貌和气质。美好的仪容是一个人的精神面貌和内在气质的外在体现，也是一个人的内心素质、内在修养的显露。

二、感受仪容美

真正意义上的仪容美，应该是自然美、修饰美和内在美三个方面的高度和谐与统一，是三种美的有机融合。

（一）仪容的自然美

仪容的自然美是指个人相貌先天条件好，天生丽质。这种美是"清水出芙蓉，天然去雕饰"，不用外在修饰。它是先天的，通常受遗传因素的影响，不可改变。

（二）仪容的修饰美

仪容的修饰美是指根据个人的条件和特点，依据规范和标准对仪容进行必要的修饰，扬长避短，设计并塑造出美好的个人形象。这种美是后天的，可以利用适当的修饰弥补先天所带来的部分缺憾，包括自然修饰、表情修饰和化妆修饰。护士要塑造良好的个人形象，就要切实掌握修饰美的实用本领，真正满足修饰美的各项要求。

（三）仪容的内在美

仪容的内在美是指人通过后天不断的学习提高自身的文化水平、艺术修养和道德水准，从而培养出高雅的气质和美好的心灵。与修饰美一样，内在美可以通过后天学习来弥补。事实上，一个人具备高雅的气质和美好的心灵，正是其文化底蕴的外在体现。仪容的内在美完善了仪容美的整体内涵，成为仪容美的最高境界和个人修养的主要目标。

三、护士的仪容美

护士在工作中需要与患者每天面对面的近距离接触，因此护士的仪容在职业形象塑造中占有举足轻重的地位。当护士容光焕发地出现在患者面前时，虽然她要传递的信息尚未发出，但是对方已经从护士的仪容上感知到了尊重与重视。因此，良好的仪容修饰对护士来说显得尤为重要。

（一）护士仪容修饰的原则

1. 整洁卫生 即整齐洁净、清爽宜人，这是仪容修饰的首要要求。一个人即使天生丽质，容貌姣好，但如果整体仪表邋遢凌乱，也会让人反感。因此，每个人都应养成良好的卫生习惯，做到勤洗手、勤洗澡、勤刷牙、勤更衣，指甲经常修剪，头发按时打理。保持整洁卫生的形象是个人素质的体现，也是尊重自己和他人的表现，是护士仪容美的基本要求。

2. 自然得体　护士在临床工作中的修饰要求不同于一般的社交修饰要求，它具有一定的职业特殊性。护士面对的是患者，如果妆容过于浓艳，会引起患者的反感，而恰当的修饰会使人感到亲切、舒适，获得信任感。因此，护士的仪容修饰在程度上和效果上要把握分寸，体现真实自然的效果。

3. 协调一致　仪容修饰既要与个人的年龄、身材、容貌、肤色、气质、职业、身份等相一致，还要与时间、环境等相吻合，达到自身整体和外界环境的协调一致。护理工作中的仪容需与护士的职业岗位协调、与护士的职业身份匹配，体现出和谐统一的整体美。

（二）护士的工作仪容

护士的工作仪容应自然、整洁、端庄、大方，让美与护士的职业身份相匹配。

1. 头发修饰　护士的职业发型应体现整洁、简练、庄重的职业特点。女性护士在工作时的发型需适合戴护士帽，若为长发应盘起或束于脑后，用带头花网套罩住（图4-1）；碎发用黑色发卡固定好，前刘海不垂落，或将前刘海向上梳、固定住并压于燕帽前沿下。如果是短发，长度不应超过耳下 3cm，做到前不遮眉、侧不掩耳、后不过肩，以齐耳垂下沿为好（图4-2）。男护士要求做到前发不覆额，侧发不掩耳，后发不触衣领，头发长度最长不超过7cm（图4-3）。

图4-1　女性护士长发发型

图4-2　女性护士短发发型

图4-3　男性护士发型

2. 妆容修饰　护士在工作中提倡淡妆上岗，以展示护士美好的职业形象，同时带给患者美的享受，激发患者对美好生活的追求和恢复健康的愿望。

（1）护士职业妆容的要求：①端庄：即化妆要严谨、规范，符合护士的职业身份。②清丽：即化妆要做到清新自然，突出个人的气质和风采。③素雅：即妆容色彩不宜过于浓艳和繁杂，以清淡素雅为宜。④简约：即要求化妆整理要做到简洁、明快，避免过度烦琐。

（2）化妆的流程：化妆是一门艺术，适度而得体的妆容可以体现女性端庄、美丽、温柔、大方的独特气质。成功的化妆是展示护士整体美的关键手段。

1）束发：用束发带沿发际线将头发挽起。

2）修眉：利用眉刀或眉钳顺眉毛生长的方向将多余的眉毛修除，使眉毛线条清晰、整齐、流畅，为画眉打基础。

3）面部清洁：用合适的面部清洁产品彻底清洁面部皮肤，洗干净、擦干后涂化妆水及护肤品，保护皮肤，同时使其滋润以便于上妆。

4）涂粉底：选择与肤色相近的粉底颜色，用点、按、压、揉的手法，均匀地涂在面部、耳部和颈部露出的部位。涂抹时注意下颌部和颈部的衔接，不要出现明显的界线和色差。

5）定妆：用散粉或者粉饼轻按面部，减少粉底的油光感，防止妆面脱落。

6）画眉：选择与眉毛颜色接近的眉笔，顺着眉毛生长的方向，描画出合适的眉形。描画时要注意眉头、眉峰、眉尾的准确位置，画出眉毛的立体感、自然感，掌握"从粗到细，从淡到浓"的原则，眉头最粗、颜色最淡；眉峰最高、颜色最深；眉尾最细。

7）画眼线：画上眼线时用眼线笔从内眼角沿睫毛根部往外画；下眼线可以从眼尾向下眼睑中部描画，长度为眼长的1/3，内眼角不画，重点晕染眼尾。

8）涂睫毛膏：先用睫毛夹卷睫毛，使其上翘，上眼睑的睫毛用睫毛刷从根部向睫毛梢纵向涂染，下眼睑的睫毛要横向涂染。

9）晕染腮红：按脸型来确定，从颧骨和颧骨下向外上方晕染。

10）画唇：根据眼影和腮红的颜色选择与之搭配的唇膏色，用唇刷均匀地涂抹整个唇部，注意轮廓突出，左右对称。

11）检查妆面：面对镜子观察妆面的整体效果，检查妆面的颜色是否搭配恰当，左右是否对称，有无过浓或者瑕疵，并进行调整与修饰，使整个妆面呈现出较为理想的效果。

3. 护士的手臂修饰　人们常说手是社交中的"第二张名片"，手的美是整体美不可缺少的因素。护理是一项业务性和技术性都很强的工作，护士勤劳灵巧的双手履行着救死扶伤、挽救生命的职责，在各种护理操作中常常是"主角"。

护士应勤洗手，保持手部清洁；指甲要经常修剪，长度不宜超过指尖；工作时不涂彩色指甲油，以朴素、淡雅、庄重为护士的职业形象。

4. 护士的微笑　人最美的表情就是微笑。自然真诚的微笑虽然无声，却可以表达出高兴、理解、赞许、同意等许多信息。微笑会给人一种亲切感，可以大大缩短人与人之间的距离，消除人们之间的陌生感和恐惧感。微笑可以感染和调节人的情绪，让人感到温馨，产生愉悦的感觉，同时还可以创造和谐融洽的气氛。

（1）微笑的特征：微笑是面带笑容，笑时不牵动鼻子、不发出声音、不露出牙齿，面部肌肉放松，双眉稍稍上扬，自然舒展，嘴角微微抿起，嘴唇略呈弧形，使人如沐春风。它是一种良性的面部表情，反映出一个人的内心世界，是自信的标志、礼貌的象征和情感的体现。

（2）微笑的训练方法：微笑是人类最美的表情，护士应学会微笑，在护理岗位上营造和谐温馨、亲切融洽的人际氛围。

1）e字微笑练习法：每天早晨起床后，对着镜子发"e"音。

2）眼中含笑法：用一张厚纸遮挡眼睛以下，对着镜子，心里想着高兴的事，同时脸颊上扬，嘴角上提，此时自然、柔和的目光配合微笑的表情就在镜子里呈现出来了。

（3）微笑的注意事项：①表里如一、声情并茂：微笑时应做到笑容与内心情感统一、笑容与举止统一；②气质优雅、文明礼貌：笑容应得体、礼貌，体现形象、展示修养。

ER 4-3

护士的仪容美

护士自然、整洁、端庄、大方的仪容既符合职业要求，同时展现出护理工作的温暖和亲和力，提升了护士的职业形象和专业水平。

第二节　仪　态　美

情境导入

消化内科病区今天将要迎接外单位人员参观，护士长安排护士小王接待介绍。

工作任务：

讨论护士小王应如何在接待过程中以良好的职业仪态给来访者留下美好的印象。

一、认知仪态美

（一）仪态和仪态美的含义

仪态又称姿态，是指人的身体所呈现的各种姿势，如站姿、行姿、坐姿、蹲姿等，人们又将其统称为"体态语言"。

仪态美是一个人的姿态和举止所展现出的美感，是人体的动态美。

（二）仪态美的内涵

优美的仪态是人的内在心灵美的自然流露，是人的思想感情及品质、修养的真实写照。与容貌的美和身材的美相比，仪态美是一种深层次的美，这种美依赖于知识的积累、阅历的增长和自身修养的提高。

二、感受仪态美

（一）仪态美是内在心灵美的自然流露

优美的仪态能够使人在动静之中展现气质、修养、品格等内在美。一个具有内在心灵美的人自信、自尊、自爱、自立，其仪态通常也是得体大方的，能在举手投足中自然流露内在美。

（二）仪态美是个人修养的外在表现

仪态是一张无形的"名片"，可以反映出一个人的修养。一个人站立的姿势、走路的步态、说话的声调、面部的表情，都是这个人身份、地位、学识及能力的真实表达。

（三）仪态美是个人形象的良好表达

优美端正的仪态具有无比的魅力。有些人尽管相貌一般，但其举止端庄文雅、落落大方、充满生气，依然可以给人留下深刻而良好的印象，获得他人的好感。

知识链接

中国文学中有关"仪态"的描述

1.《雪鸿小记补遗》："至於足翘细笋，腰折回风，尤觉颠掉纤柔，具有万方仪态。"

2.《同声赋》："素女为我师，仪态盈万方。"

3.《寄小读者·通讯七》："湖上的明月和落日，湖上的浓阴和微雨，我都见过了，真是仪态万千。"

三、护士的仪态美

（一）护士仪态的基本要求

1. 仪态自然、得体　在病房里，护士的姿态应自然、舒展、得体，带给患者美的享受。例如，在护理操作时，护士舒展大方、干净利落、轻稳准确的动作，体现出护士娴熟的技能，传递给患者积极的情感信息，同时也让人赏心悦目。

2. 仪态端庄、优雅　在护理工作中，护士端庄、优雅、从容、自如的举止，敏捷体态，都给人沉着冷静、忙而不乱、井然有序的感觉，体现了护理工作者良好的职业素养。

3. 仪态谦恭、敬人　服务于人时待人谦恭与否，可以直观地从身体的姿态中体现出来。在护理岗位上，护士应以文明、谦恭、礼让的姿态，在举手投足间体现出对患者的尊重和敬意。例如，护士在与患者交谈时，双腿并拢、上身略前倾、下颌微收、目光平视，可以向患者表达关注、信任、谦恭的心态，使患者在无形之中感到支持和鼓励。

（二）护士的基本仪态

在护理工作中，护士优美的仪态是素质、修养、行为、气质的综合反映，也是职业道德的具体表现，更是营造良好的医疗环境、提高护理服务质量的重要因素。

1. 站立有姿　是指护士在站立时呈现出的良好姿态。站姿是静态的造型动作，是其他动态姿势的起点和基础。良好的站姿应挺拔自然、端庄稳重、富有朝气，显示出个人的自信，衬托出美好的气质和风度，也给患者和家属留下良好的印象。

ER 4-4

护士的仪态美之站立有姿

（1）**女性基本站姿**：头正颈直，下颌微收，两肩外展，两臂自然下垂，放于身体两侧，挺胸收腹、立腰提臀，两腿并拢，脚跟紧贴，整个身体挺拔直立。同时两眼平视前方、面带微笑、目光柔和，充满自信（图4-4）。

（2）**女性"V"形站姿**：为了展示女性的柔美，体现女性的娴静与轻盈。在基本站姿的基础上，女性护士可将一手轻握另一手，双手自然曲臂放于脐部，双脚脚跟并拢、脚尖自然分开呈"V"形站立（图4-5）。这种站姿亲切、端庄，适用于迎送患者、前台导医、科室大查房、早交班等。

（3）**女性"丁"字形站姿**：女性护士也可双脚呈垂直方向接触，其中一脚脚跟靠在另一脚足弓处，呈"丁"字形站立（图4-6）。这种站姿端庄优雅，凸显女性亭亭玉立的身姿。

图4-4　女性基本站姿　　　　图4-5　女性"V"形站姿　　　　图4-6　女性"丁"字形站姿

（4）**男性站姿**：为了展示男性的阳刚之美，体现刚毅、英武的风采，在基本站姿（图4-7）的基础上，男性可将双手相互重叠，放于下腹部（图4-8a）；也可将双手背于身后，一手轻握另一手的腕部，被握手呈握拳状。双脚平行分开不超过肩宽（图4-8b）。

2. 落座有态　是指护士在落座之后所呈现出来的自然、端庄的姿态。良好的坐姿不仅能给人端庄、稳重、文雅、自信的感觉，而且能展现个体良好的气质和修养。

（1）**就座、离座原则**

1）就座有序：当和他人一起就座时，一般是尊长优先，即尊长者就座后自己才可就座，平辈、朋友、同事间可同时就座。

2）左进左出：不论是从正面、侧面或是后面进入座位，就座时都应从座位的左侧进入，离座时从座位的左侧离开，即"左进左出"原则，在正式场合要遵守这个原则。

a   b

护士的仪态美
之落座有态

图 4-7 　男性基本站姿 　　　　　　　　图 4-8 　男性站姿

3) 落座得体：走到座位前转身背对座位，一脚后撤半步，小腿触碰椅子边缘，确认椅子位置，腰背自然伸直，两腿自然弯曲，轻稳坐下。女性如果着裙装，可用单手或双手抚平裙摆后再落座。

4) 离座悄然：离座时按就座时的先后顺序，礼让尊者，缓慢起身，轻稳离座，勿扰他人。

（2）**女性坐姿**：入座后，头应保持端正，目光平视前方，双肩放松，腰背挺直，双臂自然弯曲。双手掌心向下交握并叠放于大腿之上。

1) 正坐式坐姿：大腿和小腿呈 90°，小腿与地面垂直或稍后收，双膝、双脚完全并拢（图 4-9）。这种坐姿比较正式。

2) "丁"字形坐姿：两大腿并拢，双脚呈"丁"字形（图 4-10）。这种坐姿可展现出女性的端庄。

图 4-9 　女性正坐位坐姿 　　　　　　　图 4-10 　女性"丁"字形坐姿

3）双腿斜放式坐姿：两腿并拢，同时侧向左方或侧向右方，双脚平行紧贴或交叉放置，稍向后收（图4-11）。这种坐姿可以显示女性的大方和腿型的秀美。

4）脚尖交叉点放式坐姿：两大腿并拢，两小腿后收交叉，脚尖点地（图4-12）。这种坐姿显得比较放松，可以显示身体的自然美。

（3）**男性坐姿**：男性入座后，头应保持端正，目光平视前方，双肩放松，腰背挺直，双臂自然弯曲，双手掌心向下，放于两侧大腿之上，两腿略分开（图4-13）。

图4-11　女性双腿斜放式坐姿　　　图4-12　女性脚尖交叉点放式坐姿　　　图4-13　男性坐姿

3. 行走有相　是指护士在行走时所呈现出的优美姿态。与其他姿态不同的是，行姿始终处于动态变化之中，这也为行姿增加了一些动态之美。优美的行姿能给人轻盈、挺拔、干练的感觉，既能节省体力，又能很好地展示护士美好的形象。基本的行姿要求包括：

（1）**步态稳健**：护士在行走时，上身应保持站姿基本要求，昂首挺胸、收腹立腰、双肩平稳、双臂自然摆动于体侧，摆幅以30°左右为佳。

（2）**步位得当**：在行走时，应保持两脚内侧缘落在一条直线上，脚尖保持向前，身体重心落于前脚掌上。

（3）**步幅适度**：步幅的大小因人而异，一般应为本人的一脚之长，步幅应大体保持一致。

（4）**步速均匀**：男性步速以每分钟100~110步为宜，女性步速以每分钟110~120步为佳。

（5）**步韵优美**：步韵是指行走时的节奏、韵律、精神状态等。护士在行走时，身体重心应随脚步移动不断由脚跟向脚掌、脚尖过渡，应步履轻盈，有节奏，弹足有力，柔步无声。

在日常工作中，女性的行姿应优雅、轻盈，突显女性的端庄与柔美；男性的行姿应稳健、有力，突显男性的沉稳与阳刚。而在抢救患者、应答患者呼叫时，护士的步速要适当加快，但不可慌张乱跑，应继续保持身体平稳、弹足有力、步履轻捷，以"快步走"代替"跑"，给人一种干练、从容的动态美，也给患者以快而不慌、忙而不乱、稳中有序的感觉，增加患者的安全感。

ER 4-6

护士的仪态美
之行走有相

4. 下蹲得体　是指护士在身体下蹲时姿势自然、优美、不露怯。护士在捡拾物品、更换引流袋或整理橱柜下层物品等时常需要采用下蹲姿态。

当女性护士下蹲时，应先抚平护士服裙摆，一脚在前，一脚在后，然后下蹲。蹲下后，前脚全部着地，小腿与地面垂直；后脚脚掌着地，脚跟提起，膝盖位置低于前脚的膝盖；挺胸收腹，臀部向下；两大腿紧贴，不暴露隐私部位（图4-14）。男性护士两腿可以稍分开（图4-15）。

图4-14　女性蹲姿

图4-15　男性蹲姿

护士的仪态美
之下蹲得体

起身时，腿部用力，上身自然起立，整个动作轻稳、大方。

护理工作是一门独特的艺术，护士的举手投足、一颦一笑不仅体现了护士良好的职业素养和审美情趣，是个人自尊、自爱的表现，还能为患者创造一个友善、亲切、健康向上的人文环境，对维护医院形象、改善护患关系有不可或缺的作用。

第三节　服　饰　美

情境导入

医院新入职了一批护士，护理部安排小李为新入职的护士进行着装规范化培训。

工作任务：

假设你是小李，请为新入职的护士讲解护理工作中护士服饰美的要求，以展现护士美好的职业形象。

一、认知服饰美

（一）服饰的含义和功能

服饰是对人们的衣着及其所用装饰品的统称，是仪表的重要组成部分。服饰是人类在实践活动过程中的产物，直接或间接地体现着人类的创造力和审美观。服饰直接影响着每个人生活质量的高低，同时也满足了人类对于美的追求。人类穿着服饰的目的主要有两个方面：一是在自然环境中保护身体，维持生命；二是通过审美来满足自我实现的愿望。

服饰可以反映一个国家、一个民族的文化素养、经济水平及文明的发展程度。正如《孔子集语·劝学》中所说："君子不可以不学，见人不可不饰。不饰无貌，无貌不敬，不敬无礼，无礼不立。"服饰传递着人的思想和情感，显示着一个人的文化品位、审美意识以及生活态度。

（二）服饰美的内涵

服饰美就是结合着装者的身体形态、气质风度，穿戴合适的服装、配饰，给人带来赏心悦目的感觉。当服饰满足了着装者在社会活动和自我欣赏上的审美需求，服饰便实现了从基本保护功能到满足个人自我实现审美功能的跨越。

服饰美学属于美学范畴，是美学的一个分支，它如美学一样是以审美经验为中心而研究美和艺术的学科。当服饰与着装者的个性、气质、年龄、身份、职业，以及穿戴的时间、环境协调一致时，就能使美得到充分的体现，印证"和谐就是美"的美学观点。

二、感受服饰美

（一）服饰的实用美

服装的实用性体现在：①保护身体，免受寒冷、炎热、风雨等的侵害；②适应不同场合和活动的需要，如在正式场合人们通常会选择穿着西装、礼服等服装；③服饰穿着舒适，方便活动。

（二）服饰的流行美

服饰的流行与时尚潮流密切相关。在设计师、名人、媒体等的影响下，往往会推动一种服饰风格的流行，形成一股时尚潮流；服饰的流行也受文化和社会背景的影响。在不同的文化和社会背景下，人们对服饰的审美观和喜好也有所不同；服饰的流行还受到经济和科技的推动。随着社会的发展、人们生活水平的提高和审美观念的变化，服饰不断地演变与更新。

（三）服饰的个性美

服饰的美因人而异，人们的容貌、体型、气质各不相同，同一种服饰在不同人身上会产生不同的效果，因此服饰美也是一种个性美。服饰的个性特征，一是表现为形式的相合性，即服饰形式与人体形式和谐，如服饰形态和色彩与着装者的容貌、肤色、发型、发色、体型的统一；二是表现为"服饰品味"与人的气质的相合性，这种相合性在个性审美上称为气质美。气质美的表现在于"服饰品味"提升人的气质，如用刚性结构的直线组构表现坚毅，用柔性结构的曲线组构表现柔婉，用贴身的西装表现潇洒，用时髦的款式表现浪漫等。

（四）服饰的艺术美

服饰作为人类的一种创造，在遮羞保暖的同时，也美化人类，这种美化作用是通过艺术手法获得的。服装由面料、色彩、款式三大要素构成。设计师以比例、平衡、韵律、强调、调和统一五大造型原则对面料进行分割、叠加、组合，构成一种视觉美的形式。因此，服饰的形式虽然基于人体功能，但在组合中融入了设计师的艺术匠心，服饰本身就是一种艺术创造。

三、着装的基本原则

得体的着装，不仅可以使着装者显得更加美丽，还可以体现出一个现代文明人良好的修养和独到的品味。一个人的衣着打扮应能符合相应的时间、地点、场合，又要兼顾自己的职业、年龄、地位。正所谓"见其装而知其人"，在着装时重点应注意与"时、景、事、己、制"相互协调，相互呼应。

（一）与时代和季节相符

着装首先要与时代发展同步，其次要与四季交替相对应。

（二）与地点和环境相符

着装务必与自己所处的环境保持协调一致。在不同的地点，着装应有所不同。例如，在逛街购物时穿休闲装；在家休息时穿家居服；上班时穿端庄的职业装；在面试等正式场合穿正装；外出时要顾及当地的传统和风俗习惯。

（三）与场合和气氛相符

场合一般可分为庄重场合、普通场合、喜庆场合、悲伤场合。例如，与顾客会谈、参加正式会议或者面试等，衣着应庄重考究；而在朋友聚会、郊游等场合，着装应轻便舒适。身着整齐端庄的服饰去参加正式宴会，既体现着装者对主人的礼貌和尊敬，也能彰显个人的教养和素质。

（四）与自身特点相符

选择服装需综合考量性别、年龄、肤色、体型及个性特征。如五官线条精致者适宜清新柔美型服饰，面部轮廓圆润者则更适合端庄优雅的着装风格。

（五）与职业要求相符

工作场合的着装必须注意服装与自己所从事的职业相协调。职业服装选择的原则和要求是端庄稳重，选择简洁大方的款式，符合组织单位的要求，在个性表现与群体合作上求得平衡。

知识链接

"TPO"原则

"T"（时间）原则：指人的服饰打扮必须根据时间来确定。时间是一个较为宽泛的概念，既可以是时令、季节，也可以是一天中的早、中、晚。每年的每个季节，每天的每个时段，都有实质性的变化。既要顺应时代的潮流和节奏，富有时代性；也要顺应温度的变化，合乎季节性；更要顺应光线的差异，符合时间性。

"P"（地点）原则：指服饰打扮应和所处的场合相协调。不同国家、地区所处的地理位置、开放程度、文化背景、风俗习惯不同，着装也不同；不同工作场景所属的性质不同，着装也应该具备相应的特色和特点。

"O"（场合）原则：指服饰需契合活动性质及社交礼仪，如婚礼、晚宴、商务谈判等正式场合需着正装，朋友聚会等半正式场合可稍休闲，居家等非正式场合则以舒适为主。

四、护士的服饰美

护士服是护士的职业服饰。护理与美融为一体，护理服饰已告别仅用作工作服的历史局限，而成为护理美的重要组成部分。

护士的美丽装束是护理职业群体精神风貌的缩影，象征着护士职业的崇高和荣誉。在临床护理工作中，得体的服饰不仅体现了护士个人的职业素养，更展现了医疗卫生行业规范的职业特征，是护士精神面貌的外在展示。整齐得体、规范统一的护士服饰，传达了良好的护理职业形象，无声地传递着护士救死扶伤的崇高使命。

ER 4-8

护士的服饰美

（一）护士的服装

护士着装应当坚持统一、合体、呼应的原则，体现端庄、素雅的护士形象。

1. 护士帽

（1）**燕尾帽**：是女护士的工作帽，也是护理职业的象征。它洁白、坚挺，两翼如飞燕状，所以被称为燕尾帽。

当戴燕尾帽时，注意头发要干净整齐，燕尾帽应整洁、平整无皱褶，佩戴时高低适中，戴正、戴稳，帽前缘距发际 4~5cm，用白色或黑色发卡于帽后固定（图 4-16）。

由于燕尾帽不方便清洗，不能有效防污且易滑落，现在有部分医院已取消戴燕尾帽。

a   b   c

图 4-16 护士戴燕尾帽

a. 正面；b. 侧面；c. 背面。

知识链接

燕尾帽上的标识

燕尾帽上的横杠代表护士的职务。一条横杠代表护士长，两条横杠代表科护士长，三条横杠代表护理部主任。

燕尾帽上侧边的斜杠代表护士的职称。一条斜杠代表护师，两条斜杠代表主管护师，三条斜杠代表副主任或主任护师。

（2）圆帽：分为一次性与非一次性两类，主要用于手术室、新生儿监护室等高洁净度医疗场景。为优化患者心理体验并提升医患配合度，同时兼顾环保性与舒适性，手术室多选用可重复使用的棉质印花圆帽。

佩戴圆帽时要求头发全部放在帽子里面，不露发际线，前不遮眉，后不外露，不戴头饰，缝线在后，边缘要平整（图 4-17）。短发可以直接佩戴圆帽，长发应用发网或发夹先固定好头发再戴帽，以确保头发不会从圆帽中滑脱到外面，否则既影响美观，又影响无菌技术操作和隔离防护。

a   b   c

图 4-17 护士戴圆帽正面

a. 正面；b. 侧面；c. 背面。

2. 护士服 护士服以整洁庄重、大方得体和便于进行各项操作为原则，面料应挺括、透气、不缩水、便于清洗及消毒。

（1）**护士服的款式**：有裙式护士服、分体式护士服和洗手衣式护士服。

裙式护士服给人以轻盈、活泼、勤快的感觉，适用于普通门诊、病区和社区护理服务（图4-18）。

分体式护士服更便于活动，运动性好，适用于急诊室、重症监护室（图4-19）。

洗手衣式护士服便于洗手消毒，适用于手术室（图4-20）。

图 4-18　裙式护士服　　　　　图 4-19　分体式护士服　　　　　图 4-20　洗手衣式护士服

（2）**护士服的颜色**：白色护士服纯洁、大方，可体现护士真、善、美的职业形象，适用于大部分临床科室。

随着时代的发展和人们需求的变化，护理服务从适合患者的视觉感受和内心需要出发，护士服的颜色也更人性化、个性化。例如，急诊科的护士服多采用绿色，意味着急诊患者享受"绿色通道"，强调急诊工作的紧迫性。此外，绿色象征着生命复苏，为紧张忙碌的急诊现场增添希望的色彩，赋予患者和家属以无声的支持（图4-21）。产科和儿科护士服颜色多为粉色。粉色是一种柔和的颜色，能够给产妇和儿童带来温馨感，有助于缓解产妇的疼痛以及儿童就医时的恐惧和抵触，使他们更好地配合护士等医护人员的治疗（图4-22）。重症监护室护士服多采用蓝色，蓝色能够给人一种平静、理智与纯净的感觉，对重症患者可起到镇静、缓解紧张情绪的作用（图4-23）。手术室护士洗手衣多采用墨绿色，墨绿色能缓解视觉疲劳，减少因长时间看到红色血迹而产生的视觉错觉（图4-24）。老年病房护士服多为印花面料，在一定程度上能让老人产生居家的温馨感，有利于老年患者病情的稳定与改善（图4-25）。

（3）**穿着要求**：在穿着护士服时，要求尺寸合身，以衣长刚好过膝，袖长刚好至腕为宜。腰部用腰带调节，宽松适度；服装清洁平整、无污渍、衣扣要扣齐；衣领、袖口、腰带、衣边要平整、挺括，展现标准的护士职业形象。

3. 护士鞋 护士工作繁忙，在工作时需要不停地走动。为了不影响患者休息，满足患者良好的情绪需要，并减轻护士的劳累程度，护士鞋应选择简洁大方的款式，以防滑、舒适的平跟或软底小坡跟为宜，颜色以白色或乳白色为佳，或与整体护士服的颜色相协调（图4-26）。

图 4-21　急诊科护士服

图 4-22　产科、儿科护士服

图 4-23　重症监护室护士服

图 4-24　手术室护士洗手衣

图 4-25　老年病房护士服

图 4-26　护士鞋

（二）护士的配饰

1. 口罩　护士可根据脸型的大小及工作岗位的要求选择合适的口罩。戴口罩时必须戴正，将口鼻完全遮盖住，口罩上沿在鼻翼上方约 3cm 处，四周无空隙，位置高低适宜。使用时应始终保持口罩的清洁、干燥，当口罩潮湿或者被患者的血液或体液污染后，应及时更换。干净的口罩暂时不戴时应摘下，将接触口鼻的一面向里折好，放入干净的口袋内。一次性口罩使用完毕后应放入医用垃圾袋内，以便集中处理。

2. 护士挂表　表是护士每天工作中常用的工具，用于生命体征的测量、输液滴数的计算、给药等，是护士工作中不可缺少的工具。护士在工作中需要多次洗手消毒，佩戴腕表不方便护士进行操作，而且容易损坏和丢失。因此护士宜选用挂表，并将其佩戴在左胸前。由于挂表表盘是倒置的，低头或用手托起表即可计时，这样既卫生又便于工作（图4-27）。

3. 发卡和发网　发卡是用于固定护士帽的饰物。护士在佩戴燕尾帽时需要发卡来固定，发卡的选择应以白色或者黑色为宜，左右对称别在燕尾帽的后面。护士的长发要盘起来并用带头花的发网罩住。发网应采用与头发同色系的颜色，头花以素雅、大方为宜（图4-28）。

4. 胸卡　胸卡是护士工作的身份证，护士上岗时要求佩戴胸卡，注意保持胸卡信息的完整并保持其整洁（图4-29）。

图 4-27　护士挂表　　　　　图 4-28　护士带头花的发网　　　　　图 4-29　胸卡

护士的职业服饰简洁大方、规范得体，是护士纯洁、朴实、善良的职业情感的充分体现，也是护士职业端庄、优雅、大方的职业形象的展示。

（王晓莉　吴秀梅）

思考题

假设你是一位即将入职的新护士，你将在岗位上如何塑造良好的职业形象？

ER 4-9

练习题

第五章 | 护士的行为美

ER 5-1

教学课件

ER 5-2

思维导图

学习目标

1. 掌握护士日常行为美的内容及要求。
2. 熟悉不同护理岗位的护士行为美；特殊患者的护理行为美。
3. 了解并感受行为美。
4. 学会护士的行为美，并在护理专业学习和今后的护理工作岗位上实践行为美。
5. 养成良好的护士行为习惯，在护理岗位上"救死扶伤，敬佑生命，兼爱平等，匠心仁爱"。

护士行为是护士在护理工作中的行为表现。"促进健康、预防疾病、减轻痛苦"是护士的基本职责，也是护士一切工作行为的出发点。护士行为是护士职业素养的第一反映，不仅决定医院的整体形象，更直接影响着护士的社会地位和社会对护士职业的评价。

护士的行为美既体现在日常工作仪态中，也体现在不同工作岗位、不同患者的护理工作中，如门诊护士的热情接诊、急诊护士的有序抢救、病区护士的整体护理、手术室护士的全程配合以及社区护士的预防保健等。护士在临床工作中恰到好处地把握行为美，既能给患者以美的享受，又能给患者带来安全感，体现护士严谨的工作作风和对患者的尊重和爱护。

第一节　行　为　美

情境导入

护理学院学生小张周末准备乘坐公交车回家，在等车时发现乘车人员较多，而且没有按秩序排队候车。

工作任务：

请按照文明行为标准帮助候车人员养成良好的候车行为。

一、认知行为美

行为是人类日常生活中所表现的一切动作。行为受个人意识支配，有一定的内在动机和目的性。其影响因素可分为内在因素和外在因素，内在因素主要指人的各种心理和生理因素，如人的认知、情感、愿望、兴趣、动机、理想、需要和价值观等；外在因素指客观存在的自然和社会环境。对人的行为具有直接支配意义的是人的需要与动机。

行为美是人在各种社会实践活动中通过所作所为表现出来的美，是心灵美的表现形式之一。它与姿态美既有区别，又有联系。行为美主要是在表情、神态、行为举止、待人接物中体现出来的美。行为美不仅包括了一个人的外在的行为举止美，而且更侧重于道德意义上的"真、善、美"。

二、感受行为美

(一) 行为的动态美

行为是动作的组合，是动态的无声语言，可以表达人的内在意识，传递交流信息。比如待人接物时的行为举止是一种无声的语言，它不仅可以反映个人的内心态度，也反映个人的道德修养。有时候言语无法表达的情感与意义，可以通过行为传递。比如舞蹈，它没有语言，完全靠舞蹈演员的肢体动作诠释舞蹈的含义，举手投足之间与观众产生共鸣。

(二) 行为的得体美

一个人的行为举止和个人的素质是紧密相连的，行为举止大方得体的人更会得到人们的尊敬。比如在公共场所礼让他人，递送物品时使用双手，在工作中守时、守约，与人交往时主动问候等，这些都是最基本、最常见的可以获得他人认可与尊敬的行为举止。

(三) 行为的文明美

行为美是人们通过外在举止表现的、有意识的活动，具有文明、健康、美好等特点，是高尚道德品质的外在表现，是文明礼貌的重要标志。在当今社会，行为的文明美是礼让之美，是秩序之美，是和谐之美，是人性之美，展示的是个人的素质，体现的是社会的文明，弘扬的是"我为人人，人人为我"的正气。文明的行为容易做到，但难以坚持，只有让它成为一种习惯，才能轻而易举、随时随地展现这种美。

(四) 行为的诚信美

"言而有信，言出必行"是指人在社会行为中说到就要做到。诚实守信是做人应具备的道德修养，无论做任何事情都要言行一致，做到"言必信，行必果"，这样才能获得他人的信任。诚信是行为的一个重要体现，是人际交往中的基础，也是做好各项工作的基本条件。

知识链接

诚信——中华民族的传统美德

诚信，即诚实守信。诚信是中华民族的传统美德，对民族文化、民族信仰、民族精神的塑造起着不可或缺的作用。《礼记·中庸》特别强调"诚"，提出"诚者，天之道也；诚之者，人之道也"。所谓的"信"，就是言行一致、表里如一、坚守诺言，就是要求人们不管处于何种地位、从事何种职业，都必须严格履行自身的职责和社会义务，使其言行与之符合。

诚信一般包括以下四层含义：一是表里如一，内在道德与外在行为的绝对统一；二是言行相顾，言语承诺与行动实践的完全对应；三是守诺如初，对承诺的长期坚守，超越时间与利益考验；四是慎终如始，以道德定力抵御诱惑，始终保持承诺的纯粹性。

第二节　护士日常工作行为美

情境导入

实习护士小刘今天第一天来消化科实习。晨会后，护士长带领全体护士进行床边交接班。

工作任务：

请指导小刘按照护士行为美的要求参加交接班。

护士行为是护士在从事护理工作中的行为表现。护士行为美是护理人员在临床实践中通过规范化操作、人性化关怀及专业化表达所形成的综合美感体系，是护理职业伦理与人文精神的外显形态。

一、护士行为美的基本要求

护士行为的动机是保障人们的身心健康。在这一总原则的指导下，护士行为美的基本要求包括：

（一）以人的健康为中心

维护人的身心健康是医疗卫生工作的根本宗旨，只有符合这一宗旨的行为，才是美的行为。为此，护士要在护理工作中始终坚持有利于患者身心健康的行为原则，重视自身行为美的塑造，强化正确的行为意识，把患者利益放在首位，处处体现发自内心的关怀和体贴入微的照顾。

（二）严肃认真

护理工作是一项极其严肃的工作，它直接关系到人们的生命和健康。因此，要求护士在工作中一定要养成高度负责、严肃认真的好习惯，绝不允许有半点的疏忽大意。在进行护理操作时，时刻牢记自己的职责，严格遵守操作规程，兢兢业业、一丝不苟地完成每一项操作，从而保障患者的健康与安全。

（三）镇定从容

镇定从容是医务人员遇到突发事件时应采取的基本行为态度，也是一种医学行为美。在护理工作中，护士的镇定从容对维护正常的工作秩序、避免慌乱和差错、稳定患者及家属的情绪都具有重要作用。只有头脑清醒，才能在紧急情况下作出正确的处理，才能在抢救患者过程中不盲目、不慌乱，才能避免差错和事故的发生。

（四）大度包容

大度包容是构建和谐医患关系的核心素养，主要包括对患者情绪的共情包容、对医疗团队的协作包容、对职业使命的价值包容。这种包容性不仅体现为道德修养，更是护理工作中提升医疗质量的关键要素。

（五）诚实守信

诚实守信是行为的根本，作为护士更应遵守这一行为要求。护理工作多数不是在患者的监督下完成的，需要护士在工作中具备诚实守信的美德，有良好的"慎独"修养，做到人前人后都一样。在为患者进行各种操作时，护士应自觉严格地遵守各种操作规程及要求，对于婴幼儿、老年、昏迷患者的护理更要一丝不苟。

二、护士日常工作行为美

在临床护理工作中护士常见的行为主要有沟通交流、持病历夹、端治疗盘、推治疗车、递接物品、陪同引导患者、运送患者等。

（一）沟通交流

当护士与患者、家属或同事沟通交流时，双脚可呈"V"形站立，双手在上腹部轻握，四指自然弯曲，手腕微微上扬、身体略前倾（图5-1）。这种沟通姿势亲切友好，将护士的柔美展露无遗。

图 5-1　沟通交流

（二）持病历夹

护士持拿病历夹行走时，将病历夹正面向外，45°斜插于一侧肋下，手握住病历夹中部，另一手臂自然下垂，以肩关节为轴心，前后自然摆动（图5-2）。当翻阅病历时，在基本站姿的基础上，一手前臂紧贴躯干，肘关节呈近90°角，用手掌和前臂托住病历夹，四指握住病历夹顶端，另一手拇指和示指在缺口处翻开病历夹阅读病历或做护理记录，整体动作舒展、流畅（图5-3）。

（三）端治疗盘

治疗盘是在护理工作中进行各项治疗、护理操作时常用的物品。护士在端治疗盘时，应在基本站姿的基础上，将上臂紧贴躯干、与肘关节呈90°角（图5-4），前臂保持水平，腕部自然弯曲，拇指紧扣治疗盘边缘，手掌和四指平托两侧盘底，四指自然分开，治疗盘与身体间距2~3cm。前臂、上臂和手一起用力，保持治疗盘重心平稳（图5-5）。护士在端治疗盘行走时，要保持端盘的姿势平稳前进，注意盘内物品不可晃动或掉出盘外。端盘进门时，不可用脚踢门，应用肩部和肘部轻轻将门推开。

图5-2　持病历夹　　　图5-3　翻阅病历　　　图5-4　端治疗盘（侧面）　　　图5-5　端治疗盘（正面）

（四）推治疗车

治疗车主要用于运送医疗物品。护士在推治疗车时，应站于无护栏的一侧，两臂自然弯曲，双手扶握在治疗车两侧的护栏上，挺胸直背，身体略向前倾。在前进时，步伐应均匀、速度适中（图5-6）。在进入或离开病室时，应先停稳治疗车，用手开门后，推车进入或离开，同时随手关上病室门。在病区走廊里和患者相遇时，应遵循"患者优先"的原则，先将车停到一侧，让患者先行。

（五）递接物品

护士在日常工作中，常常需要递给他人物品或从他人手中接过物品。递接物品的基本要求是面带微笑，正视对方，礼貌递接，必要时配合礼貌用语。递物时须用双手，稍欠身，双手恭敬地递上。例如，所递物品为书本或病历等，应将其正面朝上，且文字的正面方向朝向对方，便于对方在接物后能直接查阅（图5-7）。递物时，递物者双手的高度应以对方胸部高度水平为宜。如果给对方递送锐利物品，应将锐利的一面朝向自己，以示礼貌。在接受他人递物时，应稍欠身，恭敬地用双手捧接，接过物品后应向对方致谢。

（六）进出病室

护士进入病室前应有礼貌地敲门，用右手示指和中指的中关节轻叩三下，待患者许可后方可进门。进门时用单手拉或推门，进门后转身，身体与门呈 45° 角，用另一手关门。在给患者做完护理操作或交流结束准备离开病室时，应先注视对方以话语致意，转身走到病房门口并回身面向患者，面带微笑，再礼貌道别一下，反手开门，退出病室后另一手将门轻轻关上。

（七）陪同引导患者

当陪同引导患者时，应站在患者左前方 1m 处（2~3 步），轻声说"请"；手指自然并拢，掌心斜向上方，手与前臂形成直线，肘部稍弯曲；手指指向前进方向以引导患者（图 5-8）。引导患者乘坐电梯时要注意安全，遇楼梯和拐弯处回头提醒患者，在走廊等狭窄处采用侧行步。在引导过程中，目光应间断地注视患者并与其交流。

图 5-6　推治疗车

图 5-7　递接文件

图 5-8　引导患者

知识链接

护士陪同患者乘坐电梯礼仪

护士陪同患者乘坐无人管理的电梯时，应秉持"先进后出"的原则，以便能够及时控制电梯；护士陪同患者乘坐有人管理的电梯时，护士应"后进后出"。在乘坐电梯护送患者时，要照顾好患者。进出电梯时要侧身而行，避免碰撞、踩踏别人。在乘电梯时碰上不认识的患者也要以礼相待，请对方"先进先出"。

（八）运送患者

1. **搀扶运送**　搀扶是护士一手或两手穿过患者腋下，得当地架起其手臂共同前行。在医院内，护士遇到行走困难的患者时，应主动搀扶帮助。搀扶中要注意举止得当，尊重患者，护士的步速要配合患者的步速，患者走路缓慢时，护士不可着急。护士应侧身面向患者，搀扶患者近侧上肢，确保患者安全（图 5-9）。

2. 轮椅运送　使用轮椅运送患者时，护士应站在轮椅背侧，头部端正、两眼平视，腰背挺直、两臂弯曲、手握轮椅把手，平稳地运送患者。在上下斜坡时，应调整好轮椅朝向，并注意控制轮椅速度，缓慢上下推行。在运送过程中，应亲切地询问患者的感受，观察患者的病情变化（图5-10）。

图 5-9　搀扶患者行走

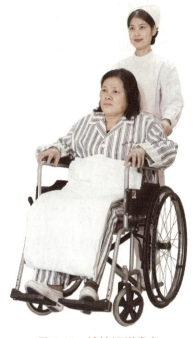

图 5-10　轮椅运送患者

3. 平车运送　使用平车运送患者时，护士应站在患者头侧，头部端正，两眼平视，两肩放松，两臂自然弯曲，手握平车把手处，背部挺直，向前推送平车（图5-11）。在上下坡时，患者的头应在高处一端，以免引起患者的不适。在运送过程中应动作轻稳，速度适宜，并及时询问患者的感受，观察患者的病情，确保患者的安全和舒适。

在护理工作中，要进一步推进优质护理服务工作，规范护士行为，以塑造良好的护士职业形象。

图 5-11　平车运送患者

ER 5-3

护理工作中的
行为美

第三节 护理岗位中的行为美

情境导入

午夜时分,急诊室收治了一位有机磷农药中毒患者。患者生命垂危,已经昏迷,出现了呼吸衰竭,需要立即抢救。但是,抢救室里面挤满了这位患者的家属,妨碍了抢救工作的进行。

工作任务:

假设你是急诊护士,请你以良好的急诊护士行为安抚患者家属,保障抢救工作的顺利进行。

随着医疗模式的改变和社会的进步,人们对护理服务也提出了更高的要求。护士在针对不同病情的患者进行护理时,需要掌握因势利导、因人施护的工作方法和行为准则,灵活、恰当地运用规范的护理行为。

一、门诊护士的行为美

门诊是医院形象的窗口,是患者就诊的第一站。门诊护理工作繁杂,接待患者数量多、病种杂,诊疗时间短、应急变化多,是最能体现护士行为美的工作场所。

(一) 热情的接诊

门诊护士应着装整洁、大方得体,仪态端庄,淡妆上岗,体现护士健康、阳光的精神面貌。接诊患者时要举止大方、面带微笑、热情接待、耐心解答。在患者进入门诊后,护士应主动上前迎接,面带微笑,语气和蔼,说:"您好,请问有什么可以帮助您的?"对于患者的疑问做到有问必答,不推诿、不含糊,对于自己也不太清楚的问题不能回答"不知道",而是应该先向患者致歉并请他稍等片刻,落实首问负责制,尽快帮助患者解决问题(图5-12)。

(二) 主动的介绍

对于大多数患者而言,医院是一个陌生的环境,他们希望尽快了解医院环境、诊治的医生,以及自己所关心的问题。导诊护士要主动向患者介绍医院环境、就诊程序、与其相关的专科特色、医院开展的新业务、新技术,出诊专家的诊疗特长等,以消除患者的心理焦虑,稳定患者的情绪(图5-13)。

图5-12 接诊门诊患者

图5-13 介绍门诊就诊程序

(三) 及时的分诊

分诊护士在听清患者本次就诊的主诉后,运用系统的医学理论知识和丰富的临床经验,初步评估患者的典型症状及体征,判断出病情的轻重缓急,及时为患者进行分流诊治,避免延误、加重病情,造成患者不必要的损失。

不同类型患者的导诊方式

慢性病患者、定期做预防保健的儿童和孕妇经常来院诊治、咨询，对医生、诊室、医院环境比较熟悉，多能自行去候诊。对就医不便的老人，导诊护士应给予帮助。对孕妇应进行必要的妊娠期卫生保健指导。

初诊、对医学知识了解甚少的患者，其就诊时往往十分茫然，不知道应到哪里就诊。这时导诊护士应主动关心，了解其就医目的并指导其就医。

妇科、泌尿系统疾病患者常常想找同性别的医生就诊，护士在导诊时应注意保护患者的自尊心，尽量为其安排同性别的医生进行诊治。

（四）礼貌的引导

为了满足大量就医人群的需要，医院科室设立繁多，分布广，诊室布局相似。即便有明显的标识和指引提示，对于患者来说，仍不能快速地找到准确路线。门诊护士应该有主动引导的意识，留心观察每位患者的举动，及时提供引导及帮助。引导不只是门诊护士的工作，每一位医院的工作人员都需要有主动引导的意识，无论在医院的任何地方，遇到患者询问或者需要帮助，都应主动上前给予引导，必要时可以引导患者至目的地（图5-14）。

图 5-14　引导患者挂号

（五）周到的服务

门诊患者从挂号开始，到就诊、取药、做各种检查，需要经过多个不同的环节和场所，往往需要护士的帮助。导诊护士应该耐心和详细地说明路线和方向。必要时，护士应协助年老体弱、行动不便的患者就诊，要主动热情地给予搀扶或提供轮椅等。对于病情较重的患者，应酌情简化程序，主动协助患者挂号并护送患者到诊室，先主动向其他待诊患者解释，在征得理解和同意后，再协助患者提前就诊或做相关检查等。

二、急诊护士的行为美

急诊患者病情变化快、来势凶险、时间紧迫，一切护理工作应突出一个"急"字，要树立以患者为中心的服务理念，急患者之所急，想患者之所想，将心比心，多站在患者及家属的角度思考问题，自觉地将"敬佑生命、救死扶伤、甘于奉献、大爱无疆"的职业精神融入护理工作中，并将其内化于心、外化于行。急诊护士的行为美具体表现在以下几个方面：

（一）迅速的接诊

急诊患者多数起病急、病情重、发展快，多缺乏思想准备，甚至极度恐惧。预检护士在接待就诊患者时，本着"时间就是生命"的原则，应及时上前观察患者的神志、呼吸及全身情况，尽快向家属询问病因，通过"一问、二看、三检查、四分诊"的接诊流程，迅速判断患者病情的严重程度，确定患者就诊的顺序。

对于病情危急、濒临死亡或需要立即救治的患者要"边问、边查、边抢救、边护送"至抢救室，保证患者得到及时有效的抢救（图5-15）。

（二）果断的处理

在抢救过程中，必须争分夺秒。在医生未到之前，护士应根据病情作出临床判断，当机立断，给予紧急处理，如测量生命体征、给氧、吸痰、止血、配血、建立静脉输液通道；对心搏、呼吸骤停患者立即进行人工呼吸、胸外心脏按压、心电除颤等。待医生到达后，立即汇报处理情况。

（三）密切的配合

在抢救过程中，护士要与医生密切配合，以提高抢救的成功率。在抢救患者的紧急情况下，医生下达口头医嘱，要求护士严格按照"三清一复核"的用药原则进行操作，即听清、问清、看清，药物的名称、剂量、浓度要与医生复核，切忌出现用药差错，用完的空瓶暂时保留以便核对。待患者病情平稳后，请医生将医嘱补录在医嘱单上，同时补充、完善抢救记录，医生、护士均要签全名（图5-16）。

图 5-15　接诊急诊患者

图 5-16　配合医生抢救

（四）有序的抢救

护士在急诊护理工作中应情绪稳定，反应迅速，头脑清醒。即使抢救任务繁重，气氛紧张，也要做到表情从容、动作迅捷、思路清晰、忙而不乱、有条不紊、沉着稳重。例如，抢救患者须快步疾走时，应注意上身保持平稳，步履紧急而轻盈，给人以忙而不乱、镇定敏捷的美感。

三、手术室护士的行为美

手术室护理工作在时间和空间上的要求是全过程、全方位的。从接送患者到手术过程中的每一个细节，手术室护士是重中之重，只有拥有丰富的理论知识、扎实的实践能力和仁爱之心，才能塑造手术室护士特有的行为美。

（一）术前精心的准备

1. 悉心的访视　手术前巡回护士应走访患者，了解患者的基本情况，做好术前准备。大多数患者会对麻醉和手术感到紧张和恐惧，对自己所患疾病的预后感到焦虑和忧伤，甚至悲观和绝望，这种情绪上的剧烈波动必然引起患者机体内环境的紊乱，严重影响患者对麻醉和手术的耐受力。因此，护士应针对患者术前的心理特点，运用通俗易懂的语言并根据患者的具体情况给予恰当的解释和说明（图5-17）。

图 5-17　术前访视患者

2. 热情的迎接　手术室护士负责把患者接到手术间，这个过程虽然很短暂，但对患者来说却是很重要的，所以要求手术室护士以亲切和蔼、严肃认真的工作态度对待即将手术的患者，让患者产生安全感，放松心情并配合手术。

（1）**认真查对**：手术前，手术室护士在迎接患者时，要礼貌、认真地与病区护士做好交接工作，核对科室、床号、姓名、住院号、性别、年龄、病情诊断、手术名称、手术部位、麻醉方式等，严防接错患者。同时还要检查术前准备工作的完成情况。

（2）**安慰鼓励**：虽然患者对手术已有了一定的思想准备，但真要进入手术室时，仍会有不同程度的紧张、害怕等心理。此时，手术室护士应礼貌温和、表情亲切自然，与患者谈论轻松的话题，以缓解患者的紧张和恐惧情绪（图5-18）。

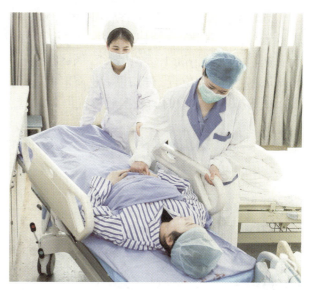

图 5-18　迎接手术患者

（二）术中娴熟的配合

作为手术的参与者，器械护士的手术配合是手术室护士的工作重点，过硬的操作技术、流畅的手术配合和较强的应急能力是手术室护士行为美的基本条件。娴熟、准确、细致、严谨的手术配合可以保证手术顺利进行。熟练的业务操作、默契的团队配合可提高手术效率，缩短手术时间，保证手术质量。手术配合美的核心在于严格执行无菌操作，准确规范、主动无误地传递手术器械，显示出敏捷美、层次美和流畅美。巡回护士在手术过程中应举止稳重、行为轻快、节奏适度。注意随时观察手术进展，观察输液、输血是否通畅，能预期患者所需物品并及早提供。

（三）术后安全的护送

手术结束后，先将全身麻醉（简称全麻）患者护送至复苏室，待患者苏醒后再护送回病区；将一般术后患者直接护送至病区。到病区后，要认真、仔细地与病区护士做好交接班工作并签名，交接内容包括切口情况、麻醉方式、手术方式、术中出血量等；协助病区护士将患者安置在病床上，取正确的体位；告知家属术后注意事项等。若患者已清醒，护士应以亲切的态度告诉患者手术很顺利，表扬患者战胜恐惧、配合手术的精神，并鼓励患者继续发扬这种精神、积极配合病室护理工作，预祝患者早日康复。

四、病区护士的行为美

在患者住院期间，护士应根据患者的护理级别，按照护理程序，及时观察、巡视患者，关心、体贴患者，使患者得到及时、准确的治疗和护理，尽早恢复健康。

（一）热情的接待

在患者进入病区后，主班护士应起身迎接，热情问候，双手接过住院证，认真核对信息，安排责任护士接待。责任护士应面带微笑并主动介绍自己，以此来消除患者的陌生感，拉近与患者的距离；陪同患者进入病室，主动帮助患者提行李；主动搀扶行动不便的患者，或者用轮椅将患者推入病室（5-19）。

图 5-19　接待新入院患者

(二) 主动的介绍

责任护士妥善安置好患者后,向患者介绍科主任、护士长、主管医生,以及同病室的病友,并对患者进行入院宣教,介绍住院环境、住院期间的规章制度以及相关疾病的健康知识(图5-20)。在患者病情许可的情况下带领患者在病区里走一走,介绍病区环境,如医生办公室、护士办公室、护士站、治疗室等的位置;告知患者进餐时间,卫生设施的使用方法;指导患者使用呼叫器,告知患者大小便等标本的留取时间及摆放位置,以缓解患者的陌生感(图5-21)。

图5-20　进行入院宣教

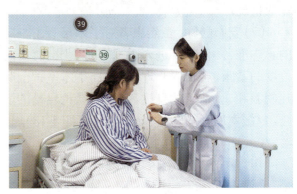

图5-21　指导呼叫器的使用

(三) 严密的观察

护士的重要职责之一是收集病情资料,了解疾病的发生、发展及转归,为预防、诊断、治疗、护理提供依据。资料越详尽、越精确,护理计划越能切中要害并有充分的依据(图5-22)。护士通过对患者的病情、药效、手术伤口、术后效果等多方面的密切观察与监测,敏锐地获取患者病情上的每一点细微变化(图5-23)。

图5-22　收集病情资料

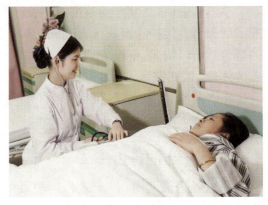

图5-23　严密观察病情变化

(四) 轻柔的呵护

1. 生活护理　住院患者受到自身疾病的影响,常常感到体力不足、自理能力下降甚至缺失,生活照护成为必不可少的护理工作。生活护理的目的在于协助患者维持良好的外在形象,预防并发症的发生。生活护理中护士的每一次护理活动、每一次叮嘱、每一次微笑、每一次短暂的健康指导、每一次轻柔的触摸、每一句鼓励的话语都体现了护士对患者无私、深沉的爱,使患者如沐春风,加深了患者对护士行为美的认识。

对于生活不能自理者,生活护理应做到"六洁、五防、三无、一管理"。"六洁"即口腔、面部及头发、手足、皮肤、会阴、床单位的清洁;"五防"即预防压力性损伤、直立性低血压、泌尿系统感染、呼吸系统感染、交叉感染;"三无"即无压力性损伤、跌倒、烫伤;"一管理"即饮食管理(图5-24)。

2. 心理护理　在临床护理工作中，护士也要重视患者的心理问题，及时发现患者抑郁、焦虑、恐惧、烦躁、易怒等情绪，利用美的护理行为和语言耐心细致地进行心理护理，使患者感到自己备受关注，从而产生一种安全、亲切和温暖的心理体验，这种体验在疾病的防治和护理中，具有药物无法比拟的特殊作用。

（五）流畅的操作

操作美是护士在护理实践中完成医嘱要求，施展技艺水平的美感表现。护理操作贯穿于为患者提供各种治疗和护理的全过程，要求护士以认真、慎独的态度，遵守严谨科学的操作规范，熟练精湛地实施操作。

1. 操作的严谨美　各项护理操作要求严谨、规范，严格遵守各项护理核心制度，如严格执行查对制度，执行医嘱要双人查对无误后再执行（图 5-25）；严格按照无菌操作原则洗手、戴口罩。

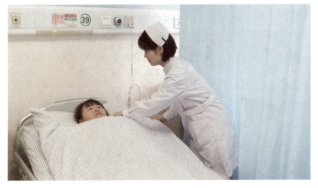

图 5-24　做好生活护理

图 5-25　双人查对医嘱

2. 操作的精准美　精准美体现在护士为患者提供各种治疗和护理操作时的准确轻柔，为患者减轻痛苦。例如，在给患者进行静脉穿刺时，能做到一针见血；在进行肌内注射时做到两快一慢，即进针、拔针快，推药液慢，使患者能真正体会到无痛注射的美感；在进行血标本采集时，必须根据不同的检验标本、检验项目选择不同的采集时间和采血器，确保检验结果的准确性。

3. 操作的娴熟美　护士在执行护理操作时要沉着冷静、动作娴熟而有条理，要求护士对业务精益求精，刻苦钻研技术，熟能生巧，巧中有美。例如，在处理过敏性休克等突发事件时，要求护士具有敏捷的反应能力、娴熟的抢救技术、细致的病情观察能力、沉着冷静的心态，为患者赢得宝贵的抢救时机，使患者转危为安，体现令人信赖的职业美感。

4. 操作的流畅美　护理操作过程要求流程顺畅、操作敏捷、动作轻稳。例如，在给患者进行静脉输液时，操作前应主动问候患者，了解患者的一般情况，用柔和的语气与患者沟通，充分表达对患者的关心，耐心、细致地讲解此项护理操作的目的及配合要求，消除患者的紧张、恐惧心理，并根据患者的情况选择合适的进针部位；操作中应动作轻柔，根据药物特点调节合适的输液速度，密切观察患者的病情变化，了解患者的真实感受，并给予安慰和指导，使患者获得心理上的满足感和安全感；操作后应仔细地嘱咐注意事项，并对患者进行正确的用药指导和健康宣教，告知患者如有不适随时呼叫护士，将人文关怀融入护理操作中的每一个细节，使患者能感受到被关心和被尊重（图 5-26）。

图 5-26　流畅的护理操作

（六）诚恳的致谢

1.沟通交流中的致谢 住院患者期望在医院接受治疗时，能得到更多的尊重和关心。护士应积极主动地解释患者的疑问，运用通俗易懂的语言与患者交流；积极帮助患者解决问题，多使用关切的语言，满足患者的合理需求；既要温和亲切，也要认真严肃。最后在沟通中要对患者的理解和配合表示感谢，让患者感受到尊重和关心，体现护士的真诚之美。

2.治疗及护理中的致谢 护理工作的顺利完成离不开护患间的相互配合，患者良好的配合是顺利完成护理工作的重要保障。护士一个真诚的微笑、一声亲切的称谓、一句体贴的问候、一个呵护的举动、一次温柔的安抚，都会让患者感受到被尊重，在心理上得到满足，并对治疗操作给予良好的配合。操作结束后护士应该对患者的配合表示真诚的感谢，为下一次治疗、护理打下良好的基础。

（七）真挚的祝福

护士在得知患者疾病康复或好转、即将出院的消息时，应向患者表示祝贺；真诚地感谢患者在住院期间对护理工作的支持和配合，对照顾不周之处诚恳致歉，并请患者及家属留下意见和建议，以便日后改进，更好地为患者服务。责任护士应主动协助患者或家属办理出院手续，为患者进行出院指导，包括饮食、用药、休息、活动等内容，指导患者家属掌握相关的护理知识及技能（图5-27）。

图 5-27　进行出院指导

五、社区护士的行为美

社区护理工作是以维护社区人群的健康为中心，以家庭为单位，以社区为范围，以妇女、儿童、老年患者、慢性病患者、残疾人为重点，在社区开展预防、保健、健康教育以及常见病、多发病、慢性病的治疗和康复的工作中提供相关的护理服务。

（一）端庄的举止

社区护士需要深入家庭和社区进行护理服务，更要注重自身仪表行为。仪表要端庄典雅，动作要稳重大方，态度要和蔼可亲，表情要亲切自然，以体现护理的行为美。

（二）流畅的操作

在深入家庭服务时从物品的准备到操作结束都要靠个人完成，在护理操作时一定要注意环境状况，物品准备的层次性及操作的程序性。注重保持环境的整洁，操作过程要求顺畅、动作轻稳，体现护士良好的操作行为美。

（三）周到的服务

社区护士独立工作性强，必须具有良好的职业道德和职业素养，爱岗敬业，具有高度责任心和良好的沟通能力；有为本社区居民健康服务的意识，全面履行工作职责和义务，对社区服务对象一视同仁；保护服务对象的隐私；严格遵守操作规程，确保服务对象安全。

（四）准确的预判

社区护理工作的主要内容是预防性服务，主要包括预防疾病的发生，预防并发症的出现；社区护士必须具备预判能力，在问题没有发生之前注意观察，及时发现可能发生的疾病或并发症的潜在因素，采取相应的预防措施，避免问题的发生。

第四节 特殊患者的护理行为美

情境导入

王大爷,70 岁,40 天前出现进食时有哽噎感,伴有进食时胸骨后隐痛,无恶心、呕吐,门诊以"食管癌?"收入院。入院后完善了各项检查,王大爷最终被确诊为"食管中分化鳞癌"。明确诊断后,拟于次日上午在全麻下行食管癌根治术。夜班护士小张夜间巡视病室,发现王大爷没有睡觉,神情紧张,担心手术能否成功和术后恢复情况。

工作任务:
假设你是夜班护士小张,请分析针对王大爷的病情应采取哪些护理行为。

不同年龄、性别或处于疾病发展不同阶段的患者,其生理、心理特点和社会生活需求也有所不同。临床护理工作按不同年龄、性别可分为老年患者护理、儿童患者护理、女性患者护理、肿瘤患者护理、危重患者护理等。不同阶段的护理对象有其独特的临床治疗与护理要求,在临床护理工作中,除了满足患者的一般需要外,护士应注重满足特殊患者的特殊护理需求。

一、老年患者的护理行为美

(一)悉心护理

老年患者由于组织器官自然衰退,语言、行动缓慢,视力、听力下降,生活自理能力下降。护士要耐心、细心地观察患者神志、生命体征及病情的变化,细查、细看、细分析,不放过任何疑点和微小变化,做到早发现、早诊断、早治疗、早护理,兼顾各种症状,妥善处理,避免病情恶化。

(二)尊重患者

老人生病住院后,由于角色的突然转变,大多数人会不适应,这时自尊心会变得更强,突出的需求是被尊重。护士在工作中可以根据不同的年龄、职业、文化程度等给予老年患者恰当的称呼,如老师、爷爷、奶奶、大爷、大妈等。同时,在护理时动作应轻柔,投以关切的目光,保持微笑的表情,让老年患者感受到被尊重。

(三)耐心讲解

老年患者的期望值高,有通过治疗获得痊愈出院的期待心理,同时也存在焦虑、恐惧、抑郁等心理。护士应耐心细致地为患者讲解其疾病的相关知识,包括检查、治疗、护理、预后及康复指导等,通过护理工作中的态度和行为,拉近与老年患者之间的关系,消除或减轻他们的防备心理。

(四)确保安全

老年患者生理功能下降,是跌倒、坠床的高危人群。护士应做好动态风险评估和护理措施记录,并班班交接;清除病室及走廊的障碍物,保持地面干燥清洁;将用物放在老年患者便于拿取的位置,使用床栏保护;教会老年患者使用床头呼叫器等,从细节出发,呵护老年患者的心理与安全。

二、儿童患者的护理行为美

(一)尊重患儿

患儿虽然年幼,但也有独立的人格和自我意识,应该受到尊重。在开展护理工作时,护士应与患儿平等交流,认真听取患儿的意见,尊重患儿的观点和看法,对患儿讲信用,并注意保护其自尊心。例如,在导尿、灌肠时,注意遮挡,减少不必要的暴露等。通过护士的言行,教会患儿尊重自己,尊重他人。

（二）爱护患儿

在护理患儿的过程中，爱心的表达对患儿疾病的康复是十分重要的。亲切的面容、和蔼的态度、耐心的疏导、悉心的照顾以及温柔的抚摸、拥抱，能让患儿感受到来自护士的温暖的爱，帮助他们抚平身心的痛楚。另外，应多采用鼓励性、赞美性的语言激励患儿，选择较勇敢、配合治疗的患儿作为榜样，激发其他患儿战胜疾病的勇气和信心。

（三）善于使用非语言沟通

采用非语言沟通更易稳定患儿情绪。例如，在做治疗时陪伴在患儿身边，轻轻抚摸患儿的头部、紧紧握住患儿的手，或将患儿抱在怀中，这些温柔的动作会使患儿感受到关爱，从而稳定其情绪，减轻其恐惧感，使其积极配合治疗。

（四）精湛的护理技术

严密精湛的护理技术是护士行为美的直接体现，儿科护士应具备娴熟的儿科专业护理技能。责任护士在为患儿进行常规护理操作时，如头皮静脉输液、静脉穿刺、血标本采集等，要做到动作快而稳、细致、熟练、准确，体现出一种娴熟精炼的行为美。

三、女性患者的护理行为美

（一）尊重理解患者

护士应理解、尊重患者，及时给予安慰与鼓励。在进行各种护理操作时，应请他人回避，并注意遮掩乳房、腹部、会阴部、臀部等。

（二）维护女性外在美

女性的外在美由容貌、形体、行为等构成，是女性美的重要特征。疾病常对女性的容貌美、形体美造成损害，如乳腺癌患者做乳腺部分或全部切除术后，护士应结合患者的个体化需求，制订康复训练护理措施，并通过系统性康复训练实现生理功能与心理自信的双重修复。

（三）维护女性功能美

在治疗、护理工作中，应尽力保证女性患者机体功能的完整性，特别是女性生殖器官和第二性征的健全及功能完好。如因妇科疾病必须切除器官或组织时，护士应协助医师，从达到理想的治疗效果和美学效果两方面考虑，尽量保留女性器官的功能；做好女性患者术前的心理疏导和相关准备，术后密切观察病情的变化，并进行有针对性的康复训练，以促进机体功能的恢复，维持其功能美。

四、康复患者的护理行为美

（一）维护人体功能美

康复患者因身体不同程度的功能障碍，常丧失自尊心和自信心。护士对患者要有强烈的责任感和同情心，自觉地用道德规范约束自己的行为，让心灵美、行为美、语言美贯穿于整个护理工作中。康复护士要帮助患者树立战胜疾病的信心，鼓励患者坚持不懈、持之以恒地进行功能锻炼。护士在指导患者进行康复训练时，帮助患者选择正确的体位，注意始终保持肢体的功能位。例如，对于偏瘫患者，可将毛巾卷置于瘫痪上肢的掌心，以防止掌关节的挛缩。康复训练活动应从小到大，时间由少到多，动作轻柔，避免因用力过猛造成新的损伤或影响康复效果，确保人体功能美。

（二）恢复人体形态美

首先要评估患者目前存在的与正常人形态美的差异，根据现状明确治疗的目的，制订康复护理计划，预测预后的结果，尽可能提高患者形态美的程度。例如，对于截肢的患者，应先评定其全身状况和残肢状况，再判断患者能否装配假肢、能否承受佩戴假肢后的康复功能训练、有无终身利用假肢活动的能力等，如果患者需要装配假肢，应在术前和术后进行功能训练，以发挥良好的代偿功能，恢复人体形态美。

（三）展示护理操作美

康复护理的对象具有显著的多样性特征，其服务范围覆盖全生命周期的不同健康状态群体，如残疾患者和慢性病患者。他们的身体和心理功能障碍将持续很长一段时间，或者可能伴随终身，需要在护士的引导、帮助下进行康复护理训练，使患者发挥身体残余功能和潜在功能。康复护理训练技术包括体位的变换、关节活动度的练习、日常生活活动训练、辅助器具的使用等。康复护士必须具有精湛的业务技术，在进行护理操作时干净利落，动作稳、轻、准，体现康复护理的行为美，并给患者以信心。

五、肿瘤患者的护理行为美

（一）重视心理护理

肿瘤患者的心理变化常经历五个阶段，即否认期、愤怒期、协议期、抑郁期和接受期。护士应尊重、理解患者，多和患者接触、交流，及时发现患者的心理变化，给予安慰、鼓励、支持，帮助患者建立积极情绪，消除患者的焦虑、恐惧与不安。通过细致、周到的护理，帮助患者克服困难，树立战胜疾病的信心，最大限度地维持患者的形象、功能美。

（二）缓解疼痛的护理

肿瘤晚期常伴有一定程度的疼痛，手术及放射、化学治疗也可导致疼痛。缓解肿瘤疼痛的方法包括药物镇痛和非药物镇痛。护士应密切观察患者的变化，摸清疼痛发生的规律，在疼痛发生前或刚开始疼痛时，及时遵医嘱给予镇痛药物，以缓解患者的痛苦，提高生命质量。帮助患者采取舒适体位，通过讨论患者感兴趣的问题、听音乐、看电视等方式分散注意力。

六、危重患者的护理行为美

（一）重视非语言交流

危重患者由于病情较重，语言交流能力往往受限，因此护士需要掌握一些特殊的非语言沟通技巧，提高非语言沟通的能力。例如，学会用表情、手势、动作等肢体语言去"听和说"，学会用实物照片、会话卡、纸和笔去"听和说"，通过对患者表情、手势、口型和行为的观察来判断患者所要表达的意图。

（二）注重人文关怀

人文关怀对于危重患者尤为重要，护士要真诚地关注患者的感受和情绪，给予其精神上的呵护、心理上的宽慰和行为方式上的指导，给予其足够的尊重和同情，寻求与他们情感上的共鸣，与患者建立良好的、互相信任的治疗性人际关系。

（三）敬业的工作态度

当护理危重患者时，护士要细心认真、尽职尽责、审慎从事，使患者对护士产生信赖，感受到安全、温馨服务的行为美。护士应始终保持精神饱满、和蔼可亲，用温和、鼓励的眼神劝慰患者。

七、临终患者的护理行为美

（一）尊重临终患者

对临终患者应给予真正的理解和尊重，尽量满足他们的合理要求，如尊重患者对治疗方案的选择，满足患者与亲人朋友告别、听喜欢的音乐等需求，这些对提高患者的生活质量有着重要意义。

（二）做好生活护理

临终患者的生活自理能力丧失，可能出现大小便失禁、气味异常等，护士要做好皮肤护理、口腔护理、头发护理等，保持临终患者的皮肤清洁完整、仪容仪表整洁端庄。

（三）注重心理支持

临终患者的心理护理是安宁疗护的核心环节，他们可能会经历恐惧、焦虑、抑郁等情绪，护士应通过精准评估与个性化干预，帮助患者实现"优逝"，助力家属完成"善别"。通过护士的关爱、同情和诚挚的人道主义关怀，提高临终患者的生命质量。

护士的行为美不是一朝一夕就能养成的，而是靠平时在工作和生活中依照护士行为规范不断强化训练养成的。护士优雅的举止和规范的行为不仅可以给人美感，而且有利于塑造医院的整体形象、提升护理质量、建立和谐的医患关系、赢得患者和同行的尊重和信任。

（张荣芳）

思考题

在临床护理工作中，为了更好地为儿童患者提供护理服务，护士应采取哪些护理措施？

练习题

第六章 │ 护士的语言美与非语言美

教学课件

思维导图

学习目标

1. 掌握倾听和共情的技巧;首语、表情、手势语、体语、界域语的运用方法。
2. 熟悉护理语言美的具体要求;护理非语言美的具体要求及其常见表现形式。
3. 了解语言美、非语言美并感受语言美和非语言美。
4. 学会运用语言、非语言沟通技巧,并在护理专业学习和未来的临床护理工作中实践护士的语言美、非语言美。
5. 具备护士的语言和非语言沟通素养,在临床护理工作中以人为本,尊重和理解患者,用语言和非语言架起护患沟通的"桥梁"。

护士不仅是健康的照顾者,更是专业技能与人文关怀的践行者。作为护士,应时刻用清晰而专业的语言传递护理知识;以真挚的微笑、温和的目光传达慰藉与支持;用专业的语言和非语言技巧搭建护患沟通的桥梁。护士的言行如春风拂过,温暖着每一位患者,为患者带来希望。

第一节 语 言 美

情境导入

王某,男,60 岁,有高血压病史,与邻居争吵后自觉头痛、头晕、乏力、耳鸣而急诊入院。入院时护士小王负责接诊,患者表情痛苦,并伴有恶心、出汗、心悸、视物模糊不清等症状,血压 260/120mmHg。众多家属在门外焦急地等待着,走廊十分嘈杂。

工作任务:

假设你是护士小王,请运用恰当的语言为患者及家属进行病情初步介绍,根据需要做好治疗、护理的解释工作并且适时安慰家属。

语言是传递信息的第一载体,是重要的行为表达方式,是人与人之间进行情感和信息交流的重要工具。语言美是指语言的内容和形式符合特定的语境,体现人的知识结构和心理修养,是人们道德水准的"物质外壳",也是现代医护人员必备的职业素养。

一、认知语言美

(一)语言的含义

语言是一种特殊的社会现象,它既是人类的思维工具,又是人类最重要的交际工具。在社会生活中,人们用语言来表情达意,交流思想感情,以实现相互了解,进而协调人与人之间的关系。

《左传》有言:"言之无文,行而不远"。由此可见,语言能够征服人的心灵,是人类文明的标志。

离开了语言,任何深刻的思想、丰富的内容,以及美好的构想,都无法表达。

(二) 语言美的内涵

语言美是指人际交往中言辞的美,属于社会美的范畴,是心灵美在言语上的表现。不同时代、不同民族的人和具有不同文化素养、思想情感、道德品质、语言表现力的个体,其语言美有不同的表现形态。语言美是交际的必要手段,它直接影响语言交际的效率和人际关系的和谐。"良言一句三冬暖,恶语伤人六月寒",这句话充分说明了语言的作用。

二、感受语言美

真正意义上的语言美,应该是内容美、形式美的高度和谐与统一,是两种美的有机融合。

(一) 语言的内容美

人类的情感、思想必须借助于一定的符号代码才能成为可以"捉摸"的东西,从而进行表达、传递和交流,从某种角度来看,这些符号代码就是语言的内容。

1. 礼貌、真诚 语言的礼貌性是每个社会中的言行准则、道德规范的组成部分,历来受到人们的重视。礼貌用语是尊重他人的具体表现,是友好关系的敲门砖。例如,需要询问一位老人的年龄时可以说:"您多大年纪啊?""您高寿啊?"这对于交谈对象是一位长者而言更显礼貌得体。

真者,精诚之至也,不精不诚,不能动人。我们在与人交往中做到既直言不讳,又和颜悦色,那么我们真诚的言语就能打动他人,沟通的心理障碍也会随之消除。

2. 准确、审慎 语言的精准使用具有很大的影响力。与人交谈时应确保语言内容正确,坚持实事求是,使用确切的概念和术语,合理地进行判断和表述。

3. 情感、委婉 情感是人对客观事物是否符合自己的需要、愿望和观点而产生的情绪体验,是有声语言表达的核心支柱。感人心者,莫先乎情,有声语言始终伴随着情感。沟通双方语言交流的过程也是情感交流的过程,只有在情感上引起共鸣,才能达到语言沟通的预期目的。

委婉是人们为了使对方更容易接受自己的意见,以婉转的方式表达语义的一种语言表达方式。如护士和患者之间不是在任何情况下都可以直言不讳,尤其在患者的诊断结果、治疗方案和疾病预后等问题上,使用委婉的语言有利于提高患者的接受程度。

(二) 语言的形式美

言为心声,音随心动,语言的形式美同样也传递着人和人之间的情感,以及多方面的信息。

1. 规范的语言表述 语言的规范主要表现在语义的准确、语法的规范上。语义是语言形式所表达的内容,是语言系统中最复杂的要素。语义依赖于文化背景和人的知识结构,不同文化背景的人所使用的词句意义可能有所不同。即使在同一文化背景下,词句的意义也可能有差别。例如,"我去方便一下""这儿说话不方便""最近手头不方便",这些句子中相同词语的语义却截然不同。

语法是词语的组合规则,具有社会规约性,制约着人们的言语沟通,这种规约是人们在长期的言语沟通中自然形成并共同遵守的一种社会惯例。与人交流时要注意语法规则,避免不规范的省略。

2. 恰当的声音表达 一般来说,恰当的声音能够显示说话人的沉着与自信,能吸引听者的注意力,能平息过于激动或正在生气的听者的情绪,能促使听者支持说话人的观点,能使表达的观点深入对方心中。恰当的声音表达包括七个基本要素。

(1)**语气**:柔和的语气能让听者觉得轻松,给人美的享受。同时,娓娓道来也不会激起听者的逆反心理,使其更容易接受说话人的观点。

(2)**语调**:是对口头语言的辅助和补充。它虽然不能改变口头语言本身的内容,却能加强或削弱信息沟通中语义的分量和效果,是对口头语言沟通的重要修饰。同样一句"您怎么了?"可以是关心的问候,也可以是不耐烦的询问。语调的高低将影响话语的意义,运用得体,发挥得好,可以给人一种美的享受。例如,朗诵一篇文章,音色美,音域宽,声调抑扬顿挫,就会令人感到和谐、悦耳、动听,给人以高度美的享受。

语言沟通中常见的四种语调

平直调:表示说明、叙述、解释等,以示庄重、严肃,便于把意思说得清楚、透彻。

升调:表示惊讶、反问、设问、号召、鼓动等,以加强效果,引起听者注意。

降调:表示自信、肯定,以表明态度、感情,便于鼓励听者并促使他们去行动。

弯曲调:表示感叹、愤怒、怀疑、幽默、思索等,以渲染话语的感情色彩、增强话语的感染力。

(3)**音量**:是表现语言形式美的关键因素之一,适度的音量有助于提高沟通效果。语言的威慑力和影响力与声音的大小是两回事,声音过大可能会令人不愿意倾听,甚至反感。

(4)**语速**:语速的快慢应视具体情况而定,比如需要表达急切、震怒、兴奋、激昂的情感时,则宜快不宜慢;在表述沉郁、沮丧、悲哀、思索等情感时,则宜慢不宜快。只有快慢结合、交替使用,做到快而不乱、慢而不拖,才是适度的语速。

(5)**发音**:人们所说出的每一个词、每一句话都是由最基本的语音单位组成的,并带有适当的重音和语调。准确、恰当、不含糊的发音有助于准确地表达思想,自信地面对听者。

(6)**节奏**:说话的节奏是语言形式美的关键因素之一,它像音乐中的旋律一样,赋予语言生动的魅力。适当的节奏可以提高语言的流畅性和清晰度,增强情感表达和吸引力,使言辞更容易被记住、情绪更容易被感受到,从而提升语言交流的艺术美感。通常短句可以一气呵成,长句则要在主语之后略作停顿。当需要引起对方重视和思考时,需有意识地稍作停顿,让信息更深刻地在听者心中产生共鸣。

(7)**激情**:响亮而生机勃勃的声音给人以生命力、活力之感。说话时,人的情绪、表情同说话的内容一样,会带动和感染听众。

三、护士语言美的要求

语言是社会交往中信息传递的第一载体,是人类沟通的主要手段。语言的表达是一种艺术,语言技巧充分展现了语言美,美好的语言能激发情感共鸣,促进良好关系的建立。在护理工作中护士的语言美能体现护士的综合能力,是护士内在美的表现形式之一。护士要牢牢掌握语言美的具体要求。

(一)构建护患沟通桥梁

语言可以反映出护士的文化素养和精神风貌,它不仅能影响到护士的人际关系,也会影响到护士在患者心目中的形象。护理工作是与人交往的工作,护士不但要有精湛的专业技术,还要通过正确的语言交流方式,与患者建立感情上的沟通。如护士的关心、体贴、同情、理解,以及愿意帮助患者减轻痛苦的意愿等,在很多时候是通过说话时的态度、表情、声调、语词来表达的,而患者的要求、期待、顾虑、疑惑等,也是通过护士的主动交谈来获知和解决的。美好的语言有利于护士准确地表达护理工作的意图,便于患者正确地理解和积极配合,从而提高护患沟通的有效性。

(二)帮助开展整体护理

语言既可治病,又可致病。护理工作的对象是具有思维、感觉、知觉、情感等心理活动的人,护士的语言无疑会使患者产生心理反应,从而引发其情绪上的变化。"人本位护理""优质护理"要求护理工作应该注重整体化、系统化的工作方法。护士通过与患者交谈了解其生理、心理、社会等问题,以指导、暗示、劝告等方法帮助患者建立健康的生活方式,最终恢复到良好的健康水平,其中语言起到了至关重要的作用。

（三）引导医护有效协作

患者的诊疗和康复是一个需要多人员、多科室、多部门合作完成的系统性工作，只有通过紧密协作才能确保患者获得全面、高质量的医疗护理。护士在护理工作中不仅要和科室的医生、其他护士相互配合，有时还要和医疗机构的其他工作人员协调合作、解决问题。在此过程中，美好的语言、良好的沟通可以减少矛盾和冲突的发生，形成团队合力，有效促进患者的康复。

（四）体现护理人文关怀

护理工作的对象是患有疾病或有潜在健康问题的人，他们是需要关怀和帮助的人，因此护理工作是关怀、照护和帮助的职业。这种人文关怀需要在护士与患者及其家属的语言交流和有效沟通中体现，没有护士的语言美，没有高品质的沟通，护理人文关怀很难落到实处。

四、护理工作中的语言

在大多数情况下，护患之间的交流都是通过语言来实现的。在护理工作过程中，护士需要通过与患者交谈来收集资料、核对信息、征求意见、进行心理护理和健康指导等，还需要与医生、医技人员、患者家属等进行交谈以完成护理任务、达到护理目标，可以说美的语言交流贯穿于护理工作的始终。

（一）创造良好的交谈环境

交谈环境与语言行为有着密切的关系，对语言活动有着重要的影响。

1. 自然环境　自然环境是进行沟通的场所，包括环境的安静度、隐秘度、相距度、舒适度等。

（1）**安静度**：安静的环境是保证交谈顺利进行的必备条件。环境中常有很多噪声，包括隔音不充分的房间、汽车噪声、人员频繁的走动声、喧哗声等，都会直接影响沟通效果。因此，护士与患者进行交谈前，一定要排除噪声的干扰，积极营造一个安静的环境，以增强沟通效果。

（2）**隐秘度**：交流环境的安全性和隐私性也是影响交谈效果的重要因素。若交谈环境中经常有人进出、有无关人员在场等都会使信息接收者产生不安全的感觉。因此，护士在与患者交谈时最好选择无人打扰的房间。

（3）**相距度**：心理学家研究发现，交谈过程中所保持的距离不同，会产生不同的交谈气氛。在较近距离内进行交谈时，容易形成融洽的交谈氛围。因此，护士在和患者进行交谈时，最好坐下来并靠近患者，给患者以亲切感，使其愿意敞开心扉交流。

（4）**舒适度**：交谈环境的温度、光线、气味，以及环境的视觉美感可以影响交谈的效果。环境温度过高或过低，光线过强或过弱，有刺鼻的气味，环境杂、乱、脏等都会对交谈产生不利的影响。

2. 人文环境　人文环境是指交谈关系中的情绪氛围，是人们在完成沟通活动过程中的感觉和感受。在临床护理工作中，良好的人文氛围是护患沟通的关键所在，护士与患者之间的交流不仅是信息的传递，更是一种关怀和支持的表达。护士温暖、关心的语言可以营造亲切、安心的氛围，使患者在医疗环境中感受到关爱和尊重；护士的耐心倾听和积极回应能够帮助患者建立对护士的信任感，让患者更愿意分享自己的感受。

（二）运用恰当的交谈语言

护理工作中护士需要使用恰当的交谈语言提高沟通效果，增进护士与患者之间的理解与合作。常用的有鼓励性语言、疏导性语言、解释性语言、劝说性语言、指导性语言等。

1. 鼓励性语言　常用于病情较重且预后较差的患者，帮助他们面对现实，增强战胜疾病的信心和勇气。护士根据患者的不同情况，帮助其树立信心，坚定意志，振奋精神，放下包袱，积极配合治疗。

2. 疏导性语言　主要用于心理性疾病的患者。护士在护理工作中应用疏导性语言能使患者倾吐心中的苦闷和忧郁。例如，一位中年女性患者，其子因车祸不幸

ER 6-3

鼓励性语言

身亡，突如其来的打击让她一病不起，住院后只要提起儿子便泪流满面。此时护士可以开导性地说："阿姨，不幸的遭遇谁也料想不到，您要多保重自己的身体，相信您儿子也不希望您这样。"这些话虽然朴实，但富于情理，容易稳定患者的情绪。

3. 解释性语言 对于患者或家属提出的各种问题，护士应根据具体情况给予适当的解释。例如，一位子宫肌瘤患者，得知患病后十分紧张、害怕，护士可以运用解释性语言对患者说："子宫肌瘤是女性生殖系统中最常见的良性肿瘤，一般不会对身体造成严重影响……"

疏导性语言

解释性语言

4. 劝说性语言 是当患者行为不当时，护士应采取的一种语言表达方式。例如，患者在病房内吸烟，护士如果采用简单的命令式或斥责性语言，患者从心理上难以接受，但如果采用劝说性语言，向患者讲清吸烟的危害及对疾病治疗的影响，患者就比较容易接受。此外，医护人员和患者建立了良好的人际关系后，患者更容易相信医生、护士的话，劝说性语言的效果更是事半功倍。

5. 指导性语言 是当患者不具备医学知识或者缺乏医学知识时，护士采取一种教育、引导式的方法，将与疾病和健康保健知识有关的内容教给患者，使其配合医护人员的工作以达到康复目的的一种语言表达方式。随着社会的发展和生活水平的提高，人们越来越珍视健康，渴望通过养成和建立良好的生活习惯和健康的生活方式来保持健康。因此医生、护士除了为患者治疗疾病以外，还肩负着健康教育和健康促进的责任，应通过指导性语言协助人们建立有益于健康的行为和生活方式，增强体质，预防疾病。

劝说性语言

指导性语言

（三）学会倾听

护士通过耐心、细心的倾听，可以全面、真实地了解患者的生理和心理状况，让患者感受到关爱和尊重，打开通往患者内心世界的大门。

1. 倾听的概念及意义 沟通是一个双向的过程，既要说，更要听。在语言沟通中，如果把听、说、读、写按百分比计算的话，那么它们所占的比例分别约是53%、16%、17%和14%。

（1）**倾听的概念**：倾听是全神贯注地接收和感受对方在交谈时发出的全部信息（语言和非语言的），并作出全面的理解。也就是说，倾听不仅要集中精力去听对方说话的内容，同时还要考虑其声调、频率、面部表情、眼神、身体姿势等非语言行为，注重情感因素，即通过"听其言，观其行"获得全面的信息。因此，倾听是护士将患者发出的信息进行整体接收、感受和理解的过程。

（2）**倾听的意义**：善于倾听是护士高素质的表现，也是护士与患者建立良好沟通渠道的必要前提。

1）有助于获得更多的诊疗信息：在护理语言沟通中，首先要认真倾听患者的主诉。护士如果能专心倾听，会极大地调动患者交流的积极性和主动性，给患者充分表达自我的机会，让患者更加积极、全面、如实地提供与疾病有关的信息。

2）有助于建立良好的护患关系：倾听是了解的前提，是建立良好护患关系的必要环节。一位具有良好倾听技巧的护士会通过专注的倾听，向患者传达一种强烈的信息——患者受重视、被尊重，使患者在与护士建立沟通联系之初，就产生信任的交流动机。倾听也是缓解紧张气氛的有效方法，当患者投诉时，护士耐心地倾听意见，可以缓解紧张气氛，帮助患者放松自己、消除误解和抵触情绪。

3）有助于心理护理：诉说是一种最有效的发泄方式，诉说从心理上有助于患者早日康复。在护患交流时，护士可以提供机会让患者表达他们的疑虑和担忧，倾诉他们的诉求，这有助于患者宣泄不良情绪，并在心理护理方面发挥积极作用。

倾听的力量：卡尔·罗杰斯的人本主义心理学

在心理学史上，有一位被誉为"倾听之父"的心理学家——卡尔·罗杰斯（Carl Rogers）。他创立了"以人为中心"的心理治疗模式，强调"共情倾听"在沟通中的核心作用。罗杰斯认为，真正的倾听不仅是听对方说了什么，更重要的是设身处地理解对方的情绪和处境，这种态度能激发对方表达的勇气与信任感，从而促进心理康复与人际关系的建立。

罗杰斯的一个经典案例：一位情绪低落的青少年拒绝与任何人沟通。治疗中罗杰斯没有急于干预，而是反复通过语言和非语言行为表达"我在听""我理解你"，最终让这位青少年逐步敞开心扉。这个案例后来成为全球心理咨询培训中的经典"倾听示范"。

2. 有效倾听的策略

（1）**明确"听"的目的**：即在沟通前明确交谈的目的，明白为什么要"倾听"。一般交往中的倾听，其目的在于加深了解，联络感情，增进友谊。因此，有效的倾听是非常必要的。在倾听时，倾听者不仅要努力理解谈话的内容，还要鼓励和支持对方畅所欲言，以确保交谈顺利进行。

（2）**专注"听"的对象**：①尽可能地排除外界环境的干扰，营造有利于"谈"与"听"的氛围，从而提高沟通的效果；②倾听时，保持自然放松的体态，善于通过非语言行为表达自身的感受；③保持目光的交流，善用目光来传情达意；④能从对方的话语中发现有兴趣、有价值的谈话内容并予以关注。

（3）**理解"听"的要素**：有效倾听包括获得信息、阐释信息、评价信息、反馈信息四大基本要素。

1）获得信息：即倾听者运用自己的听觉、视觉等感觉器官，选择性地获得对方的语言及非语言信息，专注并筛选出有价值的信息。例如，作为责任护士，在为患者做心理护理时，要格外关注对自己有价值的信息——患者的心理状态、家庭情况及社会背景等。

2）阐释信息：即在倾听、获得信息的基础上，达成双方对信息理解的一致性。如果交谈双方不能以相同的方式去阐释同一信息，则会造成对这一信息的误解。为了准确阐释信息，避免曲解，需要移情式倾听，即不仅要听到字面上的内容，还要捕捉对方的"言外之意"和"弦外之音"。

3）评价信息：即倾听者在确保自身已获得，并理解所需要的关键信息的基础上，对信息理性分析后作出的价值判断。评价信息的关键是提出问题、辩证分析、公正判断，这样才能确保对信息的评价合乎逻辑，不偏激。

4）反馈信息：即倾听者通过语言和非语言的反馈向倾诉者表明自己所听到和理解的内容。适当的信息反馈对有效沟通起着积极的作用，倾听者要做到恰当、有效地反馈信息，应注意以下几点策略：

A. 保持良好的情绪：在整个交谈过程中，特别是在反馈信息时，应善于控制自己的情绪，若情绪过于强烈，会影响沟通效果。要保持良好的情绪，首先应缓冲激烈的反应，即在冲动时深呼吸；其次可以在话不投机时，力求以冷静的方式结束对话，不要感情用事。

B. 适时运用"沉默"技巧：在倾听中适时保持沉默，以示专注，可以起到良好的效果。

C. 恰当的语言回应：在适当的时候发出语言回应，如"哦""噢"等，不但可以证实倾听者对谈话内容理解的正确性，还可表示正专注地倾听对方的谈话。

D. 得体的非语言行为：在倾听过程中恰当地运用非语言回应，可以表示对对方的尊重，使沟通有效进行，如点头、微笑等。

反馈信息的关键是必要的语言和非语言的回应，使倾诉者发出的信息和倾听者接收的信息一致，从而使交谈双方达成共识。

ER 6-8

护理工作中的倾听

（四）予以共情

共情是人与人交流中表现出来的设身处地理解他人的能力。恰当的共情能让患者感受到护士是设身处地地为他着想，让患者卸下心中的防备，拉近彼此心理上的距离。

1. 共情的含义　共情也称共感、同理心，是指体验他人内心世界的能力，即用他人的眼光来观察世界，从他人的角度去感受问题、体验情感、分享感情。

在护患沟通过程中，护士站在患者的角度理解患者的感受，就是护患交谈中的共情。例如，术前患者对护士说："我从没做过手术，好害怕呀！"假如护士回答："我很理解您现在的心情，如果是我可能也会害怕。"这种感觉上的共鸣可以达到感情上的平等，让患者能够接受并愿意说出具体担心的事情，请护士予以分忧。

2. 共情的作用

（1）**共情有助于护患沟通的准确性**：在共情的过程中，护士从患者的角度，理解其感受，了解其病情，得到的信息才是全面的、准确的。护士站在患者立场、设身处地地为患者着想，才能理解患者患病后的心理状态。共情越充分，理解到的患者感受就越真实，收集到的患者信息就越准确。

（2）**共情有助于患者自我价值的保护**：患病的人比常人更迫切地需要尊重和理解，护士应予以重视和关心，满足患者的心理需求。在交谈的过程中，运用共情策略，理解、关心、尊重患者，使其重拾信心，努力配合治疗，尽快恢复健康，回归社会。

（3）**共情有助于护士学会关注他人**：共情可以使人在亲密的人际关系中，更准确地察觉和理解他人的思想和感情，培养自己的爱心、宽容、合作、尊重、善解人意等人格品质。总之，共情是一种积极的能力，有助于护士建立健康的人际关系。

3. 共情的方法

（1）**学会换位思考**：能从对方的角度为对方的行为寻找合理性，以最大限度地理解并体谅对方。

（2）**学会倾听**：在沟通中，倾听不仅限于理解对方口语表达的内容，还包括观察其非语言的行为，如动作、表情等，并予以适当的反应，表示专注倾听或理解对方。倾听是共情的重要途径。

（3）**学会表达尊重**：尊重包括四个方面的内容。一是尊重对方的个性及能力，而不是凭自己的感情用事；二是接纳对方的信念和所作出的选择或决定，而不是评论或试图替其作出决定；三是善意地理解对方的观点和行为，而不是简单地采取排斥的态度；四是以尊重恭敬的态度表达自己的观点，而不是将自己的观点强加于人。

ER 6-9

护理工作中的共情

五、护患沟通的语言艺术

语言的表达作用，集中体现在语言活动的整个过程中。说和写、听和看，既是语言沟通情境的行为，又是人们相互间心理活动的反映，沟通双方融洽还是神离，目交心通还是不欢而散，在很大程度上取决于语言艺术。

（一）言之有诚

语言应具有真诚性，美的语言是人内心世界的自然流露，是真诚的、不虚伪、不做作的。阿谀奉承虽能暂时赢得对方的好感，但最终会暴露丑陋虚伪的本质。护士与患者交往中，应实事求是，客观描述情况，诚实守信，不弄虚作假；同时应信守承诺，严格为患者保守秘密。在认真评估患者情况后，有的放矢地与患者交谈，语言亲切，态度诚恳。此外，真诚还有另一面，那就是避免过于客套，过分的粉饰雕琢，失去心理的纯真自然。绕弯过多，礼仪过分，反而给人"见外"的感觉，显得不够坦诚。

（二）言之有度

语言是交际心理现象，展现交际心理过程，与人交往要做到说话得体，恰如其分。护士语言的得体是护患间良好沟通的关键。语言本身是艺术，怎样选择和使用语言更是一门艺术。护士的语言，不在华丽、不在动听、不在热烈，而在于使患者感到亲切、温暖、真诚、可信。护士与患者交流应该把握"因人而言""因地而言""因病而言""因事而言"的原则。根据患者的知识水平、理解能力、性格特征、情绪状态、医疗场所、疾病特点等具体情况，选择恰当的语言形式和内容进行交流。

（三）言之有理

说话要有理有据，以理服人，正所谓"有理走遍天下，无理寸步难行"。护士的语言要有根有据，实事求是，特别是关系到疾病的诊断和治疗，应该以科学、理性的思维，全面采集相关信息，罗列各种诊断依据，综合考虑各种可能性，最终给出科学判断。

（四）言之有礼

语言是文明的沉淀，是规范人与人关系的重要手段，具有礼节性和庄重性，也符合人际交往的基本要求，如尊重、平等、民主、关爱、互助等。护理服务中的"七声"（见面有迎声、询问有答声、求助有请声、不足有歉声、合作有谢声、出院有送声、电话有问候声），更加充分显现了护士对患者的尊重、关心和重视，不仅显示了护士的礼仪风范，更令患者舒适、放松。

（五）言之有术

美的语言往往机智、幽默，富有丰富的潜台词，声情并茂，有声有色，以情动人，具有强烈的感染性和艺术性。护士语言修养的高标准要求就是语言表达要具有艺术性，恰当地使用模糊表达、委婉表达和轻松表达的技巧。疾病的复杂性和不确定性决定了医学语言有时指向不具体、不明确，护士与患者交谈时在符合特定要求的前提下，适宜宽泛、含蓄地表达。为了使患者更容易接受自己的意见，护士可以用委婉的方式陈述，令患者听之顺心、受之轻松、做之如意。医疗场所是一个严肃的环境，护士与患者交往时，运用轻松的表达方式，既能有效表达自己的目的，又能调动患者积极的情绪，取得事半功倍的效果。

第二节　非语言美

> **情境导入**
>
> 　　新入院患者李某，男，60岁，丧偶，唯一的儿子在外地工作，因患肺癌、肺门淋巴结转移入院，入院时无人陪同，准备入院一周后行肿瘤切除术。患者孤零零地躺在病房，护士小赵为其进行入院介绍时，发现老人满面愁容，不愿与护士说话。
>
> **工作任务：**
> 　　如果你是护士小赵，请在做入院介绍的过程中，恰当地运用非语言与患者沟通，与患者建立信任的护患关系，改善患者情绪，为后续治疗的顺利进行做准备。

非语言是传递信息的重要载体，具有直观性和感染性，是沟通中不可或缺的表达方式。非语言美是指非语言的内容和形式与语言表达相协调，形象生动地体现表达内容。非语言美超越了语言的情感和体验，充分体现了一个人的内在修养，在人际沟通中发挥着不可替代的作用。

一、认知非语言美

（一）非语言的含义

在人际交往中，人与人之间除了运用语言进行交流之外，还可以运用大量的非语言进行沟通。非语言是通过身体动作、面部表情、声音、空间等非语言的方式来交流信息和传递情感，是人际交往的重要方式之一。

在工作和生活中，非语言如同人际交往的"润滑剂"，使沟通变得生动、形象、富于情感。有人通过系统的研究发现，有效的沟通技巧包含三大要素，即肢体语言、声调和说话内容。沟通的效果受多种因素影响，其中"说话内容"仅占7%，"语言语调"占38%，而"肢体语言和面部表情"则占55%。由此可见，非语言在沟通中的作用举足轻重。

(二) 非语言美的内涵

非语言美是相对于语言美而言的。非语言美是指通过得体的身体动作、生动的表情、协调的语气语调、恰当的空间距离等方式进行有效沟通所呈现的美，在很大程度上体现了人的真实情感与人文素养，与语言美相辅相成，是提升人际交往效果的重要因素。

(三) 非语言美的特点

1. **真实性** 又被称为无意识性，指非语言表达往往比语言表达更能够表露其真实含义。非语言行为大多是对外界刺激的直接反应，大多是无意识行为。例如，紧张时，会不自主地出汗、脸红、心跳加速、出现习惯性的小动作；有心事时，会不由自主地给人带来忧心忡忡的感觉。而在语言沟通中，人们可以有意识地控制语言表达，与非语言相比，语言在一定程度上缺乏真实感。

2. **情境性** 与语言沟通一样，非语言的应用也是建立在特定的语境中，不同的情境可以使非语言符号表达出不同的含义。即便是完全相同的非语言符号，也会因为情境而显现出不同的含义。例如，同样是"流泪"，可能是"喜极而泣"，激动地流泪；也可能是"悲痛欲绝"，伤心地流泪。

3. **独特性** 每个人都有自己独特的肢体语言，如手势、表情等。个人的肢体语言与其性格、气质紧密联系，能体现个性特征。因此，人们时常从一个人的形体表现来解读其个性特点，如爽朗外向的人和稳重内向的人的手势和表情有明显的差异。

4. **广泛性** 非语言沟通的应用是极为广泛的，即使是在语言差异很大的环境中，人们仍然可以通过非语言沟通了解彼此的思想和意图，从而实现有效的沟通，如"微笑"就是无国界的通行非语言符号。

5. **地域性** 虽然非语言沟通具有广泛性，但有些还具有地方性的特点，它随着民族、地域、历史、文化、风俗等的不同而不同。例如，中国人的习惯是摇头表示"不"，点头表示"是"，但在保加利亚和部分阿尔巴尼亚地区，人们却常常用摇头表示"是"，点头表示"不"。

二、感受非语言美

美好的非语言沟通可以给人带来美的享受，同时通过应用得体的非语言能准确表达含义，实现有效的沟通。非语言美具有与语言美不同的独特之处，无可取代，这也正是非语言在沟通中被广泛应用的重要原因。

(一) "替代语言"之简洁美

经过人类长期的实践，非语言符号形成了部分替代语言的独特功能，并且简洁易懂。例如，在嘈杂的环境中想要提醒别人安静一些，可以把示指竖直放在唇边，对方马上心领神会，不会听不见，也不会不明白，这正是"简洁美"的优势体现。非语言符号经过艺术化，就成为艺术表达的重要手段。舞蹈演员在演出时一句话也不说，完全依靠肢体、眼神、表情等非语言方式，就能准确传神地表现剧情和舞蹈内容。简洁之美孕育其中，美之感受淋漓尽致。

(二) "辅助语言"之形象美

非语言沟通使语言表达更准确、有力、生动、具体。在沟通过程中，人们运用语言来沟通思想、表达情感，往往会感觉词不达意或词难尽意，因此，需要使用非语言作为"助手"来补充含义，弥补语言的局限性。有时，同样一句话，附带的非语言符号不同，表达的意思也大相径庭，这正体现了辅助语言的"形象美"。例如，当为他人指路时，有时语言无法准确指示方向，而手势的使用直接形象地让对方明白自己的指向；向他人道歉时，冷冷的一句"对不起"，不但不会使对方接受，甚至会招来反感，而辅之以虔诚的语气和真诚的目光，则可使这句"对不起"显示出十分的歉意。

(三) "表达情感"之真实美

表达感情和情绪是非语言沟通的重要作用之一。在人际交往中，可以通过非语言方式表现出很多不同的情感,如恼怒或快乐、紧张或放松、软弱或坚强、压抑或振奋等。例如,老友相逢时,会不由自主地紧握双手、拥抱甚至抽泣,表示激动无比和欣喜万分;当孩子生病时,母亲守候在床边,紧锁眉头,表示心情焦急、恐惧等。

在护理实践中,由于疾病的影响或在特定的环境下,护士与患者及家属常常使用非语言沟通形式。例如,护士在实施护理工作时,向患者投以询问的目光,向年老体弱的患者展示关爱的表情,对进行肢体功能锻炼的患者投以鼓励的目光和夸奖的手势等。这些非语言符号都能情真意切地传达护士对患者的关心和爱护。

(四)"显示关系"之贴切美

非语言的应用可以体现出双方关系的亲疏远近,真实贴切,胜似语言表达。例如,两人手挽手、谈笑风生,显示出彼此的亲密无间;两人相距甚远、彬彬有礼,显示出彼此互不熟识。在护理工作中,要学会把握恰当的空间距离、得体的言行举止,体现对患者的关心和呵护。

准确掌握非语言应用技巧需要一个长期的学习过程,用得好,相得益彰;用得不好,适得其反。非语言沟通始终伴随语言沟通而出现,在护理工作中某些特定环境下的非语言沟通具有特定的作用,它能够稳定患者的情绪,增强患者的信心,营造良好的护患交流氛围,使患者感受到关爱、体贴,尽显护士非语言之美。同时,作为护理工作者,也可以通过患者的非语言了解患者的心理需求及变化,适时恰当地回应,以达到最佳沟通效果。

三、护士非语言美的要求

非语言沟通是人际交往中重要的方式之一,非语言的恰当应用是一种技能,也是一种美的艺术。对于护理工作者而言,非语言沟通是护士综合能力的一部分,同时也是护士内在美与外在美的重要体现。作为一名临床护士要牢牢掌握非语言美的具体要求。

(一)辅助语言交流

在护理工作中,护士需要和患者及家属耐心沟通,及时交流病情。由于医院环境的特殊性,患者及家属容易产生不安和恐惧,这使他们对于医护人员的一举一动非常敏感,有时会通过护士的非语言行为,判断或推测自己或亲人的病情及预后。加之患者年龄、特点各有不同,语言交流有时不能很好地发挥作用。护士要充分考虑患者的感受,在沟通时尽可能使用恰当的非语言配合语言交流,真正做到"以患者为中心",急患者所需。例如,在与手术室外焦急等待的家属沟通时,应该恰当应用目光、微笑、表情等非语言交流;与听力较差的老年患者或是年龄较小的儿童患者沟通时,往往需要用手势配合语言解释,使其更好地理解。对于听力损伤或不便讲话等缺乏语言沟通条件的患者,与其沟通时,更是需要以手势、眼神及表情来代替语言交流。

(二)协调护患关系

护患关系是一种护士与患者之间的互动关系,更是一种治疗性关系。建立良好的护患关系不但有助于更好地实施护理工作,更能使患者在接受护理服务时感到满意。让患者满意,让家属放心,一直是护理工作的服务宗旨。沟通是建立良好护患关系的重要桥梁,恰当的非语言沟通可以帮助护士建立良好的护患关系,可以使后续的护理工作得以顺利开展。护士关切的目光、亲切的笑容、随和的表情可以使患者产生亲切感,尤其是护士的"微笑",是美的象征、爱的体现,微笑在短时间内可以拉近彼此的人际距离;整洁的仪表、得体的仪态、恰当的人际距离使患者对护士更加信赖。有时,护士还可以通过患者的非语言表达了解其心理状态,给予及时恰当的回应。例如,患者在哭诉自己的遭遇时,护士耐心的倾听不但可以得到大量治疗性信息,更会使患者感受到自己被重视。

(三)指导患者配合治疗

在护理工作中,许多治疗和护理措施需要患者的配合才能顺利开展,但由于其具有高度专业性,患者并不清楚具体操作方式,往往需要护士给予指导。在引导过程中有时语言难以快速准确地表达,必须通过非语言辅助,使患者直观地知道自己该怎么做。例如,进行雾化吸入时护士最好直接示范,教会患者"嘴吸鼻呼"缓慢而深的呼吸动作,以使雾化药液进入气道,达到治疗目的;进行气管内吸痰时通过示范,让患者做到最大限度的头部后仰,开放气道,这样可以将吸痰管顺利地插入气管。在护理操作过程中护士还可以通过患者的非语言表达实时了解患者的心理状态,并给予及时的安抚,使护理操作顺利进行。当患者表现出极度恐惧甚至特别不适时,不可执意继续操作,要和患者及时沟通,通过患者的非语言信息判断操作是否得当。

(四) 安抚患者情绪

患者在接受治疗时,通常心理疑虑较大,顾虑较多,对护士的期望较高,护士技术过硬能给患者以安全感、信任感。而关心的目光、温暖的微笑、轻柔的抚摸、鼓励的拥抱等非语言沟通方式可以使患者消除疑虑、减少顾虑、平复内心不良情绪。尤其是在急危重症患者面前表现出的沉着、冷静、镇定、自信等非语言信息,能很快使患者情绪稳定,改善不良心理状态,对病情的治疗和护理起到积极作用。例如,烧伤患者多由于突然致伤,对烧伤后的皮肤损伤心存恐惧。因此,护士在接诊时应热情、主动,以微笑的面容、平静的目光注视患者,自然地倾听患者叙述,并表示同情、关心,使患者获得心理安慰,并能平静地接受治疗和护理。

四、护理工作中的非语言

"眉眼唇鼻载情意,举手投足皆语言",护患交流涉及的非语言艺术非常多。根据临床实际需求,要重点把握首语、表情、手势语、姿态语、体触、界域语、类语言等。

(一) 首语

首语,是指通过头部动作表达的非语言信息,它所传递的信息极为丰富,常用的首语包括点头、摇头、仰头、低头、侧头等。一般情况下,点头表示赞同、问候;摇头表示否定、暗示;仰头表示兴奋、自信或傲慢;低头表示忧郁、消极或认错羞愧。侧头表示疑问或倾听。但是,不同的文化背景的人对于点头、摇头等首语有着不同的理解。

在护理工作中,与患者相遇时护士致以问候,在患者询问时护士予以回应,在患者主述时护士认真倾听等,都需要护士配合首语,这样不但使患者直观地理解护士,同时还使沟通变得更融洽。跨文化护理更要求每一位护士对不同文化背景的患者有深入的了解,尊重患者的文化习惯,正确运用首语,避免护患沟通中产生不必要的误解。

(二) 表情

1. 表情种类 表情是通过眼部肌肉、颜面肌肉和口部肌肉的变化来表现各种情绪状态。表情可以表现一个人的真实情绪,作为护士要学会通过表情辅助沟通。在工作中护士能够通过患者的表情准确判断出其心理状态,并及时予以回应;同时借助自己真诚、友好、谦恭的表情传达出对患者的友善、平等、关注、关怀的情感,赢得信任与尊敬。人的表情有非常丰富的表现形式,根据表情的完整性及其与其他表情的关系,可分为局部表情、混合表情、瞬间表情。

(1)**局部表情**:是指表情没有调动脸上所有的器官,只是局部器官有反应。例如,人们压抑自己的悲伤情绪,不愿显示出忧郁的表情,但眉眼间依然会流露出伤感。

(2)**混合表情**:是调动面部各个器官作出综合的情绪反应,这种表情是丰富多样的。护士应善于辨别各种混合表情的意义,完整、准确地把握患者的不同心理状态。

(3)**瞬间表情**:是那些在脸上稍纵即逝的表情,有时候一个人的瞬间表情反而能够揭示其内心的真实状态。护士要敏感地观察和捕捉患者的瞬间表情,以此为线索把握患者微妙的心理感受,切不可疏忽大意。

面部表情是依靠五官的相互协调来体现的,以下是不同情绪的面部表情(表6-1)。

表 6-1　不同情绪的面部表情

情绪	面部表情
快乐	眉毛上扬,眼睛睁大,嘴张开,唇角向后
兴奋	眉毛上扬,眼睛睁大,嘴角微微上翘
兴趣	眉毛上扬,眼睛轻轻一撇,鼻孔正常开合,嘴角上扬
爱慕	眉毛轻扬,瞳孔放大,嘴角上扬,注视对方时间较长
严肃	眉毛拉平,嘴角抿紧,注视对方额头
宁静	眉毛拉平,嘴唇闭拢,平视或视角向下,微笑
厌恶	皱眉、皱鼻,眼睛稍变小并伴有眼球运动,嘴角拉平或向下
悲哀	两眉紧靠,眼睛部分或全部闭拢,嘴角张开扭曲
愤怒	眉毛倒竖,眼睛瞪大,嘴角向两侧拉开,下唇充满力感
敌意	皱眉、皱鼻,嘴角拉平或向下,眼睛稍稍一撇
惊恐	眼睛睁大,眉毛向上,鼻翼扩大,嘴张开

2. 表情的构成　表情是人体语言中最为丰富的部分,是内心情绪的反映。人们通过喜、怒、哀、乐等表情来表达内心的感情。在人际沟通方面,表情起着非常重要的作用。作为优雅风度的重要组成部分,优雅的表情可以给人留下深刻的第一印象。构成表情的要素有眼神与微笑。

(1) **眼神**:也称目光,是对眼睛总体活动的总称。在人际交往的过程中,可以通过视线的接触传递信息,因此眼神也称"眼语"。眼神包括注视时间、注视角度、注视部位、注视方式等几个方面。

1) 注视时间:在人际交往中,注视对方时间的长短往往十分重要。在交谈中,倾听者通常应多注视诉说者,尤其在护患交谈中,护士注视患者的时间长短可体现对其的重视程度(表6-2)。

表 6-2　注视时间

注视时间	注视效果
占全部相处时间的 1/3 左右	表示友好
占全部相处时间的 2/3 左右	表示重视
不足全部相处时间的 1/3	表示轻视

2) 注视角度:在注视他人时,目光的角度即视线发出的方向,往往体现出与交往对象的人际关系。表6-3是注视角度的注视方法和适用场合。

表 6-3　注视角度

注视角度	注视方法	适用场合
平视	视线呈水平状态,也叫正视	适用于在普通场合与身份、地位平等的人进行交往
侧视	是平视的一种特殊情况,即位居交往对象一侧,面向对方而平视	适用于在普通场合与身份、地位平等的人进行交往
仰视	主动居于低处,抬头向上注视他人	适用于晚辈面对尊长之时,表示尊重、敬畏之意
俯视	低头向下注视他人,一般用于身居高处之时	可用于对晚辈表示宽容、怜爱

3) 注视部位:在人际交往中目光所及之处,就是注视的部位。注视他人的部位不同,表明自己对其态度不同,或与其关系不同。与他人相处时,通常不宜注视对方的弱点。注视部位的适用场合和注意事项见表6-4。

表6-4　注视部位

注视类型	注视部位	适用场合	注意事项
公务型注视	额头至双眼	极为正规的公务活动场合	
关注型注视	双眼	非正式交谈	时间不宜过久,以免尴尬
社交型注视	眼部至唇部	社交场合	较随意
亲密型注视	眼部至胸部	亲人间	

4) 注视方式：在社交场合,注视他人的方式有多种,包括直视、凝视、盯视、虚视、扫视、睨视、眯视、环视、他视等。护理工作中,不同的情境应采用恰当的注视方式。例如和患者谈话时,常采用"直视"方式表示认真、尊重；听患者主述病情时,常采用"凝视"方式表示专注、恭敬。沟通中常见的注视方式见表6-5。

表6-5　沟通中常见的注视方式

注视方式	具体方法	表达含义
直视	直接注视交往对象,适用于各种情况。若直视他人双眼,即为对视	认真、尊重、大方、坦诚、关注对方
凝视	是直视的一种特殊情况,即全神贯注地进行注视	专注、恭敬
盯视	即目不转睛,长时间地凝视对方的某一部位	出神或挑衅
虚视	相对于凝视而言的一种直视,特点是目光不聚焦于某处,眼神不集中	胆怯、疑虑、走神、疲乏,或是失意、无聊等
扫视	视线移来移去,注视时上下左右反复打量。不可多用,对异性尤其应禁用	好奇、吃惊
睨视	又叫睥视,即斜着眼睛注视。一般应忌用,与初识之人交往时,尤其应当忌用	怀疑、轻视
眯视	即眯着眼睛注视	惊奇、看不清楚等
环视	有节奏地注视不同的人员或事物,适用于同时与多人交谈、交往	认真、重视、一视同仁
他视	与人交往时不注视对方,而望其他	胆怯、害羞、心虚、生气、无聊或没有兴趣

（2）微笑：是重要的表情语之一,是美的象征、爱心的体现,既悦己又悦人,它是人际交往的"轻松剂"和"润滑剂",可以使人迅速缩短彼此的心理距离,为深入的沟通与交往创造和谐、温馨的良好氛围（详见第四章相关内容）。

护士的面部表情是以职业道德情感为基础的,在护理工作中,护士要善于理解、把握表情,并能在不同的场合恰当运用。当患者入院时,护士亲切的微笑带给患者温馨感、安全感；当为患者做护理时,护士带着自信的表情,轻盈而敏捷的操作,对患者的安慰胜于良药；当患者悲伤时,护士关切理解的表情带给患者无限温暖；当患者病情危急时,护士从容镇定的表情,会增强患者战胜疾病的信心。此外,在护理工作中,护士也要善于观察患者的表情及其变化,解读患者表情中的蕴含的深刻内涵,分析原因,找准措施,进而为患者提供更优质、高效的护理服务。

（三）手势语

手势语是用手和手指的动作来传情达意的一种无声语言,是人类最早使用的一种交流方式,至今仍被广泛运用。手势主要分为四种类型,分别是形象手势（模拟形状物的手势）、抽象手势（表示抽象意念的手势）、情意手势（传递情感的手势）、指示手势（指示具体对象的手势）。

1. 生活中的常用手势　在生活中,不同的手势传达不同的思想、意图和情感。例如"竖起大拇指"一般表示夸赞别人;"示指、中指比V形"一般表示胜利。双手捧着礼物,传达出喜欢、珍惜、小心翼翼的情感;站立时,手指不停地搓动或扯衣服角,传达出紧张、焦急的情感。当然,在不同的文化背景下,相同的手势也有不同的含义。在日常交际中,还经常用到一些表示"致意"的手势,如拱手礼等。

2. 护理工作中的常用手势　在护理工作中,恰当地运用手势语能够展示良好的护士形象,传达情感,加强沟通。例如,当门诊接诊或病区接待新患者时,护士常用指示手势,礼貌地为他人引导、指示方向(具体见第五章相关内容)。

(四) 姿态语

姿态语,又称为身势语、态势语或动作语,主要指通过身体姿势、动作等非语言方式来传达情绪、态度和信息,是人际交往中使用较多的非语言方式。在护理实践中,护士通过观察患者的站姿、坐姿、行走方式、身体朝向等姿态语,能够更敏锐地捕捉其身体状况和心理反应;同时,护士自身得体的身体姿势也有助于增强沟通的亲和力与专业性。护理工作中常见的姿态语包括站姿、坐姿、行姿、蹲姿等(详见第四章相关内容)。

知识链接

完璧归赵

在中国古代文学中,有一则著名的故事是《史记·廉颇蔺相如列传》中的"完璧归赵"。

秦王问赵国献璧之事,赵王答曰:"赵王愿以和氏璧换取秦国土地。"蔺相如奉璧至秦,秦王欲得璧,问蔺相如:"赵王何时来交付璧?"蔺相如答:"赵王已约定赠璧,但恳请秦王信守诺言。"秦王欲索璧,蔺相如冷静不惊,目不斜视,气定神闲地答道:"若秦王欲取璧,恐怕是不愿履约,除非秦王以信为重。"秦王见蔺相如如此冷静坚定,心生敬意,迟疑不决。蔺相如以此坚持立场,终于成功地将璧完璧归赵,保住了赵国的信约与利益。

这个故事中,蔺相如的沉着应对与冷静态度起到了关键作用,他不仅依靠言辞,更通过自己的姿态和态度展现了赵国的立场。这也反映了身势语在沟通中的重要性。在护理工作中,类似的坚定与冷静的非言语表现,对于传达情感、安抚患者、增强信任具有极大作用。

(五) 体触

体触是一种通过不同的触摸方式来表达情感和传递信息的身体语言,是一种特殊的非语言方式。在护理工作中,体触不仅能传达关怀、安慰和支持,还能增强护患之间的信任感与安全感。例如,轻柔的握手、安抚性的轻拍、必要时的搀扶等,都属于体触行为,具有重要的人文关怀意义。

1. 体触的作用　在护患沟通中"体触"具有非常重要的地位和作用。作为护士,了解体触不仅有助于理解患者,而且能够使自己的表达更深入和直接。体触还可以巩固护患之间的信任感,促进患者的康复,给予患者更多的关心和爱护。

(1)**体触可以增强护患之间的信任**:护士通过触摸与患者建立联系,让其感受到彼此真挚的情感交流,消除孤独感、恐惧感,增强归属感和安全感。

(2)**体触能够促进患者的康复**:据临床研究表明,适当的体触可以缓解压力和焦虑,使身体得到放松。此外,通过按摩和按压等手法,可以促进肌肉的放松和关节的舒展,有助于身体的康复和功能的恢复。

(3)**体触能够传递爱与关怀**:患者往往感到脆弱和无助,护士的体触可以传达关爱和温暖。轻轻的握手、拍拍肩膀或温暖的拥抱,都可以让患者感受到被重视,给予他们对生命的希望和勇气。

2. 体触的选择 护理工作中常见的体触形式包括抚摸、搀扶、专业性的接触等，不同情境中的触摸可以表达关心、体贴、理解、安慰和支持等不同含义。然而，护士在进行体触时，应尊重患者的隐私和自尊心，遵守职业伦理和规范，同时还要关注患者的文化差异和个人意愿。

体触受性别、年龄、性格、情境、关系亲疏、文化背景等因素的影响，使用不当不但不能促进沟通，反而容易被误解。护士使用体触方式沟通时应保持敏感和谨慎。

（1）**根据沟通情境选择体触方式**：在人际沟通中，使用与场合相协调的体触方式可达到良好的沟通效果。例如，患者在痛哭流涕时，可以轻抚患者予以安慰；患者在行动不便时，可以搀扶患者予以帮忙。需要注意的是，在患者及家属情绪激动时，护士不宜使用体触，以免引起反感。

（2）**根据患者特点选择体触方式**：选择体触方式时，应充分考虑文化、性别、年龄及患者的个人感受。在不同文化中，个体对体触的接受程度存在显著差异，有些文化较为开放，乐于通过体触表达关爱，而有些文化则更注重身体界限，避免肢体接触。在同性之间，患者通常较为容易接受体触交流，而在异性患者之间，应谨慎使用体触，避免引起不必要的误解和不适。在护理工作中，对于儿童或老年患者，适当的体触（如轻抚、拥抱等）可以有效传递关心与安慰，增强安全感与信任感。但在面对年轻异性患者或对体触敏感的患者时，应尽量避免不必要的接触，以维护专业界限，保障患者的情绪安全与尊严。护士应始终以患者为中心，灵活判断、尊重差异，做到关爱有度、沟通得体。

（3）**根据关系亲疏选择体触方式**：一般的人际交往中，简单的体触能体现礼节性，如握手；只有双方关系达到一定熟识程度时才会使用较为亲密的体触方式，如拥抱。在护理工作中，选择的体触方式应和护患关系相适应，才有裨益之效；若不相适应，则会使患者产生不适感甚至反感。

（4）**根据文化背景选择体触方式**：在跨文化护理中，要了解并尊重患者的传统习俗，选择适宜且患者易于接受的体触方式辅助交流。

总之，体触作为护理工作中重要的体语，运用恰当可以传递关爱和温暖，建立信任的护患关系，促进患者的病情康复。

（六）界域语

界域语又称空间效应、人际空间，是指交际者之间以空间距离所传递的信息，是一种重要的非语言艺术表现形式。虽然空间距离是不能听出来的，但是空间的使用和语言一样能传达信息。空间距离包括以下四种：

1. 亲密距离 是人际交往中的最小间隔，双方相距 0~0.45m。此区域属于两人的空间领域，只在夫妻、伴侣或极亲密的好友间才适合选择此种人际距离。护士如在工作中需要进入此区域时，需要先向患者解释说明。

2. 个人距离 双方距离一般在 0.45~1.2m。以这种距离与人交往，既能体现友好亲切的气氛，又能把握较好的分寸，给对方安全感。通常熟人、朋友、同事、护患之间常采用这种距离。

3. 社交距离 双方距离在 1.2~3.5m。这种人际距离常用于一般的社交场合，体现出礼节性。在护理工作中，对敏感患者或异性患者，可采用这种社交距离，以减轻对方的紧张情绪。

4. 公众距离 一般在 3.5m 以上，此区域属于能容纳一切人的开放空间。这种距离的沟通往往是单向的，如演讲、大型会议，发言人和听众之间常为"公众距离"。

（七）类语言

类语言也称为副语言，是人际沟通中一种有声而无固定语义的语言。语言沟通离不开类语言的辅助，如说话时的音调高低、音量大小、音质结构、语速快慢、声音补白（嗯、啊、呀）、说话节奏等，都会影响说话内容表达出的含义。类语言一般包括功能性发声和声音要素两部分。

1. 功能性发声 包括咳嗽、呻吟、叹息、嬉笑声等，具有胜似语言符号的功能，在传递信息、沟通思想、交流情感方面发挥着重要作用。例如，患者唉声叹气，表明对自己的病情悲观绝望；痛苦呻吟，表明身心不适。护患沟通中，护士不仅要学会正确运用功能性发声，准确表达情感；同时，还要学会从患者的呻吟、叹息等说话方式中了解其情绪变化,给予及时的关怀和帮助。

2. 声音要素 包括音调、音量、音质、节奏等要素。虽然声音要素属于语言表达的一部分,但其不关注语言本身,而是关注语言以何种方式表达。声音要素通常是协同表达的,声音大而浑厚可以显出热情、自信,但在特定的语境中也可以显示对他人的强加意愿;反之,低声轻柔地说话传递出关怀、理解、同情和亲密。声音时刻传递语言的情感,使沟通效果更进一步。在护理工作中,护士要善于运用声音要素加强表述内容的情感和效果。例如,用温和、平静、快慢适中的语气为患者解释或指导;用轻柔、低声、缓慢的语气安慰患者。要在不同的情境中选择恰当的声音要素进行表达,以达到良好的护患沟通效果。

五、护患沟通的非语言艺术

在护患交流中,非语言美不但能修正和补充语言内容,同时在协调护患关系中也起着非常重要的作用。这具体体现在以下四个方面:

(一) 建立良好的"第一印象"

良好的第一印象,能促进良好护患关系的形成。护士在与患者或家属接触的初期,如果能留下和蔼可亲的形象,比较容易取得患者的信任,这对后续的沟通及护理有积极影响。在护患关系形成初期,第一印象往往是通过以非语言艺术为主的方式形成的。

1. 恰到好处的仪容仪表 在社会交往中,交往双方往往通过仪表来判断一个人的身份、地位、职业、学识、个性等。在护患交往中,护士的仪表能直接产生知觉效果,影响患者对护士的看法。仪表端庄、整齐美观既能体现护士的精神风貌,又能显现出对患者的尊重,更能给患者带来安全感和信任感。因此,护士应发式整洁,仪容端庄,精神焕发;护士服穿着应整齐干净,护士帽佩戴应规范得体,鞋袜颜色应搭配且无污渍;不留长指甲,不过分佩戴装饰物。护士应通过得体的仪容仪表给患者留下良好的"第一印象"。

2. 优雅得体的言行举止 在护患交往中,由于工作的特殊性,护患双方在初次见面时往往就需要深入沟通。"听其言,观其行",成为患者了解护士的直接途径。得体的言行举止不但塑造了护士良好的"第一印象",还为进一步的护患沟通奠定了坚实的基础。因此,护士应做到站立有姿、落座有态、行走有相、下蹲得体、持物稳重、递物礼貌、首语明确、手势文雅、交流适距、搀扶有礼、忙而不慌、语音得体。

3. 温馨和蔼的面容表情 护士在工作中常面临多重压力和烦恼,不把负面情绪带到工作中,是衡量护士个人修养程度的指标之一。护士的表情应亲切、自然、庄重,这样可以给患者安全感、信任感,使患者感受到春风般的柔情,从而愿意信任和配合护士。因此,护士应做到微笑自然、目光诚恳、注视有礼、视线平和、五官协同表达情感。

(二) 协调各类非语言

在护患交流中,语言艺术的体现形式相对单一,或是口头语言,或是书面语言。而非语言艺术的体现形式相对多样,护士可以同时运用首语、表情、手势、体语、空间距离、类语言等配合表达,这些非语言信息配合是否得当直接影响沟通效果。因此,在护患交流中,护士应把各种非语言信息放在特定的、整体的情境中运用,协同一致,绝不能使非语言信息相互矛盾。例如,为新入院患者做入院介绍时,要礼貌致意,面带微笑,语音柔和,介绍具体环境时需配合手势,指示明确,与患者保持适当距离,让患者充分体会到护士的爱心、耐心、细心、责任心、诚心、热心。

(三) 关注患者的反馈

在人际沟通中,人们往往倾向于用语言符号传递客观信息及观点、想法,用非语言符号表达态度、情绪及情感。由于护理工作的特殊性,患者有时顾虑较多,语言表达有所局限,护士应善于发现患者的非语言表达信息,做到读懂表情、领会体语、识别类语言,及时了解对方的真实感受,并且予以适时恰当的回应。例如，护士在做健康评估时，患者回答问题时含糊其词、吞吞吐吐、目光躲闪，说明患者的话语不实或有难言之隐，此时护士就要细心询问，进一步了解情况。有些患者由于病情特殊，顾虑较多，在护患沟通中表现被动，言语甚少，此时护士要充分了解患者心理，细致观察其非语言表现，想患者所想，做好沟通的引导。例如，与年轻的女性乳腺癌患者交流时，不仅要倾听患者的话语，还要特别关注患者的表情、副语言等变化，准确了解患者的"难言之隐""后顾之忧"，及时给予心理护理，以更好地帮助患者恢复身心健康。

（四）灵活运用、把握尺度

在护患交流中，语言艺术和非语言艺术相辅相成、共同作用，运用得当可以起到事半功倍的效果。作为护士在使用非语言过程中，要学会结合交流环境，灵活运用，把握尺度。

1. 及时消除语言的失误　由于护理工作的特殊性，有时会有突发状况，如患者反馈异常、交流环境突然被打破。此时，护士要灵活应变，不慌乱，可态度诚恳地及时解释，用表情、体语、副语言等予以回应，或致以微笑、化解尴尬。

2. 适时、适度地运用非语言　在使用非语言交流时，护士要注意选择合适的时机。例如，在患者情绪激动、哭诉时，与其立即进行言语劝解，不如先以专注的倾听、温和的眼神接触、适度的肢体语言（如递纸巾或轻轻点头）来传达理解与陪伴，这种非语言的回应往往比语言更能安抚患者情绪，体现出护士的共情与专业素养。使用非语言时护士还要充分考虑患者的年龄、性别、文化背景、性格特点等因素，要因时、因地、因人准确使用非语言，正确表达信息。

随着现代护理学的发展，人们对护理服务质量的要求越来越高，这使护患沟通在整体护理中也越来越重要。非语言美在一定程度上更具感染力、真实性，不仅增强了护患沟通的情感效应，也体现了护理人文关怀与专业素养的融合之美。

（郭莉莉）

思考题

中午巡视病房时，刘护士看见病区走廊的尽头有位老人正站在窗边低声地哭泣，似乎很悲伤的样子。刘护士走到老人身边问有什么需要帮助的，老人说自己的老伴得了癌症并且已经扩散到全身……老人说着便流下眼泪。

问题：如果你是刘护士，该如何运用语言和非语言与这位老人沟通呢？

ER 6-10

练习题

第七章 | 护士的技术美

教学课件

思维导图

学习目标

1. 掌握护理技术美的基本内容；护士技术美的基本要求。
2. 熟悉护士技术美的内涵。
3. 了解并感受护理技术美。
4. 学会护士的技术美，并在护理专业学习中和未来的护理工作岗位上实践技术美。
5. 具备精益、至臻的职业精神，树立生命至上的职业理念，以精湛的技术和温暖的关怀为患者提供更优质的护理服务。

技术美是一种以技术为依托的美，它既包含了对技术的审美认知、审美评价，又体现了对技术运用的社会文化价值。

在医疗领域中，护理技术是不可或缺的重要组成部分。它不仅关乎患者的健康，更关乎生命的质量。护士的技术美不仅是娴熟的技能、规范的操作，还是对患者的关怀与体贴，对生命的尊重与呵护；不仅是外在的形式美，更是内在精神的和谐统一。精，即精湛、精细、精益求精。护士通过将护理技术之精与操作艺术之美融为一体，给患者以赏心悦目的美的感受。

第一节　技　术　美

情境导入

护理产品展览会上一个"手术用具集中摆放盒"吸引了大家的注意。手术用具集中摆放盒由耐高温灭菌的透明塑料、软垫和金属弹片等材料制成，是长 50cm、宽 20cm、高 4cm 的扁平状盒体。它左右分两格，右侧又上下再分两层，左侧又再分 4 个并排的格子，下部不封闭，内置四种缝线……，它可用于手术室无菌手术台上用物的摆放和术中用物的摆放收集，可以减少手术物品的清点误差，有效降低和控制手术室护理风险，提升手术运作效率和安全。

工作任务：
请从技术美的角度，阐述该产品技术美的一般原则。

一、认知技术美

（一）技术美的含义

技术美是把美学和技术相结合，主要研究人类在生产劳动过程中以及与此相关的一切技术领域中的美。技术美的直接来源是社会实践。技术美有两种主要表现形式：一种是人们进行生产实践的技术活动，另一种是人们生产实践的结果，通常表现为技术产品。前者为动态过程，后者为静态成果。技术美是产品本身所具有的美感，外观、功能、审美、情感是产品体验的一体多面，统一于对美的创造与表达。技术美是技术对于人类生活的积极影响，它让人们在享受技术带来的便利和舒适的同时，也能感受到技术本身的魅力。

（二）技术美的内涵

技术美的内涵包括以下几个方面：

1. 功能美　产品功能首先给消费者生活带来便利，帮助其形成良好的生活方式，提高生活质量，从而使消费者感受到极大的满足和愉悦。功能美强调的是技术对于人类生活的实用价值，主张产品的实用功能与审美功能的统一。人对产品的物质需求体现在产品的实用性，而人的精神需求在功能性上的体现是产品的审美价值和文化价值。一个好的技术产品，应该具备稳定、可靠、高效的功能和性能，能够满足人们的需求，并且能给人带来愉悦的美感。

2. 形式美　形式美的表现形式是多种多样的，可以体现在构成事物的物质材料的外在自然属性（色彩、线条、形状、材质等），以及其组合规律（节奏、比例、韵律等）所呈现出来的审美特性上。形式美不仅体现在物质产品上，也体现在非物质产品上，如数字技术、人工智能等。同时，形式美具有相对性和时代性，在不同历史时期和社会背景下，人们对技术美的追求和表现形式也会有所不同。

3. 实用美　实用美强调的是技术产品的稳定性、可靠性和便利性，体现在它对人类生活的实际改善和提升中。这种美既体现在物质层面的便利上，又体现在它所蕴含的精神层面的价值上。一项好的技术应该能够在不同的环境和条件下稳定发挥作用，满足人们的需求。同时也应该考虑到使用的便利性，让人们在使用过程中获得良好的体验。例如，现代交通技术能使人们快速、安全地到达目的地。技术的实用美不仅在于它们的实用功能，更在于它们体现出的对人们生活的尊重和关怀。

4. 舒适美　舒适是同时包含主观体验和客观条件的复合概念，它涉及身体和心理两个层面。人体工程学是为了满足设计活动中舒适感的需求而在实践中积累的技术经验，为设计的舒适美提供了理论支持。基于人体工程学设计的产品，通过生物力学适配与感官神经优化设计，使产品形态深度契合人体自然形态，在降低操作疲劳度的同时触发本体美觉感知，实现功能性适配升维至知觉愉悦。

5. 创新美　创新美强调的是技术的创新性和前瞻性，即新技术所带来的新奇感和惊喜感。这种创新性美不仅体现在技术的外在表现，更体现在技术的内在精神和观念上。一项好的技术应该具备独特、新颖、前瞻的特点，并且在运用过程中能够带来新的体验和感受。同时，技术的创新也应该考虑到与现有技术的兼容性和延续性，以便更好地融入人类社会的发展进程中。

6. 艺术美　艺术美往往具有超时代的意义，某些优秀的设计中的艺术美主要在于满足人们的精神审美需求。艺术美往往在设计具备功能美、形式美、实用美、舒适美、创新美的基础上才有可能存在，可以千古流传，经久不衰。对于艺术美的追求是一种比较高级的审美活动。

（三）技术美的特点

技术美作为美的一种形态，在遵循美的本质的同时也有自己的特点。

1. 美学原则与实用原则相统一　技术美的核心问题是如何在工业产品的设计和制造中，将现实的美学原则与产品的效用完美统一起来，从而促使工业产品的价值尽快得到实现。只有把美学原则与实用原则统一起来，技术美才能真正显示出美的魅力，发挥美的效用。

2. 技术美有较大的易变性和时代性　新技术、新工艺的不断产生与运用，必然促进新产品的开发，体现在产品中的审美观也就会随之发生变化。

（四）技术美的一般美学原则

技术美的一般美学原则主要包括两个方面，即合目的性、合规律性。

1. 合目的性　工业产品的设计要把实用原则放在首位，要符合人们的使用目的和需求，并且在使用过程中能带来舒适、方便、高效等体验。其次才能求美、求新。

2. 合规律性　是指艺术创作要遵循艺术发展规律，包括艺术起源、艺术发展、艺术繁荣、艺术衰落等过程。艺术发展是受社会实践和社会生活制约的，因而艺术规律与人类的社会实践有着密切的关系。在产品的设计和制造中，要遵循艺术发展的客观规律，把握时代脉搏，注重艺术的传承与创新。

二、感受技术美

人类的发展史就是科技发展的历史，而现代文明社会的发展进程更是与科学技术日新月异的飞速发展息息相关。我们应该认识到，技术美是与我们的现实生活密切相关的，日常的衣食住行中都蕴含着审美元素。因此，我们应当将美学的学习贯彻于日常生活中，善于用美的事物和美的规律来美化、装点生活，增强欣赏美、追求美和创造美的主动性与自觉性，使我们的生活多姿多彩。随着人类社会实践活动的深入、生产水平的提高，对技术美的标准也有不同的要求。

（一）古代技术美

中国古代的许多艺术品，如陶器、玉器、青铜器，包括绘画、音乐、舞蹈，以及园林、建筑、家具等，都体现了中国人的审美意识和审美理想。中国古代许多精深的美学思想，都是对历代艺术创造和欣赏实践的总结，也指导了艺术实践。

瓷器砖雕的技艺美是一种独特的工艺美。瓷器是中国传统文化的重要组成部分，其独特的造型、华丽的釉彩、精湛的雕刻技艺都是美的体现。而砖雕则是一种古老的建筑装饰艺术，它通过雕刻砖块来形成各种图案和花纹，展现出一种古朴、典雅的美。这些技艺的美，不仅仅是一种艺术美，更是一种文化的传承。

（二）现代技术美

迭代加速的电子产品也体现了现代的技术美。从智能手机、平板电脑到智能家居设备，这些电子产品不仅改变了人们的生活方式，也带来了许多便利和乐趣。这些电子产品不仅外形美观、操作简单、功能强大，而且还有许多人性化的设计，让人感受到科技带来的美好和舒适。

我国高铁动车技术遥遥领先，持续提速，成为现代交通的重要组成部分。它的出现大大提高了人们的出行效率，缩短了时空距离，给人们带来了便利和舒适。这种美是速度和效率的美。

先进的医疗设备和技术体现了医疗技术进步的美。随着科学技术的进步，机器人辅助医疗技术也在不断发展。自达·芬奇手术机器人系统问世以来，这种革命性的微创手术技术便为现代外科开启了新纪元。数十年来，手术机器人不仅从最初的辅助工具发展为精准医疗的核心支柱，更催生出多元化的医疗机器人生态——从康复辅助到远程诊疗，从纳米级靶向给药到 AI 驱动的智能诊断，机器人技术已深度融入医疗体系的各个环节。这种技术演进不仅显著提升了手术精度、缩短了康复周期，更从根本上重塑了人类健康管理的范式，使医疗可及性与生命质量实现了跨越式提升。

第二节　护理技术美

情境导入

护士小周要遵医嘱为一名呕吐的患者肌内注射甲氧氯普胺，她耐心微笑着跟患者解释说："因为您有呕吐的症状，遵医嘱我要给您注射一针甲氧氯普胺，您看在哪边打呀？"患者也微笑着回答："这边吧。"护士小周便动作轻柔麻利地给患者进行定位、消毒，一边轻轻地问患者刚吃了什么饭，一边快速地将针头刺入肌层，然后缓慢地注射药液，注射完毕后迅速拔针。操作结束后，患者笑着说："护士，你打针的技术太好了，一点也不疼。"

工作任务：
请分析护士小周肌内注射操作中的护理技术美。

一、护理技术的发展

自从有了人类就有了护理活动。护理技术发展的历程犹如一幅丰富多彩的历史画卷，从初始的简单护理手段，到现在多元化、精细化的高科技护理手段，护理技术的发展经历了漫长而复杂的过程。

在古代，护理技术主要表现为简单的身体照顾和简单的药物应用。护理主要任务是帮助患者缓解病痛，保持身体清洁。当时的护理技术相对简单，主要依赖于手工操作和简单的工具。中世纪的护理重点是改善医疗环境，包括改善采光、通风及空间安排等，这个时期也重视护理技术的发展，但培训内容很不正规，也没有足够的护理设备。

随着医学知识的不断丰富，近代护理技术逐渐兴起。此时，护士开始学习一些基本的医学知识，如生理学、病理学等，以便更好地照顾患者。同时，消毒技术、无菌技术等开始在医疗领域得到应用，为护理技术的发展提供了基础。在这个阶段，人们开始意识到药物应用的重要性，并且逐渐学会如何正确地使用药物，以及如何观察患者的病情变化。

从 19 世纪开始，现代护理学从职业向专业发展，现代护理技术的发展也突飞猛进。随着医疗科技的不断进步，护理工作逐渐从传统的疾病护理向全面照顾患者的身心健康转变。护士需要具备扎实的医学知识、丰富的临床经验、良好的沟通能力，以提供更加专业、人性化的护理服务。各种先进的医疗设备被应用于临床护理中，如电子监护仪等。现代护理技术的不断涌现对护士提出了新的要求。护士需要掌握新技术，具备跨学科知识，以适应护理工作的多样化需求。此外，随着社会老龄化加剧，老年护理需求增加，护士也需要掌握更多老年护理的知识和技能。

未来，随着科技的不断发展，护理技术将会为人类的健康事业作出更大的贡献。

二、护理技术美的基本内容

真正意义上的护理技术美应该是精湛的护理操作、先进的医疗设备、科学的护理理念和恰当的人文关怀四个方面的高度和谐与有机融合。

(一) 精湛的护理操作

精湛的护理操作是技术与艺术的融合。在日常工作中，护士需要运用各种护理技术，如注射、输液、鼻饲、导尿、心肺复苏等帮助患者治疗疾病，减轻疼痛，恢复健康。护理技术的标准化、规范化的实施需要精细的操作和严谨的态度，以保障患者的安全和舒适。同时，护士还需要不断学习和掌握新的护理技术，以满足患者个性化、多样化的需求。

(二) 先进的医疗设备

先进的医疗设备是科技与技术的结合。现代医疗设备在护理工作中发挥着越来越重要的作用。技术和机器变革所带来的新的审美现实和想象，为人们带来了新的风景和新的体验。这些设备能够快速、准确地检测患者的病情，提供精确的数据，为医生制订治疗方案提供有力的支持。同时，护士也需要熟练掌握这些设备的操作方法，对设备进行定期检查，确保设备正常运行，这也是对患者的生命安全负责。

(三) 科学的护理理念

科学的护理理念是护士的行动指南。随着生物-心理-社会医学模式的发展，现代医学要学会用"两条腿"走路，即医学和人文同步发展，既要有技术层面的理性判断，也要具备人文层面的情感关怀。护理模式也由"以疾病为中心"的护理模式逐渐发展为"以人的健康为中心"的立体化、全方位的护理模式。现代护理理念充分强调人本主义，相信每个人都有自身的独特性，美体现在对人的价值的重视上。护士需要与时俱进学习新的护理理念和护理技能，并将其融入日常护理工作中。例如，安宁疗护、心理疏导等理念，能够帮助护士更好地了解患者的需要，提供更加准确的、个性化的护理服务。

（四）恰当的人文关怀

恰当的人文关怀是护士的"温暖之手"。人文关怀是护理工作中不可或缺的一部分，是对每一位患者细致入微的照顾。"有时去治愈，常常去帮助，总是去安慰。"护士可以通过与患者沟通、倾听患者的心声、叙事护理等多种方式，用爱心、耐心和理解去关怀每一位患者，以微笑和温暖的言语去安慰患者的心灵。应关注患者的情绪变化，尊重患者的感受，提供个性化的护理方案。这种人文关怀不仅体现在言语和行动上，也体现在护士对医疗设备的熟练操作、对护理操作的精准执行以及以人为本的护理理念上。

知识链接

PDA——护理移动"小管家"

PDA 手持终端（personal digital assistant）医院扫码的出现，让医院变得更加智慧，医疗护理服务更加智能，加快了"互联网＋智慧医疗"的发展。护士手持 PDA 又称为移动护理 PDA，用其打造的移动护理系统是全新一代以无线网络技术为载体，依托医院现有电子病历系统，经过移动护理 APP（application，APP），将医护事务结合延伸到移动手持终端，构成的一个实时、动态的作业平台。

护士通过手持 PDA 扫码和腕带标签的智能识别，能够实现患者身份的正确识别、信息查询与统计、护理过程记录、生命体征实时采集、医嘱查询、药物查询等。利用 PDA 条码识别技术，可实现患者、医嘱、药物等双向核对和医嘱床旁执行，规范了护士业务流程，能一定程度上消除因标识、查对错误而造成的医疗差错。护士通过移动护理 PDA，可随时随地开展护理工作，极大地提高了护理工作效率。而医院则实现了临床护理业务的信息化、移动化和智能化，做到了护士工作全覆盖、护理流程全闭环。

第三节　护士的技术美

情境导入

手术室护士小王担任一台腹腔手术的器械护士，术中她细致地清点纱布数量，为医生准确迅速地传递手术器械，同时细心地观察患者病情变化。突然小王发现患者呼吸困难、血压急剧下降。她立刻告知手术医生，并与医生进行紧急抢救。最终在医生和护士的共同努力下，挽救了患者的生命，手术顺利完成。

工作任务：

请根据护士技术美的基本要求，阐述在手术过程中护士小王展现出的技术美。

一、护士的技术美的内涵

护士的技术美是指护士在从事护理工作时，以专业技术和专业素养塑造的一种职业独特的美。首先，护士的技术美是一种专业素养。它要求护士具备扎实的医学知识，掌握各种护理技能。其次，护士的技术美体现的是对患者的关爱和尊重。护士以患者为中心，细心观察病情，精确执行医疗方案，确保患者安全和舒适。护士坚守职业道德，尊重医生的专业意见，积极配合医疗团队的工作，践行救死扶伤、生命至上的信念。

护士技术美的内涵包括以下四个方面：

（一）精湛的技术

通过多年的学习和实践，护士积累了丰富的专业知识和技能。他们能熟练地执行各项护理操作，如铺床时的敏捷规范、导尿时的顺畅轻柔。在紧急情况下，护士能迅速作出判断，果断采取措施，挽救患者的生命。

（二）精准的操作

静脉输液中的
技术美

护士的技术美还体现在他们对细节的关注和精确的执行上。无论是鼻饲、灌肠还是执行其他护理操作，护士都力求精确无误，减少并发症的发生。例如，静脉输液时，护士娴熟地扎止血带、消毒，准确地找到血管并"一针见血"，迅速固定，结束穿刺。他们注重细节，追求完美，将护士的技术美淋漓尽致地展现出来。

（三）关爱与尊重

护士应如对待亲人一般对待患者，关心患者的生活起居和心理需求，及时发现患者的情绪变化，耐心地安慰患者，减轻患者的负面情绪，帮助他们树立战胜疾病的信心。在执行护理操作时，护士应尊重患者的意愿和感受，给予人性化的关怀和照顾。这种关爱和尊重能使患者感到温暖和被尊重，从而增强了对护士的信任感和依赖感。

（四）职业精神

护士应具有高度的职业精神，坚守职业道德，对工作认真负责，对患者充满爱心。无论面对何种境地，护士都应该坚持以人为本，以患者的利益为先，以护理事业为重。在护理工作中，护士勇于承担责任，不怕困难，不畏艰辛，始终保持对护理事业的忠诚和热爱。

二、护士的技术美的基本要求

（一）技术精湛，游刃有余

精湛的技术是为患者提供服务的前提。护士需要熟练掌握各种护理技术，如肌内注射做到"两快一慢"，即进针快、拔针快、推药慢，使患者能真正体会到无痛注射的效果。在执行护理操作时护士沉着冷静、动作娴熟而有条理，可使患者增加安全感和信任感。同时，护士还需要不断学习和掌握新的护理技术和方法，提高自己的护理水平，为患者提供更加优质的服务，体现护理操作的精湛之美。

（二）随机应变，处事不惊

在日常的护理工作中，护士经常会面对各种紧急情况，如突发病情变化、意外事件等。因此，护士须具备应急处理能力，能在短时间内作出正确的判断并采取有效措施，确保患者得到及时有效的救治。在医生到来之前，护士给予正确及时的处理，如测血压、给氧、吸痰、止血、建立静脉通路等。护士的镇定自若、迅捷准确显示出护士临危不乱的职业美和"救死扶伤"的道德美。护士需不断学习和掌握新的急救技能和抢救措施，提高应急处理能力，挽救患者的生命，从而使患者对护士产生亲切和温暖的感受。

（三）一丝不苟，尽心尽力

护理工作需要严谨细致、一丝不苟，任何微小的疏忽都可能对患者的生命健康造成威胁。因此，护士必须严格执行"三查七对"制度，遵循无菌操作原则等。护士在执行任何一项操作时绝不能马虎或仅凭印象，应严格执行查对制度，避免差错发生。例如，护士需要认真观察患者的用药反应、病情变化等，及时发现异常情况并采取相应的处理措施。此外，护士还需要严格执行医疗规章制度，确保医疗护理操作的规范性和准确性。

（四）精益求精，臻于至善

护理是一门实践性很强的学科，在实践过程中蕴含着美，体现着美。护士在各项护理操作过程中，不仅要严格遵守操作原则、执行操作规程，还要钻研每一个操作细节，力求达到干净利落、节时省力、协调美观的境界。护理工作是一项科学而严谨的工作，每一个环节都会影响治疗的效果。护理技术美不仅仅取决于护理目标的达成，还取决于患者在操作过程中体验到的省时省力和高效舒适的感受。这就要求护士在护理活动中精益求精、刻苦钻研，既要有扎实的护理专业理论知识，又要有娴熟的护理技能，唯有如此才能使护理技术美得以真正的展现。

三、护士的技术美的意义

护士以他们的专业技术和无私奉献精神，塑造了一种独特的美——护士的技术美。护士的技术美不仅仅在于它的技术，更在于它所传递的理念、情感和关爱，推动着医学文化的传承。护士用专业的知识和技能，带着爱心、耐心与责任心，为患者带来生命的力量和希望。护士的每一次操作都像是一幅美丽的画卷，让人感到温馨和感动。

（一）树立生命至上的理念

关爱生命、敬畏生命是中华民族一脉相承的文化传统。我国古代医学家推崇"医乃仁术"的医学伦理道德观，强调首要之心是对患者要有悲悯、关怀之情，才能树仁爱之德，施仁爱之术，除人类之病痛。护士作为医疗团队的重要组成部分，其技术美有助于树立生命至上的理念。护士在护理工作中所展现出的专业技能和职业素养，有助于提高患者的生命质量、加快患者的康复速度。当患者遭遇疾病的侵袭、面对生命威胁时，护士用自己的专业技能为患者提供及时有效的治疗和护理，帮助他们战胜疾病，恢复健康；在护理过程中，护士与医生密切合作，协助医生实施治疗方案，为患者提供个性化的护理服务，同时通过专业的护理评估，可以及时发现患者的健康问题，并采取相应的措施，防止病情进一步恶化。一切措施和程序都以患者生命至上为核心，始终把患者的生命安全放在首位，通过精湛的技术和严谨的工作态度，确保患者的治疗和护理效果。

（二）助力健康中国的实现

健康中国战略把健康摆在优先发展的地位，指示全民健康工作势在必行。建立优质高效的医疗卫生服务体系是医护人员的重要工作之一，护士作为医疗体系中不可或缺的一部分，其护理技术水平对患者的健康状况有着重要的影响。首先，护士的技术美在预防保健工作中可以起到促进健康的作用，有助于疾病的预防、早期发现和治疗。通过密切观察患者的身体状况，能够及时发现异常症状，进而采取有效的预防措施；通过对患者的饮食、运动、睡眠等生活习惯的关注，护士可以帮助患者养成良好的生活习惯，从而降低患病风险。其次，护士的技术美在疾病治疗过程中具有积极的推动作用。护士不仅具备扎实的医学知识，还熟练掌握各种护理技能。在患者接受治疗的过程中，护士通过精湛的技术和体贴入微的关怀，能够减轻患者的痛苦，增强患者战胜疾病的信心，为患者提供全方位的支持和关怀。随着医疗技术的不断进步和人们对健康需求的不断提高，护士的技术美将发挥更加重要的作用，助力健康中国战略的成功。

（三）培养扎实的护理技术

培养护士的技术美，不仅可以提高护理工作的质量，还能有效地提高患者的满意度。护士的技术美体现了护士的专业素养，有助于培养扎实的护理技术。一名优秀的护士不仅要具备扎实的理论知识，还要具备娴熟的护理技能。通过不断地练习和积累经验，护士的技术水平日益精湛。同时护士的技术美增强了患者的信任感和安全感，从而使患者更好地配合治疗和护理工作。护士的技术美也能增强护士之间的协作能力，提高团队的整体水平，满足护士实现自我价值的需要，更好地促进护理技术的进步，最终达到为患者提供更加全面、精准和优质的护理服务的目的。

（四）构建和谐的护患关系

护士的技术美不仅体现在操作技能上，还体现在与患者的沟通、交流和关怀中。在与患者交流的过程中，护士能够充分了解患者的需求，从而制订更加精准的护理方案。技术美不仅有助于提高患者的治疗效果，还能有效地促进护患之间的沟通和信任，构建和谐的护患关系。首先，护士的专业能力不仅能让患者及其家属感到安心，还能使他们尊重和信任护士，为和谐护患关系的形成奠定基础。其次，护士在关心和照顾患者时应善于倾听患者的需求，关注患者的感受，给予适当的安慰和鼓励。通过对患者细致入微的关怀，护士能够与患者建立深厚的情感联系，使患者感到被尊重和关心，从而更加信任护士并愿意与之分享个人真实情感。这种相互的尊重和理解能够增强患者对护士的认同感，从而促进和谐护患关系的建立。

（五）传承医学文化的艺术

护士的技术美在传承医学文化的过程中，起到了积极的推动作用。它如同一座桥梁，连接着传统医学知识与现代医疗技术，展现了技术与科学的完美结合。作为医疗团队的重要组成部分，护士的技能与护理技巧在医学文化的传承中发挥着重要的作用。护士不仅是疾病治疗的参与者，更是医学、护理知识的传播者。通过护士的技术美，人们可以更深入地理解医学文化的内涵，更好地传承医学护理知识。

护士以温柔、细致、专业的态度对待每一位患者，通过精湛的护理技术，为患者提供舒适、安全的治疗环境。他们用爱心、耐心和责任心向患者传递温暖与关爱，使患者感受到医学文化的魅力。护士的技术美使医学文化更加丰富多彩，也推动了医学文化的繁荣发展。

四、护理实践中的技术美

护理技术之美贯穿在为患者提供各种治疗和护理过程的始终，包括基础护理技术、专科护理技术、手术室护理技术、危急重症抢救护理技术和护理新技术等。要求护士遵守严谨科学的操作规范，熟练精湛地实施操作，动作规范流畅，体态自然优美，使患者在得到及时、准确、有效护理的同时，也能感受到护士职业的技术之美。

（一）基础护理技术美

基础护理技术是医疗保健领域中最基本的护理技术之一。它涉及对患者的基本生活需求的照顾和支持，以帮助患者维持最佳的生活质量。基础护理技术包括几十项操作，如生命体征监测、床上擦浴、口服给药、注射给药、排泄护理、静脉输液、营养支持等。作为一种必要的辅助手段，基础护理技术不仅能够减轻患者的痛苦，还能在一定程度上预防疾病的传播、促进疾病的康复。

1.严谨规范美　主要体现在严格执行"三查七对"制度和无菌操作原则。护士在执行任何一项护理操作时，应严格执行查对制度，包括医嘱查对、患者身份查对、药品查对等，确保操作准确；严格遵守无菌技术操作规范，遵守着装要求，如口罩、帽子、无菌手套等，确保操作环境符合无菌要求。

2.操作流程美　护士需要按照操作规程准确地执行每一个步骤，同时关注患者的反应，根据患者的病情和身体状况进行调整，确保操作的有效性和连贯性，保障患者的安全和舒适。例如，护士在肌内注射时采用"两快一慢"手法、与患者说话转移其注意力来减轻疼痛等，这些操作看似简单，但实际上却需要护士将技术性和艺术性有效结合。

3.细致轻柔美　护士在实施每项操作时，应做到细致轻柔。例如，在进行生命体征测量时，护士用手将听诊器捂热后再放在患者皮肤上；当插导尿管时，护士动作既要流畅，又要轻柔，及时询问患者感受；给药时细心、准确、及时等。护士细致轻柔的动作不仅能使患者感到舒适，减轻了患者的痛苦和损伤，也能给人一种优雅的美感。精中有细，细中带柔，方显护理技术之美。

（二）专科护理技术美

专科护理技术是在特定的专科领域中，为满足患者的需求，运用专业的护理知识和技能实施的专业化护理方法，是对特定专科人群或疾病的特殊护理。其包括各种专科疾病的护理技术、各种专科手术后护理技术，还有专科一般诊疗技术，包括但不限于心血管疾病专科护理、糖尿病专科管理、肿瘤患者全程照护及新生儿专科护理等核心诊疗技术。在护理实践工作中，专科护理技术有其独特的技术美。

1. 专业性强　专科护理技术的专业性强，具有很高的针对性，适用范围窄，有的甚至只针对某一种疾病。以心血管疾病专科护理为例，护士需要熟练掌握心电监护仪的各项参数设置以及心肺复苏术等技能。在患者生命体征不稳定时，护士能够迅速准确地调整仪器参数，实施心肺复苏术，为患者争取宝贵的抢救时间。这种专业操作，不仅展现了护士的专业技能，更体现了对生命的敬畏和尊重。

2. 操作复杂　专科护理技术操作具有一定的复杂性。专科护理大多配有专用的仪器设备，有些设备技术复杂、要求高、操作难度大，护士除了要掌握专科的基本护理知识外，还要懂得设备仪器的操作程序和基本原理。例如，对脑性瘫痪患者进行高压氧治疗时，专科护士需要掌握和应用高压氧治疗技术对患者实施舱内、舱外护理。

3. 高新技术多　科学技术的飞速发展使得更多高精尖的技术被用于临床诊断、治疗、护理中。因此，专科护士需要在护理实践工作中，不断学习和掌握新的专科知识和技能，这是专科护理技术一个很突出的特点。

（三）手术室护理技术美

手术室护理技术是一种集专业性、技术性、精准性于一身的医疗护理手段。它的每一个细节都充分展现了护士精湛的技术和高度的责任心，不仅在维护患者生命安全中起着举足轻重的作用，也是护理技术美的最佳体现。

1. 精细化管理　手术室护理技术以细节决定成败。护士从进入手术室的那一刻起，不管是摆放手术器械，还是手术中每一块纱布的使用，都是通过专业手法精心安排的。术前，严格消毒和无菌处理，确保手术器械和手术区域的无菌状态，防止感染的发生；术中，器械护士需要根据手术需求，为患者摆放合适的体位，迅速而准确地传递器械，如对手术体位有不同要求时，应尽量减轻患者不适，在头架、臂撑、脚托上加衬垫，防止固定肢体时压迫局部神经血管等；术后，认真、仔细地清点手术用品（图7-1）。这种对细节的关注保证了手术的顺利进行，也体现手术室护士精益求精的技术美。

2. 高度的团队协作　手术的成功离不开团队的密切配合和协作。手术室护士需要时刻保持专注，确保手术过程中的每一个环节都准确无误。医护人员之间的默契配合，体现了团队的力量和协作精神。团队协作是手术室护理技术美的核心。

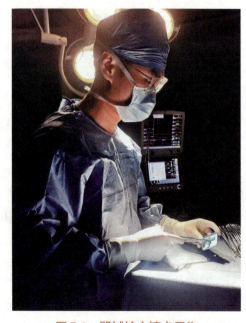

图7-1　器械护士清点用物

3. 严谨的工作态度　手术室护士还需要严谨的工作态度，需要熟练掌握各种手术器械的使用方法，熟悉各种手术流程，能够迅速准确地执行医嘱。同时，还需要时刻保持警惕，对可能出现的风险和意外情况作出迅速的反应和处理。手术室护士的专业素养和严谨的工作态度，保证了手术的安全，体现了手术室护理严谨的技术美。

（四）危重症抢救护理技术美

危重症患者的护理是一项复杂而又充满挑战的工作，它需要专业的医护人员运用各种技术和设备，最大程度地减轻患者的痛苦，提高他们的生活质量。

1. 精确性　危重症抢救护理技术的精确性是其技术美的首要体现。在面对生命垂危的患者时，每一秒钟都显得至关重要。护士凭借扎实的专业知识和丰富的实践经验，能够准确地判断病情，及时采取有效的抢救措施。例如，当患者呼吸停止时，护士能够迅速实施心肺复苏，每一次按压的力度和频率都需准确，以确保最好的效果。又如，在护理大量失血的患者时，护士能够准确测量和记录每分钟的血压变化，及时调整输血和输液的速度，这些都离不开危重症抢救护理技术的精确之美。

2. 效率性 危重症抢救护理技术的效率性是其技术美的另一重要体现。在争分夺秒的抢救过程中，护士们必须具备快速反应和高效执行的能力。他们需要在最短的时间内作出判断，采取正确的措施，以确保患者得到及时有效的治疗。例如，在处理突发的心律失常时，护士需要迅速连接心电图机，并准确读取心电图的变化，为医生提供诊断依据。护士需要快速准确地将抢救药物加入溶液中，确保药物输入的速度和剂量都符合要求。这些都要求护士具备高效执行的能力，体现了危重症抢救护理技术的效率之美。

3. 人性化 在抢救危重症患者的过程中，护士不仅要关注患者的身体状况，还要关注患者的心理需求。他们需要用温馨的话语和温暖的关怀来安抚患者的情绪，帮助患者树立信心，积极面对挑战。同时，护士还要关注患者的家庭和社会支持系统，为他们提供必要的帮助和支持。这些都需要护士具备丰富的人文知识和素养，体现出深厚的人文关怀，这是危重症抢救护理技术的人性之美。

4. 创新性 随着医学技术的不断发展，新的抢救设备和仪器不断地涌现，为护士提供了更多的选择和抢救手段。护士需要不断地学习新知识、新技能，掌握新的抢救方法和新抢救设备的使用方法，以提高抢救的成功率。同时，护士还需要根据患者的具体情况，灵活运用各种抢救措施，为患者量身定制最佳的抢救方案。这些都需要护士具备创新思维和创新精神，这也是危重症抢救护理技术创新之美的重要体现。

知识链接

骨髓腔输液通路

骨髓腔输液通路是在紧急情况下以骨髓穿刺技术开放骨髓腔，通过留置的穿刺针给药、输液、采集血标本的方法，能够在急救场景快速开展，具有迅速、安全、有效的特性。该方法适用于心搏和呼吸骤停、休克、创伤、恶性心律失常、严重脱水或其他需紧急抢救、开放血管通路补液或药物治疗的儿童或成人患者，如果静脉输液通路无法快速建立，应尽早考虑使用骨髓腔输液通路。绝对禁忌证包括：①穿刺部位骨的完整性受到损坏；②穿刺部位存在明确或可疑的感染；③穿刺部位骨的血供或回流受到明显影响。

（五）护理新技术美

1. 体外膜氧合技术 体外膜氧合（ECMO）技术，是指通过外科切开或者经皮插管途径，利用膜式氧合器将血液在体外氧合，再泵入体内，对患者进行心肺功能支持的技术。按照治疗目的和血液转流方式，ECMO主要可分为静脉-静脉方式体外膜氧合（V-V ECMO）和静脉-动脉方式体外膜氧合（V-A ECMO）两种。其中 V-A ECMO 对循环及呼吸功能均有辅助作用，适用于心肺衰竭的患者；V-V ECMO 仅对呼吸功能有辅助或替代作用，适用于需要呼吸支持的患者。ECMO 目前已成为危重症患者高级生命支持的重要手段之一，它的应用将改变抢救危重患者的模式，同时也为未来的医学技术发展提供了新的方向。

在临床实践中，新型医疗设备的应用也对护士提出新的挑战和要求。在 ECMO 运行期间，护士的工作内容包括 ECMO 运行期的监护、患者病情监护、常见报警及处理、管路的维护（图7-2）、生命体征监测、出入量记录、吸痰、空气栓塞预防、溶血反应预防等多项护理技术，这些都体现了医疗设备的科技美和护理技术美的完美融合，也反映了护士的严谨、慎独和创新精神。

2. **智能化设备**　智能化设备在护理实践中的应用越来越广泛，如智能手环、智能床垫等。智能床垫可以根据患者的睡眠习惯自动调整床垫的软硬度，使患者感到更舒适。这些设备还能够实时监测患者的生命体征，如心率、血压、睡眠质量等，并将数据传输到护士的手机上，使护士能够及时了解患者的状况，作出相应的护理措施。此外，智能设备还能提醒患者按时服药、调整饮食等，大大提高了护理的精准度和效率。

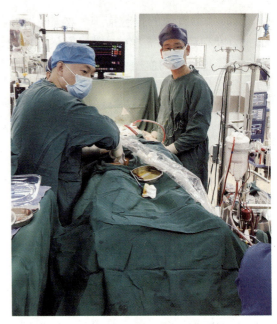

图7-2　连接 ECMO 管路

3. **远程护理系统**　远程护理系统是一种通过互联网技术实现远程监测和护理的设备，它可以实时监测患者的生命体征和病情变化。远程医疗技术能够远程监测患者的生命体征，使护士能够在远离患者的地点及时了解患者的状况，从而制订相应的护理措施。此外，远程医疗技术还能实现远程会诊，不同地区的护理专家可以共同探讨患者的护理方案，提高护理质量。这种技术的应用，不仅提高了护理效率，也使护理实践更具科技感。

护理学作为一级学科，呈现出丰富多彩的技术美，护士的技术美贯穿护理工作的始终。加强护士技术美的培养，提高护士的技能操作水平，增强护士的人文关怀能力并加强其爱伤观念，强化护士精益、至臻的职业精神，有助于全方位地提升护理质量，助力健康中国战略目标的实现。

（杨玉静）

思考题

假如你是一位即将入职的新护士，你将在岗位上如何展示护士的技术美？

ER 7-4

练习题

第八章 | 护理工作中的环境美

教学课件

思维导图

学习目标

1. 掌握病室内环境的美学布局。
2. 熟悉病室外环境的美学布局。
3. 了解护理环境美学布局的基本要素。
4. 学会医院内不同环境的审美营造。
5. 具备良好的审美意识，能够营造优美的护理环境，为患者提供舒适的就医体验。

"护理的第一条规则是保持空气的清新，就像户外一样。"这是护理札记的开篇语，可见环境在护理实践中占据的重要地位。在护理工作中，护士要善于营造优美、宜人、舒适的医院环境，使患者身心愉悦，促进疾病的早日康复。

第一节 护理环境的美学布局

情境导入

新门诊大楼即将落成，医院举办门诊环境设计比赛，要求在满足诊疗需求的基础上，简化就医流程，着重增加患者就医的舒适感，以提升医疗服务质量。要求设计方案实用、美观、经济、安全。

工作任务：

请从护理的角度，以"快捷高效的就医方式，明亮积极的环境设计"为理念，设置符合护理美学要求的门诊环境。

美好的医院环境是社会发展和文明的需要，对患者的康复更有着重要的意义。护理环境美即运用美学原理，综合考虑患者的生理、心理、物理和社会需要，营造出整洁、美观、舒适、安静、安全的，适宜患者治疗、休养的护理环境，以促进疾病的早日康复。

一、护理环境美学布局的基本要素

（一）生理性医学审美环境

生理性医学审美环境着重满足患者在住院期间对客观环境方面的审美需求。它主要体现在医院及周围环境应适宜治疗、休养和康复，有适度的光照、清新的空气、适宜的温湿度、和谐的色彩、方便的生活设施等客观条件。这些因素既可通过感知给患者以愉悦的享受，又可通过物质供给补充身体需求，有利于生命活力的发挥，促进疾病的康复。

（二）心理性医学审美环境

心理性医学审美环境着重于满足患者在住院期间对心理环境方面的审美需要。心理性医学审美环境所反映的主要是医院内的社会条件和人际关系。患者的心理环境对其疾病的发生和进展有重要的影响，因此加强医院的精神文明建设，是加强和改善心理性医学审美环境的基本途径。为患者提供良好的心理性医学审美环境是护士的重要工作，这就要求护士在具备娴熟的护理操作技术的同时，具有高尚的人格、整洁的仪表、和蔼的态度、温和的语言、优雅的举止，创设温馨和谐的人际氛围，使患者获得良好的心理感受和美的体验，促进其心境的安宁，从而达到防病、治病、增进身心健康的目的。

（三）社会性医学审美环境

社会性医学审美环境着重满足患者在住院期间对社会环境方面的审美需求。作为社会中的一分子，每个人都有自尊、自重及自我实现的需要，希望得到他人的认可和赞赏，受到他人的尊重，个人的能力和潜能得到充分的发挥，以实现自己的理想和抱负。这就要求医务人员，特别是护士应礼貌待人，尊重患者的人格和合法权益，理解患者的需要，虚心接受患者的合理建议和意见，对患者一视同仁等，使患者感受到自身与医院的社会环境协调一致，共同建设和谐的医院社会环境，提高患者治愈的信心。

二、病室外环境

病室外环境规划不仅要符合医疗、护理活动的开展，还要有利于患者的治疗和康复。病室外的环境设计需根据自然美的规律作出选择，满足医疗技术的要求，有效控制医院内感染，节约能源，保护环境，创造以人为本的就医环境。病室外环境的美学要求主要有以下三个方面：

（一）建筑美

医院建筑除具有一般建筑物的美学要求外，还应符合医疗和护理工作的特殊需要，具备医学美。

1. 医院主体建筑是医院的标志，在外观上既要给人一种安全、稳重、信赖的感觉，又要与自然环境、人工景观形成和谐的整体，建成艺术、实用和审美相统一的外环境，为患者创造优美、整洁、温馨、舒适的就医环境（图8-1）。医院建筑的环境以满足患者的生理、心理需求和诊治方便为原则，以医疗为主要功能，布局以门诊大楼、住院大楼为主体来安排，组合应紧凑，尽量缩短各科室之间的距离，设计以平行对称的直线型为宜，不宜迂回曲折、参差变化。应充分利用空间，各部分的位置设计应既符合医疗程序和医院内部工作流程的要求，又能满足现代人的审美观点。医院在地址的选择上既要兼顾交通的通畅与便利，以利于患者生病后能及时就医，又要考虑环境安静、空气清新、远离污染等因素，以增加患者的舒适性。

图8-1　医院环境的建筑美

2. 医院建筑在功能分配上要能满足疾病诊治程序的要求，提供良好的就医环境。应设置科学合理的出入通道，使患者在诊治过程中，简明、迅速地完成所需的医疗过程，从而提高诊疗效率，节约就诊时间；进行合理的人流、物流设计，实现清洁区、污染区分区与分流，防止交叉感染，确保流线简捷、方便。医院建筑内的各区域设计要做到功能明确、标识清晰、布局合理、活动方便，各区域既相对独立，又相互联系，能构成一个有机的整体，成为使用方便、高效能的建筑群，以利于发挥医院的社会效益。

（二）自然美

医院是患者治疗休养的地方，要尽可能地为患者创造和谐、美观、自然的生态环境。医院环境应对建筑外的空间进行科学规划和精心设计，使自然景观、建筑景观和人工景观协调一致、融为一体，创造优美、幽静、适宜休养的环境。例如，可增加绿化面积，在空地植树、种花；设置供患者欣赏和散步用的假山、亭台、小径、长廊等（图8-2）。医院环境的自然美化可使医院环境和谐幽雅、平添情趣，从而对患者产生情绪上的感染力，调节患者的精神生活，使患者在医院的生活环境中感受到大自然的蓬勃生机，增添战胜疾病的信心，达到促进康复的目的。

（三）人文美

医院环境既是治疗性环境，也是社会性环境，应注重人文关怀。将人文关怀与医院环境相结合，能有效地调节患者的心理状态，减轻或消除其在住院期间的心理负担及压力，帮助患者树立战胜疾病的信心。例如：可设立病友活动中心，增加患者间的相互交流与沟通；提供家庭病室，配备电视、网络等设施，便于患者接受有益的资讯（图8-3）；设置开放式的护士工作站，便于护患间的交流，体现"平等、关怀"的人文服务理念。

图8-2 医院环境的自然美

图8-3 医院环境的人文美

三、病室内环境

患者绝大部分时间是在病室内度过的，环境的好坏直接影响患者的身心健康。因此，创建温馨、舒适、宽敞、明亮、自然、和谐的病室环境是非常重要的。通过美化病室布局，以利于患者更好、更快地适应医院环境，改善患者的不良情绪，积极地参与治疗，尽早恢复健康。

病室外环境

（一）色彩

色彩是人通过对视网膜接收到的光产生反应，并在大脑中产生的某种感觉。人的第一感觉是视觉，而颜色对视觉的影响约占80%，人的情感也受到颜色的影响，进而对人们的行为产生了影响。在人类物质生活和精神生活发展的过程中，色彩始终焕发着神奇的魅力，人们不仅发现、观察、创造、欣赏着绚丽缤纷的色彩世界，还随着时代变迁不断深化对色彩的认识和运用。恰当、科学地应用色彩，会产生较高的审美价值和有益身心健康的特殊效果。近年来心理学家对颜色进行了深入细致的研究，色彩对患者的潜在作用，已被广泛关注。

1. 色彩的作用 "色彩是感情的语言"，当不同波长的光作用于人的视觉系统时，会影响人的心理状态。不同的色彩可以使人产生不同的联想与感受。

2. 色彩在病室环境中的应用 色彩的变化不仅影响人的视觉和感觉，还会使人的呼吸、血压、脑电波活动发生改变，从而影响人的健康。阿维森纳（Avicenna）在他的医学著作《医典》中讨论了色彩疗法，他将颜色与身体的温度和身体状况联系起来，他的这一观点为后来色彩疗法的发展奠定了一定的理论基础。

在护理实践中,红色能促进肾上腺素分泌,加快血液流动,从而使人亢奋,对调动情绪、改善神经系统能量的供给具有积极作用;黄色能刺激人体的消化系统,更易引起食欲、促进消化,缓解便秘,同时刺激大脑等神经系统的活跃性,令人心情愉悦、思维敏捷;绿色作为大自然的基本色,对于缓解身体、视觉疲劳和神经衰弱具有积极作用;蓝色与红色相反,它具有降低脉搏频率的作用,对于调整身体平衡、加快睡眠速度都有促进作用;靛蓝色在调节肌肉紧张、视听觉、止血等方面具有积极作用;白色具有促进人体新陈代谢的作用;黑色在一定程度上具有减轻大脑中枢神经负担的作用。

由于各个国家、地区民族风俗习惯、宗教信仰、历史发展的不同,对色彩的喜好和禁忌也不同。护士应根据不同疾病、年龄、种族、爱好为患者提供合理和谐的色彩环境,以促进健康的恢复。目前,医院已广泛地应用色彩属性有针对性地对内部颜色进行调节。例如产科采用粉红色系,急诊室采用淡蓝色系,儿科墙壁喷绘色彩鲜艳的卡通图案等;护士的服装色彩也由单一的白色转变为多种颜色。

病室主色可根据收治患者的病情进行选择,在环境色彩营造中应注意以下问题:①护理单元除有医疗功能的专用空间外,一般大面积的色彩宜淡雅,宜用高明度、低饱和度的调和色,不宜选择偏冷与过暗的色调,以免增加患者的紧张与压抑感。例如,护士站采用色彩柔和的淡蓝色为基调,整体颜色协调、统一,呈现和谐的美感(图8-4)。②小面积的标志物、指向图标等应色彩亮丽,对比鲜明;各类标志应按领域对色彩、字体、图案等进行综合设计,既要协调、统一,又要易于识别。③为使色调协调统一,在同一领域内的墙面、地面、顶棚等位置的用料和色彩应尽量一致,在不同领域可稍有变化。④注意光色变化、视觉残像可能给医疗工作带来的负面影响。作为诊断使用的房间一般不用彩色玻璃窗和深色面砖,以免反射光改变患者皮肤和体内组织器官的颜色,干扰医生的判断。

图8-4 护士站

知识链接

色彩疗法

色彩疗法是利用色彩来缓解人们身体的痛感。针对不同的病症可以用不同的色彩进行辅助疗愈。有学者认为每种色彩都有其电磁波长,并由视觉传递给大脑,从而调整体内的色谱平衡,调节人体功能。基于色彩刺激与心理反应的一般联系,国外的一些研究及临床机构将色彩应用于辅助医疗,并得到了有效的治疗效果。色彩疗法的实践证明,黄色有助于治疗便秘,提高自信心;橙色对治疗抑郁症和哮喘有效果;紫色有助于减轻上瘾症;青色有助于治疗关节疾病和静脉曲张。另外,色彩疗法还经常被用于治疗阿尔茨海默病以及注意力缺陷。

(二)光线

病室内的光线可影响患者的舒适感,应根据患者的病情、性格进行适度改变。同时还要适应医疗护理工作的需要,调整光线的亮度及方向。医院的室内照明设计需要充分考虑各类不同场所的使用功能和要求,结合具体房间的形状、色彩以及采光等因素,采用合理的灯具及布灯方式进行布局。它不仅要满足医疗技术的物理要求,充分发挥医疗设备的功能,还要为患者创造一个宁静和谐的照明环境。医院的采光分为自然采光和人工采光两种,在医院环境中将二者综合应用可以起到最佳效果。

1. **自然光**　自然光作为一种自然现象,利用光影的效果给人以强烈的视觉变化。柔和的自然光给人恬静、舒适、明朗的感觉。由于色温高、色谱全,人类对自然光有着天生的喜好,因此在医院光环境设计中应尽可能最大限度地利用自然光来满足患者心理及生理需求,同时也起到节能的效果。另外,适当的日光照射可以改善皮肤和组织的营养状况,促进维生素 D 的合成,有助于钙的吸收;日光中的紫外线有较强的杀菌作用,可以预防疾病,增强机体抵抗力。因此,病室要定时开窗,以获取适当的阳光照射,但不要直射患者头部,以免发生目眩与不适。夏季和午休时应用窗帘把光线遮暗,使耀眼的光线变得柔和,从而有利于患者休息。对狂犬病、破伤风等畏光患者,禁忌强光照射,要注意用窗帘遮挡光线,避免刺激,保持室内的暗环境,有利于患者情绪的安定。另外,日光的变化还可减少患者与外界的隔离感。

2. **人工光**　由于医院的特殊性,人工光同样重要。医院照明注重满足不同的功能要求,为患者和医护人员创造更为舒适的氛围,使人们能在一个合适的视觉环境中正常地开展工作(即能清楚辨认),又能满足人们心理上的需要(即要看得舒服)。病室内必须有人工光线,以保证夜间照明与特殊诊疗及护理操作的需要;另外由于医疗技术的要求和部分医技科室的需求(如建筑物深部的护理单元中的无自然光房间(图 8-5 和图 8-6)、手术室等),除了设计凹入的庭院或中庭进行自然光的补充外,人工照明也已成为医院照明设计中不可或缺的一部分。

图 8-5　隔离病室的人工光

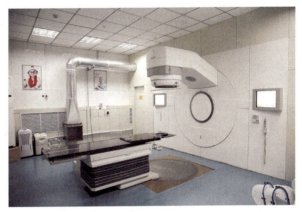

图 8-6　检查室的人工光

人工照明和自然照明的区别在于,它可以根据人的意愿进行调节,通过调整照度的高低、色温的冷暖来创造或改变空间环境。例如,医院门诊大厅是接纳患者的第一空间,首先要稳定就诊者的情绪,因此照明亮度不宜过高,照明布置应给就诊者创造尽可能温暖、舒适的感觉,照明光源的选择应以暖色调为主,并辅以一些装饰照明来增强大厅的视觉效果。普通病室除一般的照明外,还应有地灯与床头灯装置,晚上熄灯后,打开地灯既不打扰患者休息,又可以保证夜间巡视工作的顺利进行;对患者进行独立的护理操作时可开床头灯,以免影响其他患者的休息。

(三) 温度与湿度

适宜的温度与湿度,能增加患者的舒适感,有利于患者休息、治疗与护理工作的进行。

1. **温度**　在适宜的室温中,患者可以减少能量消耗、有利于散热,并感觉精力充沛,舒适、安宁。病室的温度一般在 18~22℃为宜,新生儿室、老年病室、产房、手术室温度以 22~24℃为宜。为满足患者身心舒适的需要,病室应备有室温计,以便随时评估室内温度。护士应根据季节变化与病情需要调节室温。

2. **湿度**　湿度会影响皮肤蒸发散热的速度,从而造成人对环境舒适感的差异。普通病室的相对湿度以 50%~60% 为宜,新生儿室湿度一般为 55%~65%。湿度过高,蒸发作用减弱,抑制排汗,患者会感到潮湿、气闷不适,尿液排出量增加,加重肾脏负担;湿度过低,则空气干燥,人体水分蒸发快,易致呼吸道黏膜干燥,出现口干、咽痛、烦渴等症状,影响呼吸道疾病患者或气管切开患者的康复。因此,病室应常备湿度计,随时监测室内湿度并根据季节和条件调节室内湿度,使患者感到舒适。

(四) 声音

人类生活在一个有声的世界,如森林中的鸟语虫鸣,草原上的风声呼啸,城市里的车声人语,生活中悦耳动听的音乐等。声音是噪声还是悦耳的声音,因人、因时而异。

噪声指不悦耳、不好听的声音,或足以引起人们心理上或生理上不良感受的声音。病室过分寂静,容易加重患者的孤寂与恐惧感;过分喧闹影响患者的睡眠与情绪,还会导致头晕、头痛、失眠、多梦、记忆力减退、注意力不集中等神经衰弱症状,以及恶心、欲吐、胃痛、腹胀、食欲缺乏等消化道症状。通常患者在疾病状态下,对声音的耐受性往往比普通人更低,所以病室对噪声控制的要求比较严格,建议病室内部噪声理想值控制在40dB以下。

为了保证患者能安然入睡,病室应远离噪声源,对空调风口、电梯等噪声源应进行消声处理。此外,还可以应用以下方法调控护理环境中的噪声,如控制病室内部播放系统的音量和时间,以免干扰患者休息;对空调机房、儿科治疗室、产房、婴儿室等加强声音隔离和屏蔽措施;采用防噪设施减轻外部环境噪声的干扰,限制车辆在住院区的通行范围与时间;注意门窗构造选型,减轻碰撞,加强其气密隔声性能,必要时用双层玻璃;桌、椅等家具接地部位应加皮垫;进入病室的推车、餐车应为软胶轮,门轴、推车与轮椅的轮轴定期涂抹润滑油以减少摩擦音;加强医务人员、陪护人员的管理培训,提倡"四轻",即走路轻、说话轻、操作轻、关门轻。

(五) 通风

医院是集患者、易感人群、陪同家属和医护人员于一体的特殊场所,人员流动性大,管理复杂。一些患者长期卧床,进餐、居住、排泄都在病室内,加之各种疾病散发的气味,容易使病室的空气污浊。病室内通风不好,会增加呼吸道疾病的传播机会,而且污浊的空气中氧气不足,使人的正常生理及心理情况受到干扰,常产生倦怠、头晕、烦躁不安等症状,不利于患者的康复。

通风换气可以增加室内空气流通,调节温湿度,刺激皮肤的血液循环,促进汗液蒸发及热量的散失,增加患者的舒适感。在医院建筑中,针对医院建筑自身的特点和对室内空气品质的要求,可采用自然或机械的方法,使室外空气进入室内以排除室内污染物或余热、余湿,在短时间内使室内空气变得清新自然。一般通风30分钟就可以达到室内空气置换的效果。因此,应定期对室内进行通风换气,增加空气中的氧气含量,降低二氧化碳含量与微生物的密度,使患者精神振奋、心情愉悦。

(六) 空间与装饰

1.空间 每个人都需要一个适合其成长、发展及活动的空间,如儿童需要游戏活动的空间,成人需要休息与会客的空间,同时也需要一个独处的空间,以维持较好的身体与心理状态。因此,在病室空间布局上必须考虑到这些因素,尽量满足患者的需要,让他们对周围环境拥有一定的掌控力。医院应设置单人、双人、四人及以上病室供患者选择(图8-7、图8-8、图8-9、图8-10);为方便操作和护理,以及保证患者之间有适当的空间,病室内床与床之间的距离不得少于1m;病床之间设置床帘遮挡,使患者有一定的个人空间,以维护患者的自尊。

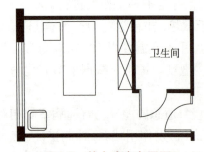

图8-7 单人病室布局图

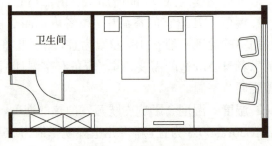

图8-8 双人病室布局图

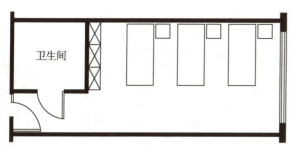

图8-9　三人病室布局图

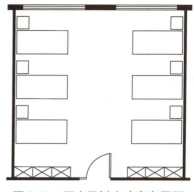

图8-10　四人及以上病室布局图

2. **装饰**　医院艺术装饰可以增加环境的艺术美感，为患者创造优美的就医环境，使其感觉舒适愉快。医院装饰的整体风格应清新、典雅、整洁、美观、舒适。各部门除了在建筑结构上各有特点外，在装饰风格方面也应各有特色。例如，门诊与候诊室应宽敞明亮，墙壁以浅色调为主，以减轻患者等待就医时的焦虑情绪；儿科病室的装饰风格应适合儿童的心理，色彩鲜明、形式活泼，墙壁可刷成黄色等明亮的颜色并贴上可爱的卡通画；医护办公室装饰应简明、典雅，以充满生机的浅绿色的墙壁营造安宁的氛围，缓解患者的紧张不安，也减轻医护人员的心理压力，此外，在办公室内摆设绿色植物或鲜花，增加温馨感，有助于缩短患者与医护工作者之间的心理距离，构建良好的人际关系。

知识链接

中医医院病房建设要求（室内装修）

中医医院病房的室内装修应符合下列规定：

一、应选用耐用、环保、安全、易清洁和具有抗菌性的材料。

二、有推床（车）通过的门和墙面宜采取防碰撞措施。

三、化验台、操作台等台面均应采用易洁净、耐腐蚀、可冲洗和耐燃烧的面层，相关的洗涤池和排水管应采用耐腐蚀的材料。

四、厕所卫生洁具、洗涤池应采用耐腐蚀、难积垢和易清洁的节水型建筑配件。

五、儿童诊疗区域的门窗、家具和地面等应采取必要的安全保护措施。

六、检查、治疗用房应充分考虑使用人群的隐私保护。

（七）安全

安全感是住院患者最根本的需求，既需要可靠的医疗技术保障，也需要良好的物理环境与和谐的心理环境支持。例如，将抢救室或重症监护室设置在离医生办公室及护士站最近的病室，方便抢救治疗工作的开展；设置开放式护士站让患者充分感受到护理服务的触手可及；在每个床单位及洗手间安装呼叫铃，在日常治疗与紧急情况下患者都能随时与医务人员取得联系；每个床单位都有床栏、床帘，为患者提供专属的个人空间，避免隐私暴露；昏迷患者加装保护器具，以免坠床或撞伤；病区内输氧、吸痰、除颤等抢救设施及抢救药物齐全；晚上在病室及走廊补充适宜的人工光源，洗手间的地板应防滑并进行无障碍设计，以免患者摔伤。护士应具有安全护理知识，警惕意外发生，也要加强责任心，具备良好的职业道德，严格执行各项规章制度和操作规程，做到有效防范，确保患者住院期间的安全。

ER 8-4

病室内环境

第二节　医院内不同环境的审美营造

除护理环境美学布局的共同要求外，医院内各科室还应结合各科室的具体特点，做好不同医疗环境的审美营造。

一、门诊部环境的审美营造

门诊部是医院提供门诊服务的区域，包括门诊大厅、门诊诊室、候诊区、护士站等。门诊是医院的窗口，代表着医院的整体形象，也体现着医院的综合实力，为来院就诊的门诊患者提供安全、舒适、便捷的护理服务环境（图8-11）。

图8-11　门诊大厅环境

（一）合理布局

门诊环境应合理布局，确保人员的流动顺畅，减少等待时间和拥堵现象。门诊一般设在靠近医院交通入口处，与医技用房邻近，并应处理好门诊内各部门的相互关系。动线的设计应合理，避免患者医院内感染。应设置门厅、问讯、预检分诊、挂号、收费、候诊、诊疗、药房、辅助检查等用房；设置诊查室、治疗室、换药室、护士站、值班更衣室和杂物贮藏室等；设置卫生间等为患者服务的公共设施。

（二）舒适安全

门诊环境应保持干净整洁，定期进行清洁消毒，确保无尘、无异味，减少交叉感染的风险；提供舒适的座椅、充足的照明和通风设施，确保门诊就诊患者的舒适感；配备紧急救援设备和应急药品，以应对突发状况；设置明显的安全标识和紧急出口，确保就诊人员的安全。

（三）人性化服务

门诊的患者大部分是初次就诊，对医院的布局不甚清楚，通常要询问两三次才能到达指定地点。这就要求门诊环境要契合患者需求，不要让患者盲目东奔西走，尽量减少患者询问次数，正确指引患者到达诊室，让患者感受到关怀。在各诊室门口应张贴醒目标识，指导患者按号排队，有序就诊；制订门诊患者就诊流程图，介绍就诊步骤和检查项目；详细标注各检查科室所在的方位和楼层，使患者直观了解就诊的流程，缩短就诊时间；在各诊室门口张贴疾病宣传单，为患者提供卫生科普知识、候诊知识、专科检查配合知识、新技术介绍等综合健康教育服务，提高候诊患者满意度。

（四）信息化支持

门诊部应配备电子病历、电子处方、电子支付、预约挂号，以及医疗数据管理等信息化系统，提供快速、准确的医疗信息支持，提高工作效率和服务质量，提升患者的就医体验。

二、急诊室环境的审美营造

急诊室是医院总体工作的缩影，直接反映了医院的急救医疗、护理工作质量和人员素质水平。急诊室的审美环境营造要从"应急"出发，保证动线最短、流程最优，满足急诊服务"快""急"的特点，力求便捷、实用（图8-12）。

图8-12　急诊室环境

（一）布局合理，标识醒目

急诊室通常位于医院的一侧或前部，直接临街，门前应宽敞，交通顺畅，便于救护车的通行，与其他科室入口不重叠，急救车可直接到达急诊室入口。急诊标识必须醒目、突出，便于就诊患者寻找，白天应有指路标志，夜间有指路灯标明急诊位置，便于患者迅速到达；与手术室、重症监护病房等相连接的院内紧急救治绿色通道标识一目了然。

（二）急救通道便捷流畅

急诊室医疗急救应与院前急救有效衔接，并与紧急诊疗相关科室的服务保持连续与畅通，保障患者获得连贯的医疗服务。急诊室门庭应开阔，以利于担架、车辆的进出及便于较多的患者和家属作短暂候诊时停留；预检分诊台设在大厅的醒目位置，分级、分区接诊有利于简化急诊抢救流程，提高急危重症的抢救成功率。急诊室走廊应足够宽，一般以两边有候诊人员的情况下担架能顺利通过为宜；应邻近急诊医疗依赖性较强的部门，如 CT 室、B 超室等影像检查科室；采光宜明亮，空气流通，温湿度适宜，有中心供氧和吸引管道系统，监护和急救设备齐全。

（三）体现人文关怀

急诊室接诊区应设有独立的急诊化验室、急诊收款处、急诊药房；主要临床科室在急诊室内均设有诊室，有值班医师应诊，随时迎接急诊就诊的患者；在医院挂号、化验、药房、收费等窗口有抢救患者优先的措施，方便患者节约时间，获得更及时、有效的救治。

三、手术室环境的审美营造

手术室是患者接受手术治疗的场所，也是医院全体手术科室的运转枢纽，担负着手术治疗和抢救患者的重要任务。手术室护理是医院护理工作的组成部分，对完成医院的医疗中心任务起着重要的作用。手术室环境营造应以清洁安全、安静愉悦、亲切温暖为主要原则（图 8-13）。

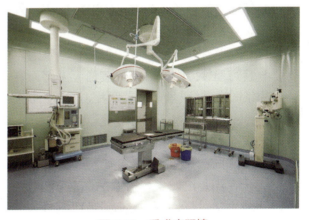

图 8-13　手术室环境

（一）清洁安全

清洁安全是手术室环境至关重要的因素，手术室环境的清洁安全对预防感染、提高手术成功率、减轻术后并发症具有重要意义。护士须做到：①保证手术室的环境清洁，控制手术间合适的温湿度，每天定时对空气、地面、墙壁及其他所有物体表面进行消毒，合理安排接台手术，进入手术室的人员应严格遵守无菌原则，并仔细刷手。②注意手术间的合理布局与使用，物品规范放置、定位定量，手术室在使用时保持关闭状态，避免频繁打开，控制手术间人员的流动，手术室医用废弃物品科学分类、无害处理。③加强医务人员的无菌观念，不断完善质量管理与监管体系。

（二）安静愉悦

一个幽雅、明亮、富有生机的手术环境，既有利于医护人员激发主观能动性，发挥更好的工作效能，也有利于消除患者紧张、恐惧的情绪，增添手术成功的信心。手术室可以播放悦耳的轻音乐，以减轻手术患者的焦虑与紧张；同时应尽量减少噪声，如降低监护仪的声音等。

（三）亲切温暖

手术室医务人员的形象、言谈、举止对手术患者的心理都可以产生直接或间接的影响，护士良好的礼仪规范与得体的行为举止能唤起患者的美感，令其暂时淡忘对手术的恐惧心理。在术前、术中、术后应注意患者的年龄、教育背景等，了解其心理状态与需要，及时沟通，随时解决患者的各种问题，让患者在陌生的环境中感觉亲切温暖。

四、病区环境的审美营造

（一）普通病区环境的审美营造

医院中，普通病区是医院的主要护理场所，大部分患者在普通病区接受治疗、护理、康复休养，需要为患者提供一个舒适、温馨、安静和整洁的环境，给患者带来安慰和安心感，提高他们的治疗效果和生活质量，促进疾病的早日康复（图8-14）。

图8-14 普通病区病室环境

1. 布局结构合理 病区布局分为清洁区、半污染区和污染区。清洁区包括配餐间、医护人员生活区、库房等；半污染区包括医护办公室、治疗室等；污染区包括患者卫生间、处置室等。不同区域之间应该设有明显的分隔标识，以避免交叉感染；流线设计应该简单明了，方便患者和医护人员的活动。

2. 设施功能齐全 每个病区都应配备足够的床位以满足患者的治疗需要；具备基本的医疗设施和急救设备，如中心供氧、中心吸引装置等。病室有良好的采光、通风和温度调节系统；配备床头柜、床旁椅、衣柜、独立的卫生间和浴室；卫生间和浴室采用无障碍设计，方便患者进出。

3. 环境整洁舒适 病室保持干净整洁，没有异味和杂乱的物品。地面、墙壁和家具保持清洁。患者在病室中的大部分时间都是在床上度过的，床铺的舒适度非常重要。床垫应有适当的硬度和弹性，床单和被褥应及时更换，保持干净整洁。

4. 装饰温馨温暖 病室的装饰应温馨而有人情味，可以使用柔和的色彩和温暖的材质来营造温馨的氛围，可挂风景画或者照片，给患者带来一些愉悦和安慰。

（二）产科病区环境的审美营造

分娩不是疾病，而是家庭生活中的一部分，产妇需要的是家庭的温暖和亲人的关怀、爱护，不能将它过分的医疗化。因此，产科病区环境的设置应该在满足产妇生理需要的同时，注重心理需要与人文关怀，从而既能满足产妇分娩的医疗需求，又能让产妇享受家的温馨（图8-15）。

图8-15 产科病区环境

1. 便于家庭参与 孕妇怀孕期间存在焦虑情绪，更需要家人的陪伴、友人的探望，以减轻孤独与焦虑。鼓励孕妇的配偶、父母等，积极参与孕妇的生育过程，全程为其提供心理支持，给予孕妇更多的关爱。

2. 分娩环境温馨 产科病区应有完善的生活、娱乐、通信设施，墙面上张贴令人愉悦的图片，家具颜色柔和、温馨，播放舒缓、轻柔的音乐等，为孕产妇提供便利的生活及治疗条件。为加强家庭成员对分娩过程的直接参与，降低产妇与家庭成员的焦虑和恐惧，减轻家庭成员间的"分离性焦虑"，营造与家庭环境相仿的待产、分娩单位，可将病室间隔成两部分，一部分作为亲属、友人探望的休息室，一部分作为孕产妇的休息室，这样既保证私密性，又满足亲属、友人探望的需求。允许家人24小时陪伴，以满足孕产妇的个性化需求。

3. 施行母婴同室 产后父母与新生儿的尽早接触，有利于产妇的产后康复及增进母婴之间的感情,促进婴儿的生长发育。同时应加强病室环境的管理,注意保持病室空气流通,定期进行空气和物品的消毒,以保证母婴病室的安全、和谐、舒适,为母婴创造良好的休养环境。

4. 体现人文关怀 以母婴安全为核心,注重细节,推出人文关怀服务。例如,在卫生间里的淋浴器下面设一张可翻动的小凳子,旁边安装扶手,以便产妇可以坐着洗澡;盥洗间提供智能化的自动调温和喷水坐厕,便于产妇清洗。

(三)儿科病区环境的审美营造

儿童时期是人生长发育的初级阶段,人体的结构、功能及心理都处于逐步成熟和健全的过程中,无论在身心方面,还是疾病的发生、发展、转归方面,都有其自身的特点。因此,护理应从儿童的特点出发,为患儿提供更舒适、更完善的就医环境,消除患儿的恐惧心理,提高护理服务质量(图8-16)。

1. 卡通空间装饰 儿科病室的墙壁可以采用柔和的淡粉色或淡绿色。在保证有利于诊疗和护理操作的前提下,可制作彩色积木式的病床及床旁桌、椅,有动物、几何图案的彩色被套、床单和枕套等;在墙壁上悬挂儿童喜爱的彩球、玩具等,使患儿在感官上产生一种居家的感觉。

图8-16 儿科病区环境

2. 服饰温馨温暖 医护人员应着粉色、鹅黄色等暖色调服装,面带微笑,用亲切的话语、精湛的技术和轻柔的操作服务于患儿,从而缩短护患距离,使患儿如同生活在母亲、亲人的身边。

3. 学娱设施丰富 根据不同年龄阶段患儿的特点,创建少儿图书室、活动室和娱乐室等。设置有利于功能锻炼的小木马、小吊环、小推车,准备积木、拼图及各种玩具等。

4. 强化安全管理 因儿童好动,好奇心强,对周围事物充满兴趣,但尚无防范意识,因此安全管理的范围广,内容复杂。病室中的设施要有保护措施,如电源开关要有保护装置等。在治疗、护理中要细心,严格执行核对制度,离开患儿时要拉起床栏;患儿在检查床或治疗台上时,必须有护士守护;一些颗粒食品如花生等不可由患儿自行食用,以免误入气道。

5. 预防医院内感染 病区应明确区分清洁区和污染区。病室应每天定时通风,按时进行紫外线照射或空气培养,定期消毒地面。医护人员应重视手卫生,严格执行消毒隔离制度。对新生儿尤其是未成熟儿,以及肾病、接受化学治疗、大面积烧伤的患儿实施保护性隔离。同时加强健康教育,提高患儿的自我保护意识。

6. 加强科普宣教 创办形式多样的板报专栏,介绍医学、护理及生活小常识,同时开展热线咨询和定期讲座。通过科普宣传,使患儿及家长了解和掌握一些必要的医学知识。

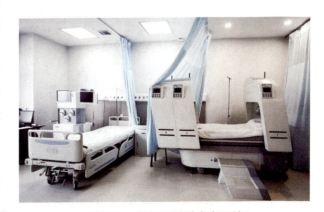

图8-17 老年医学科病室环境

(四)老年医学科病区环境的审美营造

随着老人适应能力、抵抗能力的下降,其应激能力、心理压力的承受能力也有所降低。护理工作中要注意结合老人的生理、心理特点,营造舒适的治疗和休养环境(8-17)。

1. 环境舒适方便 老人病室应阳光充足,空气流通,出入门宽敞,有自动开关,便于轮椅进出;

墙壁以暖色为宜，各病室墙壁可采用不同的颜色，以便老年患者辨认；厕所设信号灯及对讲机等，以便与医护人员联系；病区内设有休息室、餐厅、厕所，配备轮椅、助行器，以及适合老人娱乐的用品，如电视、报纸、棋类等，以增添生活气息。

2. 安全设施到位　老年医学科病区走廊两侧墙壁须安装扶手，方便老人扶行；病室地面保持干燥、清洁；病床和桌椅高度应当适中，以在老人床边坐起时双脚自然踏地为宜；浴室安装扶手和应急呼叫装置，地面放置防滑垫，防止老人滑倒；厕所使用坐式抽水马桶，安装扶手；嘱托老年患者在进入浴室或厕所时不可锁门，防止意外的发生。对于那些反应迟钝、服用降压药物与冬眠类药物的老年患者，应叮嘱其在夜间尽量不去厕所，在患者睡前将便器、呼叫器等置于床边，如要下床或者去厕所时一定要有人陪护。

知识链接

老年医院房屋建筑和布局基本标准

1. 单病室床位数不超过 3 张，每床建筑面积不少于 $8m^2$，每床净使用面积不少于 $7m^2$，每床间距不少于 1.2m。

2. 病室温馨整洁，温湿度适中，家具稳固，病室卫生间总面积不小于 $4m^2$。

3. 康复治疗区域总使用面积不少于 $600m^2$。

4. 医院功能分区合理，充分保护患者隐私，房屋建筑和业务用房建设符合节能环保及抗震设防要求，执行国家无障碍设计标准、国家卫生学标准及相关要求。预留可拓展空间，以满足突发事件应对需要。

5. 医院内标识清晰、醒目、简明、易懂，具有良好的导向性，地面防滑、无反光，门诊、病区及相关公用场所符合老年患者活动所需及坐卧设施安全要求。病室配备防滑设施、辅助洗浴设备、报警器等，卫生间门宽适宜，适合轮椅进出，合理设置坐便器、一键报警装置。

6. 医院门急诊、住院病区备有辅助移乘设备（如轮椅、平车等），并方便取用。医院主要出入口处有方便老年人上下车的临时停车区和安全标识，所有出入口、门、台阶、坡道、转弯处、轮椅坡道及信息标识系统等的设置应符合国家标准。

7. 按照国家有关规定和医院内感染防控要求，设置通风、空调、医疗废物和污水处置设施，医疗废弃物处置和污水排放应遵守国家有关环境保护要求。

8. 在相对独立区域规范化设置发热门诊和留观室。发热门诊应按照"三区两通道"要求设置，诊室应当为单人诊室，至少设有 2 间备用诊室。区域内独立配备 CT 等检查和必要检验设备。发热门诊候诊区设置符合传染病防控要求，通风良好，可容纳不少于 30 人同时候诊。发热门诊外应预留室外场地及设备管线，具备快速扩展、功能拓展的能力。留观室不少于 3 间。

（五）重症监护病房环境的审美营造

ICU 护士创造安全、舒适的环境，对保障和促进患者的康复意义重大（图 8-18）。

1. 医院内感染管理　因 ICU 患者病情危重、免疫力低下，要加强空气与物品的消毒，以保证医疗环境的清洁无菌。空气消毒可应用层流设备、空气净化机、紫外线循环风等；物品可以用消毒液擦拭、浸泡消毒等；加强管理，严格限制人员进入，确保空气中细菌指数符合卫生标准。

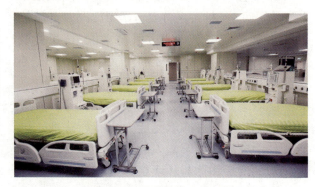

图 8-18　重症监护病房环境

2. 方便诊疗处置　ICU 患者往往病情瞬息万变，需要护士能及时发现患者的病情变化并进行处理，因此在环境设计上要重点满足这一需求。中心监测站应设计在能全面观察、监控患者病情变化的位置。同时各种仪器及抢救设备应放于方便操作之处，这样能有效节约时间，保证抢救顺利进行。

3. 营造生活气息　ICU 对大多数患者而言意味着严重的疾病、沉重的气氛，使其生理与心理极不舒适。因此，使 ICU 病室充满生活气息能解除患者的心理压力，温馨、美好的环境有利于患者早日康复。理想的 ICU 病室应宽敞明亮，有利于减轻压抑感；湿度、温度、光线均可调控，为患者提供舒适的物理环境；病室安静，隔音效果好，机械声、报警声、谈话声尽量降低，以利于患者的静养；墙壁可粉刷成粉蓝色，以稳定患者焦躁不安的情绪；可适当摆放艺术画以增加美感与温馨感。

4. 提供家属支持　ICU 患者大都病情危重，需要医护人员及家属共同努力并给予有效的情感支持。护士应多观察、多关心患者，为患者提供细致入微的生活护理，并根据情况给予适宜的心理护理；合理设立探视设备及探视制度，便于家属和亲友与患者之间保持相对密切的联系，从而给予患者心理安慰及情感支持；病室附近可设家属休息室，以利于患者能及时与家属取得联系。

护士要通过增强自身审美修养，为来院患者营造舒适、宜人的就医环境，提升医院外观和内涵，树立医院的品牌形象。

（王　娟）

思考题

早交班后，一对年轻的夫妇抱着 2 岁的幼儿来到儿科病区。患儿 3 天前出现发热、咳嗽等症状，自行服药后症状无明显缓解，遂来院就诊，门诊以"肺炎"收入院。当责任护士接诊时，患儿面对陌生的环境哭闹不止，极不配合。

问题：作为一名儿科护士应如何创建符合患儿特点的病室环境？

ER 8-5

练习题

第九章 | 护士的审美修养

教学课件

思维导图

学习目标

1. 掌握提升护士审美修养的主要途径。
2. 熟悉护士审美修养的意义及原则。
3. 了解护士审美修养的含义。
4. 学会以较高的审美能力对待护理工作。
5. 具有一定的艺术鉴赏力和审美修养，能够较好地服务于护理实践，提升护理美学价值。

在现代医疗环境中，护士不仅需要具备专业的护理技能和理论知识，还需要具备良好的审美修养。护士的审美修养不仅关乎护士的个人形象和职业形象，更关乎患者的护理体验和心理感受。一个具有良好审美修养的护士，能够通过细腻的观察和敏锐的感知发现患者的需求和困扰，并通过适当的方式给予满足、予以解决。同时，良好的审美修养也能帮助护士在工作中保持积极的心态，提升工作满意度和职业幸福感。护士应通过对审美修养的认知和对艺术欣赏能力的培养，更好地提升自身的审美修养，理解美的价值和意义，在护理工作中发挥审美修养润物细无声的作用。

第一节　护士的审美修养概述

情境导入

患者小王看到一位护士面带微笑地走进病房，言谈举止优雅得体，护理患者时温和细心，这使小王如沐春风，身心愉悦，并对这位护士产生了良好而深刻的印象。

工作任务：

请从护士的审美修养角度说出这位护士给患者小王留下深刻印象的原因，并阐述提高审美修养的途径。

一、认知审美修养和护士审美修养

（一）审美修养的含义与内涵

1. 审美修养的含义　审美修养是指个体在审美方面所达到的认知、理解、感知和评价的能力和水平。它涉及对美的事物、艺术品和自然景观的欣赏、品味和领会，以及对不同文化、历史和社会背景下的美学价值和意义的认识。审美修养包括对美的感知、理解和评价能力，以及对艺术、文化、历史等领域相关知识和技能的掌握。

2. 审美修养的内涵　审美修养是一种全面的、多层次的、综合性的能力和水平，它涉及个体对美的认知、感受、实践、创造、评价等多个方面，以及对艺术、文化、历史等领域相关知识和技能的掌握。具有高度审美修养的人，不仅能够更好地欣赏和理解美的事物，还能够在生活和工作中创造出更多的美和价值。

（二）护士审美修养的含义与内涵

1. 护士审美修养的含义 护士审美修养是指护士通过美学理论的学习和对美的事物的鉴赏，在护理实践活动中自觉地进行自我锻炼、自我培养、自我陶冶和自我塑造，从而获得认知美、感受美、实践美、创造美的能力的过程。

2. 护士审美修养的内涵 护士审美修养是护士从事护理实践活动的必备专业素养，它有助于护士理想人格的形成，培养融合知识、技能和人文素养为一体的优秀护士。将美学原理和审美观念融入护理实践有利于提高护理服务质量，优化护理环境，促进患者康复。

（三）提升护士审美修养的意义

随着社会的进步、科学的发展和医疗模式的转变，人们对护理服务质量的需求不断提高。护士在具备护理知识与技能的同时，还应具备良好的审美修养。护士的审美修养是内在美与外在美的完美结合，良好的护士审美修养对于提高护理服务质量、优化护理环境、增强患者满意度、促进患者康复和护士成长等都具有重要意义，可以更好地帮助护士在日常护理工作中发现美、实践美、创造美。

二、护士审美修养的原则

（一）以人为本

护理工作应以患者的健康为中心，从患者的角度出发，与患者多交流沟通，了解患者的健康状况、疾病原因、个人喜好，建立良好的护患关系，关注患者的感受与需求，为患者提供人文关怀和优质服务。

（二）和谐发展

在护理工作中，护士应追求工作环境、人际关系、护理行为之间的和谐发展，创造一个温馨、宁静的治疗环境。同时，护士的审美修养应随着专业知识和技能的发展而不断提升，以适应不断变化的医疗环境和服务需求。

（三）文化创新

护士应了解和尊重不同文化背景下的审美观念，注重满足患者不同的审美需求和情感体验，尽可能地为患者提供符合其文化背景和心理感受的护理服务。同时，鼓励护士运用创新思维和审美思维解决问题，提升服务的创新性和独特性。

（四）服务实践

护士的审美修养应与专业技能和护理实践相结合，体现出护理的专业性和实用性，并通过护理实践不断验证，包括参与艺术活动、环境创设，对患者进行人文关怀等，使护理服务水平和效果得到持续提升。

三、护士审美修养的实现途径

培养和提高护士审美修养的途径是多种多样的，无论理论知识学习还是实践技能操作，无论在生活还是工作中，都可以找到提高自身审美修养的途径。护理专业学生的审美修养可以通过在校的学习、自然美的熏陶、社会美的影响和艺术美的感染得以培养。

（一）通过学校学习提升护士的审美修养

学校的美育教育是护理专业学生系统学习、掌握审美知识和规律的重要阶段，也是形成和发展审美观念和审美能力的关键时期，学生应充分利用好在校的学习时光，积极提升审美修养。

1. 不断加强美学理论学习 美学理论知识是提高审美修养的理论基础，学生要努力学习美学理论,掌握审美规律,培养自身对美的认识、理解和评价的能力。通过学习,逐步提升自己的审美修养,树立正确的审美观,培养高尚的审美情趣,为未来的职业生涯打下良好的审美基础。

2. 积极参加审美实践活动 审美实践活动是提升审美修养的有效载体,护理专业学生可以利用课余时间参观艺术展览、参加艺术活动、创作艺术作品、加入艺术社团、参与志愿服务,在活动参与过程中亲身体验艺术的魅力,发挥审美创造力,提高审美修养,培养审美情趣。

3. 将美融入专业技能操作 护理教师是引导学生塑造精神饱满、优雅端庄、大方得体的职业形象的标杆,在护理教学中既是授业者也是审美示范者,能够通过娴熟、规范、准确的技能操作演示,将肢体动作的协调与肢体语言的美感呈现给学生。护理专业学生在专业技能学习中,要体会护理学严谨精细的科学美和娴熟精湛的艺术美,增强自身对美的情感体验和行为呈现,提升审美素养。

(二)通过自然美的熏陶提升护士的审美修养

自然美是多姿多彩的,自然既是人类物质生活的主要来源,也是人类精神生活的重要寄托,自然美在开启人的心智、陶冶人的情操、培育人的人格方面具有独特的作用。自然界以其无限多样的生机向人们展示着生命活动之美。自然美清纯质朴的本色可以使人洗心涤虑,返璞归真,培养淡泊恬静的人生修养;雄浑壮丽的景象又可以激励人奋发进取,勇攀高峰,树立志存高远的人生目标。通过自然美的熏陶,不仅可以提高护士的审美能力,还可以培养护士发现自然美的本领,激发护士将美学知识运用到护理实践中,为患者创造温馨、和谐的环境,使患者获得生理和心理的双重愉悦,从而改善护患关系,促进患者的康复。

(三)通过社会美的影响提升护士的审美修养

1. 通过护理实践增强护理美感 通过课间临床见习体会职业护士优美的仪表、娴熟的技术、文明的语言、得体的举止、高尚的职业道德修养和高度的责任心,自觉接受社会美的影响,完善自身的审美品质,感受人际关系和谐的重要性。在临床护理实习中感知、体验和鉴赏护士的职业道德美、操作技术美,提高自身审美修养,为步入职业生涯打下坚实的基础。

2. 通过社会实践提升职业美感 在护患交往中感受护患关系的和谐,是护理专业学生检验和提高自身审美修养的重要途径。护理环境中的人际关系复杂,且形式各不相同,护理专业学生可以通过观察护士严谨的工作作风、端庄的仪表、得体的语言、娴熟的操作技能等,感受护士敬佑生命、救死扶伤、甘于奉献、大爱无疆的崇高精神,正确评价自身审美品行,不断提高自身审美修养。

(四)通过艺术美的感染提升护士的审美修养

艺术美是艺术作品本身具备的审美属性,是艺术家对生活的审美情感、审美创造、审美理想的集中体现,从不同角度满足了人们不同的审美需要。护士可以通过欣赏表演艺术提升审美修养,因为表演艺术能够渲染气氛、疏导心理、调节生理,给人美好的感受和深刻的思考;护士可以通过欣赏造型艺术提升审美修养,因为造型艺术具有造型性与直观性、瞬间性与永固性、再现性与表现性等特点,可以唤起欣赏者动手设计和动脑思考的审美想象,并从中得到美的启迪;护士可以通过欣赏语言艺术提升审美修养,因为艺术的护理语言不仅可以传递信息,还可以调节情绪、安抚心态、化解矛盾,提升护理服务效果。

第二节 护士艺术欣赏能力的培养

情境导入

在观摩全国职业院校技能大赛护理技能赛项的过程中,小莉被选手规范熟练的操作、温暖和煦的笑容、优雅端庄的仪态深深吸引。小莉下定决心,自己也要成为像国赛选手一样优秀的人。老师告诉小莉，这与选手具备良好的艺术审美修养密不可分，作为护理专业学生，在平日学习中要不断加强自身艺术欣赏能力的培养。

工作任务：
假设你是小莉，请就如何提升自身的艺术欣赏能力做一个简要规划。

艺术源于生活而高于生活。生活处处皆艺术，美的艺术能陶冶人的性情，培养完美的人格。艺术欣赏是指欣赏者进入艺术作品的内在世界，理解作品的意境，领悟作品的内涵，从中受到感染而激起情感反应，通过与作者或艺术作品中的人物进行情感交流，产生共鸣，并融入自己相应的道德判断和审美评价，从中获得审美享受。由于护理工作是服务于人的工作，艺术欣赏能力的提高，不仅能提升护士自身的艺术修养，增加护士自身的魅力，还有利于增进护患之间友好和谐的沟通相处。因此，护士除具备专业素质外，还应具有一定的艺术欣赏能力，才能适应人文护理与社会的需求。

一、听觉艺术欣赏

听觉艺术主要指音乐艺术。音乐是指用有组织的乐音来表达思想感情、反映现实生活的一种艺术，它是诉诸听觉的时间艺术和想象艺术，是人类文化的重要组成部分。音乐的基本要素包括节奏、旋律、音色、节拍、力度、速度、和声、调性等。音乐是人们精神需求中最能抒发和表达人类情感交流的声音艺术。欣赏者通过对音乐形象的感知、理解与想象，在头脑中形成某种寓于感情色彩的意象，并在情绪、情感方面获得不可抗拒的感染、陶冶与共鸣，从而使自己得到精神愉悦。音乐是美好的，它凝聚了音乐家的精神与情感，以独特的曲调和乐音愉悦人的感官；音乐是极具魅力的，它以深刻的内涵和妙不可言的旋律，使欣赏者沉醉其中，成为人们生活中不可或缺的一部分。音乐按时间可分为古代音乐和现代音乐；按风格可分为古典音乐、轻音乐和流行音乐；按规模可分为室内乐、交响乐和舞台剧音乐；按表演形式可分为声乐和器乐。

（一）听觉艺术的审美特征

1. 情感的艺术　音乐擅长表现情感，没有情感也就没有了音乐的灵魂。音乐利用旋律的起伏、力度的强弱、节奏的张弛、音响和音色的变化等多种方式，来表达人们的喜怒哀乐等深刻细腻的内心情感。音乐的抒情性使人们在进行创作和欣赏时总是伴随着强烈的情感体验，这恰恰也是音乐艺术的魅力所在。正因如此，我们可以感受到《十面埋伏》的激烈，《二泉映月》的凄楚，《平沙落雁》的静美，《汉宫秋月》的悲泣；也可以感受到莫扎特的轻灵细腻，贝多芬的激情奔放，门德尔松的优美典雅，德彪西的朦胧伤感。优秀的音乐作品总能激发起欣赏者强烈的情感共鸣，陶冶人的性情，给人以鼓舞和力量。

2. 时间的艺术　音乐是诉诸听觉的时间艺术。在音乐中，音符、乐段、乐章随着时间运动而逐一呈现，又随着时间运动而先后消逝。由于构成音乐的声音运动要在时间的序列中展开，音乐所表现的思想感情内涵也要在时间的延续中不断发展变化，因此，音乐形象是在时间的运动过程中呈现出来的，时间就成了显示音乐艺术特征的重要因素。音乐正是将这在时间上流动的音响，按一定的乐音规律构成的"音乐语言"。

3. 想象的艺术　音乐是最擅长激发想象的艺术。想象和联想在音乐欣赏中占有重要地位，能很好地将音乐与现实生活联系起来。培养一个人的创造力、想象力，是非常有必要的。音乐艺术并不以单纯模仿自然音响为主要任务，而是通过将乐音有组织地排列，使旋律流动，给听众以无限的想象，开拓出一个无比自由的精神世界。因此，在进行音乐创作、音乐表演或音乐欣赏时，只有借助联想与想象，将曲调与现实生活经历和自身情感相结合，才能形成鲜活的、符合作品艺术特色、饱含自己所思所感的音乐形象。

（二）听觉艺术作品欣赏

《保卫黄河》是我国近代合唱作品《黄河大合唱》的第七乐章，创作于1939年，由光未然作词，冼星海作曲。这部作品以黄河为背景，热情讴歌中华民族源远流长的光荣历史和中国人民坚强不屈的斗争精神。作品以短促跃动的曲调、铿锵有力的节奏、高亢激昂的情绪生动地表现了抗日军民、游击健儿，为保卫家乡、保卫黄河、保卫全中国而奔赴战场、前赴后继、英勇战斗的壮丽场景。歌曲由第一段齐唱、第二段二部轮唱、第三段三部轮唱和第四段转调后的齐唱组成。表达了抗日武装力量在斗争中由弱变强逐步发展壮大，犹如滚滚洪流，排山倒海势不可当的豪迈气势，彰显了中华民族誓将侵略者彻底消灭的坚强决心和伟大气魄。

在护理工作中，护士要提高自己对音乐艺术的感受能力和欣赏水平，增强审美情趣，提升艺术修养，丰富情感体验，陶冶高尚情操，塑造完美人格，将音乐艺术之美的丰富内涵融入护理实践。例如，在手术室播放轻音乐缓解紧张氛围，发挥音乐的独特作用，以便护士更优质地服务于手术患者。

二、视觉艺术欣赏

视觉艺术是通过形状、线条、颜色、纹理和空间等视觉元素来创造的艺术形式，又被称为空间艺术或造型艺术，可分为绘画艺术、雕塑艺术和建筑艺术。视觉艺术有着悠久的历史，可以追溯到人类文明的起源。受社会、政治、宗教、经济和文化背景的影响，在不同文化和历史时期，视觉艺术有着不同的表现形式和创作风格。视觉艺术不仅是一种文化遗产，也是一种创造性和表达性的工具，对于人类文化和社会发展具有重要的意义。

（一）绘画艺术

绘画是一种以笔、刀等为工具，墨、颜料等为媒介，运用线条、色彩、形体、明暗、透视等绘画语言，通过构图、造型、设色等艺术手段，在纸、纺织品、木版、墙壁等二维平面空间塑造静态视觉形象艺术。它既是现实生活的能动反映，又是艺术家对现实生活的审美感受、审美理想、审美评价的形象体现，因而能使人从中获得丰富的审美愉悦。

1. 绘画艺术的审美特征

（1）确定性、可视性：艺术家通过线条、色彩、形状等元素描绘出形象的轮廓和特征，使画面中的形象具有明确的形态和特征，这种确定性有助于观众理解和感受艺术家所要表达的主题和情感。同时，绘画作品中的艺术形象具有很强的可视性，观众可以通过肉眼直接观察到画面中的形象。艺术家通过色彩、线条、形状、质感等视觉元素来创造艺术形象，使得观众能够在视觉上感受到作品中的艺术形象。这种确定性和可视性共同决定了绘画作品的审美效果和艺术价值。

（2）寓神于形、形神兼备：寓神于形、形神兼备是绘画的艺术之长，"形"指外在的形象，"神"指内在的精神。绘画反映生活不是自然主义的外形模仿，而是通过事物的外形反映事物的思想、神韵。中国绘画十分讲究"传神"。所谓"传神"就是不仅要表现出对象的外形，更重要的是表现出对象的神采气韵，达到"形神兼备"。绘画最基本的要素是线条、色彩和构图。线条是构成绘画最主要的手段和技法。画家把线的长短、粗细、曲直、刚柔、轻重、浓淡加以巧妙的组合，形成各种不同的节奏和旋律，赋予线条以生动的气韵，线条有了气韵便有了生命，自然会灵动传神。

（3）寓动于静、虚实相生：绘画艺术表现的是静态的视觉艺术形象，往往受到画面的局限，只能选择最富于表现力的一瞬间来反映现实生活，表达人们的审美感受。因而，绘画对艺术形象的概括和提炼，要更集中凝练、巧于构思。绘画作品所表现的可以是已经过去的一瞬间，或正在发生的一瞬间，或未来的一瞬间。画家往往要抓住反映时间前后联系的最富于表现力、容量最大、最有联想空间的瞬间形象，虚实相生，为欣赏者提供自由想象的空间。

绘画的相关知识

绘画不仅是技巧的展现，更是创意和个性的表达。通过观察、思考、感受，可以激发创作灵感，提高作品的独特性和艺术价值。

线条是绘画的基本元素之一，通过线条的粗细、曲直、刚柔等变化，可以表现出物体的形状和质感，同时也能传达出画家的情感和个性。

色彩是绘画中的重要元素，能够直接引起观众的情感反应。通过色彩的运用，可以表现出物体的光影、空间和质感，同时也能营造出不同的氛围和情调。

构图是绘画中的布局和安排，包括画面的空白、物体的位置、大小和比例等，构图的好坏直接影响到画面的视觉效果和审美感受。

形态是指物体的形状和结构，通过形态的描绘，可以表现出物体的质感、重量，同时也能体现出画家的技巧和风格。

空间是指画面中物体之间的关系和位置。通过空间的处理，可以表现出物体的纵深度和立体感，同时也能营造出不同的空间氛围。

主题是绘画的核心，通过主题的表达，可以传达出画家的思想和情感，同时也能引起观众的共鸣和思考。

2. 绘画作品欣赏　《千里江山图》是我国北宋画家王希孟的传世之作，被誉为"中国十大传世名画"之一，现珍藏于北京故宫博物院，纵向长度 1 191.5cm，横向宽度 51.5cm，采用长卷式全景构图加散点透视方法，展现了千里江山的磅礴气势、雄浑壮阔、美妙绝伦。整幅画山峦延绵不绝，景观错落有致，色彩以石青、石绿色的矿物质颜料绘成，奢华而不失雅致，极具视觉美感。画中运用披麻皴与斧劈皴相结合的技法，表现山石的肌理脉络和明暗变化，使画面更加立体、生动。《千里江山图》不仅在绘画技法上有着高超的表现，更是寓意深厚，以锦绣河山为背景，传达了作者对祖国山河的热爱与赞美之情，被视为我国青山绿水画中的恢弘巨制。

（二）雕塑艺术

雕塑是运用可塑性的物质材料，通过雕、刻、塑、铸、焊等制作手段创造出的，用来反映社会生活、表达审美思想的，具有三维实体的空间造型艺术，是雕琢、刻画、塑造三种艺术方式的总称。雕塑通过运用各种可塑材料创造出具有一定空间感的形象，不仅可以展现艺术家的审美观念和创造力，也可以传递某种寓意或者象征意义。

1. 雕塑艺术的审美特征

（1）**立体性与物质性**：雕塑是艺术家在三维空间塑造出具有立体性和物质性的造型艺术，是唯一如实再现三维空间中现实审美的艺术类型。雕塑的立体结构使观众能从不同角度欣赏艺术作品，从而获得全面、多样的审美感受。

（2）**凝练性与概括性**：雕塑艺术是不带背景的静态空间艺术，要求艺术家不仅要选择熟悉的题材内容和历史故事，而且要通过精心构思，选择具有概括性、典型性的"瞬间"形象，在有限的物质形象中呈现无限的社会人生。

（3）**象征性与夸张性**：在雕塑艺术中，象征与夸张是常用的艺术手法，其目的是强化、突出瞬间形象的审美效果，引起观众由此及彼的联想与想象，从而丰富和强化雕塑形象的含义。

中国古代雕塑

中国古代雕塑是中华文明的重要组成部分，它承载着丰富的历史和文化信息。中国古代劳动人民用自己的聪明才智创造了大量工艺雕塑精品，并在不断的实践探索中发现和创造了许多绝妙的工艺技术。

史前雕塑、青铜器雕塑、墓葬陶俑、墓葬画像砖石、陵墓石刻、石窟、造像碑、寺观雕塑等无不体现着中国劳动人民生生不息的精神追求和精益求精的工匠精神。这不仅仅体现在雕塑的艺术风格和表现手法上，更深深地植根于中华民族的土壤之中，激励着一代代中华儿女将博大精深、源远流长的中华优秀传统文化继承并发扬光大。

2. 雕塑作品欣赏　云冈石窟位于我国山西省大同市，是北魏王朝留下的一座历史丰碑，也是世界遗产、国之瑰宝。云冈石窟气势恢宏，内容丰富。窟中人物形象生动活泼，塔柱上的雕刻精致细腻，上承秦汉，下启隋唐。云冈石窟的洞窟类型多样，结构复杂。昙曜五窟是云冈石窟中的代表作，布局设计严谨统一。云冈石窟不仅是一座石雕艺术宝库，也是了解我国古代历史文化的重要窗口。参观云冈石窟，不仅可以欣赏到精美的石窟艺术，也可以感受到古代工匠们巧夺天工的超凡技艺和精益求精的工匠精神（图9-1）。

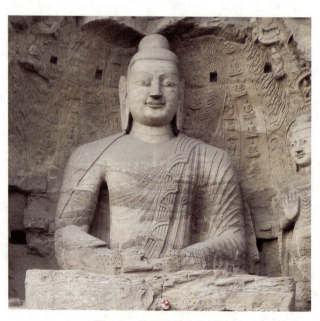

图 9-1　云冈石窟（局部）

（三）建筑艺术

建筑是人类用物质材料修建或构筑的供人居住和活动的场所。建筑艺术是指按照美的规律，运用建筑艺术独特的艺术语言，使建筑形象具有文化价值和审美价值的一门艺术，具有象征性、民族性和时代感。建筑艺术是通过空间组合、形体造型、结构比例与尺度、光影、色调、质感、韵律、象征等艺术语言构成的一种综合性造型艺术。

1. 建筑艺术的审美特征

（1）形式美：是指建筑艺术在形态、色彩、质感、比例、对称等方面的美学特征。建筑形式美要求建筑物的各个部分之间协调统一，突出建筑物的个性和特色。形式美不仅使建筑物具有视觉上的美感，还能体现出建筑物的文化内涵和历史背景。

（2）**静态美**：是指建筑物静态中的美感。静态美主要体现在建筑物的比例和形状方面。建筑物的比例要和谐，造型要给人以美感。同时，还要求建筑物的结构和材料坚固耐用，以保证建筑物的稳定性和耐久性。

（3）**动态美**：是指建筑物动态中的美感。动态美主要体现在建筑物的线条和动感方面。建筑物的线条要流畅、自然，要给人以动态美。同时，动态美还要求建筑物的功能和使用方式要符合人们的生活习惯和行为方式。

（4）**意境美**：是指建筑物所创造的意境和氛围的美感。意境美主要体现在建筑物的布局、风格和文化内涵方面。建筑物的布局要合理、巧妙，风格要独特、鲜明，文化内涵要丰富、深刻。同时，意境美还要求建筑物要与周围的环境和文化相融合，以创造出和谐、舒适的氛围。

2. 建筑作品欣赏　北京四合院具有深厚的历史文化底蕴和独特的建筑风格。北京的四合院院落宽绰疏朗，起居十分方便，虽为居住建筑，却是中华传统文化的载体。四合院的建筑风格古朴典雅，强调对称和轴线布局，体现出中国传统建筑的美学思想。同时，四合院的建筑细节精美考究，如砖雕、木雕、石雕等都展现了中国传统工匠的高超技艺。四合院以其独特的建筑布局、优美的庭院景观和实用的生活功能，成为中国传统建筑的瑰宝。

在护理环境中，视觉艺术作品不仅可以美化空间，还可以营造温馨、平和、愉悦的氛围，缓解患者痛苦，减少护士压力。因此，在护理工作中，我们要注重视觉艺术欣赏能力的培养，运用视觉艺术表达情感，愉悦身心，将好的视觉艺术作品作为与患者心灵沟通的桥梁，还可以与患者共同参与绘画、泥塑或装扮病房等视觉艺术创作，增强患者的参与感与自我价值认同感，为患者提供个性化关怀。

三、语言艺术欣赏

语言艺术是以语言为物质媒介来塑造形象、表达情感、反映社会生活、表现作者的思想情感的艺术形式。语言在文学创作中发挥着重要作用，因此文学通常被称为语言艺术，它包括了各种文学体裁，如诗歌、散文、小说、戏剧、报告文学、杂文等。语言是抽象的文字符号，因为作为语言的基本单位的词可以指称任何事物，但是不能直接呈现出事物本身。因而语言艺术的审美教育必须建立在语言文字教育的基础上。

（一）语言艺术的审美特征

1. 艺术形象的间接性　任何文学形象都要通过语言艺术形象传达审美感情，读者不能直接看到、听到或感觉到，必须凭借自身的生活经验、文化修养和理解能力，通过积极的联想与活跃的想象才能在头脑中形成。因此文学形象具有"间接性"，这也是人们把文学称作"想象的艺术"的原因。语言艺术形象的间接性给欣赏者提供了无限广阔的艺术想象天地。

2. 审美视角的广阔性　语言艺术既不像表演艺术那样受时间和空间的限制，也不像绘画、雕塑、摄影等艺术往往只是捕捉事物富有典型意义的一瞬间形态，文学的广阔性表现在它不仅能描绘外部世界，而且能深入到人的内心世界，直接揭示各种人物复杂的、丰富的精神世界。作家要塑造形象、反映生活，可以无拘无束地突破时空的限制，形象地展现人类的社会生活及具体环境。

3. 表达思想的明确性　一切艺术作品从总体上讲都离不开情感性与思想性，任何文学作品都传达和抒发着作家的主观情感。文学的情感性越浓烈，越能感染读者，就越富有艺术魅力。语言艺术可以表达出其他艺术形式所不易表达的抽象的内容，因为语言是人的思维的物质外壳，思维所至也就是语言艺术所能达到并能表现之处。

（二）语言艺术作品欣赏

语言艺术是用美的语言来塑造形象的艺术，艺术形式繁多。但归纳起来，影响最大、历史最悠久的艺术体裁主要有小说、诗歌、散文三大类型。

1. 小说　小说是以塑造人物形象为中心，通过对完整故事情节的叙述和具体的环境描写来反映社会生活的一种文学体裁。小说主要通过塑造人物、叙述故事、描写环境来表达思想，人物、情节、环境是构成小说的三要素。

《平凡的世界》是中国当代作家路遥创作的现实主义长篇小说，1991 年获第三届茅盾文学奖。作品以陕北的双水村为缩影，以孙少安、孙少平兄弟的成长与奋斗历程为主线，全景式展现了 20 世纪 70 年代中期至 80 年代中期中国城乡的社会变迁，反映了改革开放初期中国社会的集体记忆。小说通过孙少安扎根农村、带领乡亲致富，孙少平进城务工、坚持精神追求的历程，刻画了普通人在时代浪潮中的生存困境与精神坚守。作品以平实语言构建宏大叙事，以细腻笔触描绘农村与城市底层生活，通篇未回避苦难，却通过人物坚韧的品格传递温暖力量。《平凡的世界》不仅是一部文学经典，更称得上是一部记录时代变迁的史诗，它以温暖的现实主义笔触，唤起了人们对奋斗精神的尊重和对普通劳动者的关注，激励着一代又一代读者在平凡中追求不凡。

2. 诗歌　诗歌是以抒情为主，高度集中地概括、反映社会生活和作者思想情感的文学体裁，是有节奏、有韵律并富有感情色彩的一种语言艺术形式。它用丰富的想象、鲜明的节奏、优雅的韵律语言和清晰的分行排列形式，自由奔放地抒发作者的思想情感，集中地反映社会生活，是世界上最古老、最基本的文学形式之一。

《定风波·莫听穿林打叶声》是宋代诗人苏轼的一首词。作品为醉归遇雨抒怀之作，通过野外途中偶遇风雨这一生活中的小事，于简朴中见深意，于寻常处生奇景。全词即景生情，以简练的语言和清新的意境，表现了作者虽处逆境而不畏惧、不颓丧的倔强性格和旷达胸怀，寄寓着超凡脱俗的人生理想，具有很高的艺术价值。

> **知识链接**
>
> ### 定 风 波
>
> 　　定风波为词牌名，出自唐教坊曲，又名《定风波令》《卷春空》《醉琼枝》等。以欧阳炯词《定风波·暖日闲窗映碧纱》为正体，双调六十二字，上片三平韵两仄韵，下片四仄韵两平韵。另有双调六十三字及双调六十字等变体。宜于表现社会重大题材，亦宜言志与酬赠。代表作有苏轼《定风波·莫听穿林打叶声》、柳永《定风波·自春来惨绿愁红》等。

3. 散文　散文是指不讲究韵律的散体文章。其主要特点是形散神聚，形式自由，意境深邃，语言优美，素有"美文"之称。散文通常具有一个或多个中心思想，作者通过抒情、记叙、论理等方式来表达。根据内容和风格的不同，散文可以分为抒情性散文、叙事性散文、议论性散文等。

《白杨礼赞》是中国现代著名作家、文学评论家、文化活动家及社会活动家茅盾的一篇托物抒情的散文，作于 1941 年。全文布局有序，层层递进，围绕赞美白杨树，由外而内、首尾呼应。用象征手法，抓住白杨树的外形特征，借礼赞西北高原上的白杨树，来赞美北方军民质朴坚强、力求上进、敢于斗争、不畏艰险的革命精神，抒发作者对他们的崇敬、赞颂之情。文章立意高远，形象鲜明，结构严谨，语言简练。

> **知识链接**
>
> ### 《白杨礼赞》（节选）
>
> 　　那是力争上游的一种树，笔直的干，笔直的枝。它的干呢，通常是丈把高，像是加以人工似的，一丈以内，绝无旁枝；它所有的丫枝呢，一律向上，而且紧紧靠拢，也像是加以人工似的，成为一束，绝无横斜逸出；它的宽大的叶子也是片片向上，几乎没有斜生的，更不用说倒垂

了；它的皮，光滑而有银色的晕圈，微微泛出淡青色。这是虽在北方的风雪的压迫下却保持着倔强挺立的一种树！哪怕只有碗来粗细罢，它却努力向上发展，高到丈许，二丈，参天耸立，不折不挠，对抗着西北风。

这就是白杨树，西北极普通的一种树，然而决不是平凡的树！

它没有婆娑的姿态，没有屈曲盘旋的虬枝，也许你要说它不美丽，——如果美是专指"婆娑"或"横斜逸出"之类而言，那么白杨树算不得树中的好女子；但是它却是伟岸，正直，朴质，严肃，也不缺乏温和，更不用提它的坚强不屈与挺拔，它是树中的伟丈夫！当你在积雪初融的高原上走过，看见平坦的大地上傲然挺立这么一株或一排白杨树，难道你就只觉得树只是树，难道你就不想到它的质朴，严肃，坚强不屈，至少也象征了北方的农民；难道你竟一点也不联想到，在敌后的广大土地上，到处有坚强不屈，就像这白杨树一样傲然挺立的守卫他们家乡的人民武装。难道你又不更远一点想到这样枝枝叶叶靠紧团结，力求上进的白杨树，宛然象征了今天在华北平原纵横激荡用血写出新中国历史的那种精神和意志。

在护理工作中，护士与患者之间的沟通是至关重要的。掌握良好的语言艺术，有助于更清晰、准确地传达医疗信息和护理意图，帮助患者了解疾病知识，提高自我管理能力。同时，良好的语言艺术有助于护士与患者建立相互信任、彼此尊重、充分理解的护患关系，减少误解和冲突。因此，护士应不断注重对自己语言艺术欣赏能力的培养，提升语言沟通能力，更好地服务于患者。

四、综合艺术欣赏

综合艺术是指将多种艺术形式和元素结合在一起的艺术创作。这种艺术形式打破了传统艺术门类的界限，通过融合音乐、文学、舞蹈、戏剧等多种艺术手段，创造出全新的艺术体验和表达方式。综合艺术往往需要艺术家具备多种知识、技能和丰富的创造力，跨越不同的艺术领域，创造出独特的艺术形式和表达方式。

（一）舞蹈艺术

舞蹈艺术是以提炼、组合、美化了的人体动作姿态为主要表现手段，运用舞蹈语言、节奏、表情和构图等多种基本要素，塑造出直观性和动态性的舞蹈形象，表达人们思想感情的一种艺术形式。舞蹈是集空间性、时间性和综合性于一体的动态造型艺术，可分为生活舞蹈和艺术舞蹈。

1. 舞蹈艺术的审美特征

（1）**律动性和造型性**：律动是舞蹈的关键，是构成舞蹈语言的基本元素。其刚柔并济，张弛有度，由内及外，变化丰富，最能直接体现出舞者的气质、情愫和韵味。舞蹈的造型性就是让舞蹈动作在连续流动的过程中给人以明晰的美感，并在片刻的停顿和静止时呈现出舞蹈内在的含义和韵味，做到动中有静，静中有动，动静结合地展示人体的动作美和线条美。

（2）**抒情性与象征性**：舞蹈是人类感情最集中、最激动时的表现形态，具有强烈的抒情性。同时，舞蹈通过象征和虚拟的手法展现日常生活和自然事物，具有象征性。如舞蹈中的骑马、划船、刺绣等动作，往往运用夸张或浓缩的肢体语言加以表现，形成一种模仿性的艺术概括与升华，调动观众在自身生活经验的基础上，通过联想来领会舞蹈所要表达的内容，以达到"以形传神"的艺术效果。

2. 舞蹈作品欣赏 《黄河》是中国舞蹈的经典之作。作品以中华民族的母亲河——黄河为灵感，以冼星海的《黄河大合唱》为音乐蓝本，将舞蹈艺术与音乐、文学相结合，通过刚劲有力的肢体语言和震撼人心的舞台构图，表现了黄河的雄浑壮阔和中华民族的坚韧不屈。舞蹈开篇以"黄河船夫"的形象拉开序幕，通过舞者大幅度的身体摆动和队形变化，模拟船夫搏击风浪的场景，形成独特的视觉冲击；中段"黄河颂"则以舞者舒展流畅的舞姿，表现黄河滋养万物的母性光辉，舞者肢体如河水般蜿蜒流动，在刚柔并济中完成对黄河精神的诗意诠释；高潮部分的"保卫黄河"通过舞者极具爆发力的跳跃、旋转和托举动作,展现了中华儿女不畏艰险的民族气节。作品用身体语言完成了从自然景观到民族精神的升华,使观众在舞蹈的力与美中感受到黄河所承载的中华民族生生不息的力量。

(二）戏剧艺术

戏剧艺术是一种综合艺术。它将文学、美术、表演、音乐、舞蹈等多种艺术熔于一炉,由语言、动作、场景、道具等组合为表现手段,通过编剧、导演、演员的共同创造,把生活中的矛盾冲突,强烈、集中地再现于舞台之上,使观众犹如亲眼看见或亲身经历戏剧中发生的事件一样,从而获得具体生动的艺术感受。戏剧艺术的三大要素为剧本、演员、观众。

1. 戏剧艺术的审美特征

（1）戏剧动作:戏剧动作又叫戏剧行动或舞台动作,包括演员在舞台上的语言对白、形体动作、表情、态度等一切行为,既包括形体的外部动作,也包括心理活动等内部"动作"。戏剧动作是戏剧表现的主要手段,戏剧的人物、主题、情节等都必须依托戏剧动作来展开和完成。行动是性格的外化,性格是行动的内在依据。"动作性"是戏剧的根本,因此,剧作家在创作剧本时必须考虑到剧本的"动作性",以适应舞台演出,不能将剧本等同于仅供案头阅读的文学作品,这也是小说与戏剧的本质区别。

（2）戏剧冲突:戏剧冲突是戏剧的基本要素,指的是剧中人物之间、人物与环境之间、人物内心的矛盾和冲突。戏剧冲突是戏剧的关键,没有冲突就没有戏剧。戏剧冲突既可以在人与环境、人与人之间展开,即所谓"外部冲突",也可以表现人物自身即人与自我的"内部冲突"。戏剧冲突来源于社会生活,但比生活中的矛盾冲突更集中、更典型、更强烈。戏剧冲突的三种方式有时单独展开,有时交错在一起,互为因果,相互激化,从而表现出鲜明的"戏剧性",将戏剧的情节推向高潮,深化主题,突出人物的性格。戏剧冲突需要戏剧动作来实现,戏剧动作又要靠戏剧冲突来确定发展的目的和方向,两者互相依存、密不可分。

（3）戏剧情境:戏剧情境又叫"规定情境"或"假定情境"。与此相联系的是"第四堵墙"的理论,即剧场的大幕是一道透明的、虚拟的"墙",里面的演员在表演的时候"假装"不知道有观众在场,从而把本来不可能有外人在场的故事情节逼真地再现出来。这样,自己先"入戏",然后才能带动观众入戏。戏剧情境是戏剧情节发生的时空环境在舞台上的虚拟,它是剧情的基础。演员要扮演好角色,最重要的是对戏剧的规定情境进行深入的体验和领悟。正因为此,也有人把"剧场性""假定性"或者"虚拟性""想象性"看作戏剧艺术的要素之一。

2. 戏剧作品欣赏　《茶馆》是中国著名文学家老舍于1956年创作的三幕话剧。作品以"侧面透露"的表现手法,以"散点透视"的结构形式,通过"茶馆"这一微观场景,用看似琐碎的市井生活,勾勒出一幅宏大的历史画卷。剧中人物众多,涵盖了社会各阶层。有精明能干、八面玲珑,一心想让茶馆兴旺的掌柜王利发;有一心实业救国,却最终破产的民族资本家秦仲义;还有心怀正义、穷困潦倒的常四爷等。他们在茶馆这方小天地里或挣扎求生,或坚守信念。作品语言幽默犀利,人物形象鲜明,结构独特,以社会底层人民的生活揭露了当时尖锐的社会矛盾,以小茶馆折射大时代,被誉为中国现代话剧的巅峰之作,具有极高的艺术价值和历史意义。

(三）影视艺术

影视艺术是综合了文学、戏剧、美术、音乐、舞蹈等艺术形式,借助摄影、录音、编辑、后期制作等现代科学技术来完成和塑造的一种艺术形式。它将时间艺术与空间艺术、听觉艺术与视觉艺术、再现艺术与表现艺术、造型艺术与表演艺术的特点融合在一起,在银幕上创造出感性直观的形象,具有更加强烈的艺术感染力。

1. 影视艺术的审美特征

（1）综合性与技术性:影视艺术综合了多门艺术的多种元素,并对其进行了具有质变意义的化合改造，使得这些艺术元素进入电影和电视之后相互融合，形成电影和电视自身新的特性，既反映在美学层次的高度综合性，也体现在现代科技与艺术的巧妙融合性。同时，科学技术的发展不仅为电影提供了越来越丰富的技术手段和艺术语言，而且直接影响到电影美学各个流派的产生和发展。

（2）**逼真性与假定性**：影视艺术借助于现代科学技术所提供的强有力手段，以直接的方式将物质现实诉诸观众的视觉和听觉，真实地再现空间与时间。从而使观众产生真实感，给人以身临其境的审美感受。不过，影视展现的只是现实的影像而不是现实本身，艺术再现的影像具有影视时空、故事结构、人物角色及影视语言和影视手段运用的假定性，需要遵循各门艺术所共有的规律，同时还需要表现创作者的主体意识。

（3）**造型性与运动性**：在影视作品中，色彩、光线、画面构图等都具有视觉造型的功能，造型不仅为观众创造客观的视觉空间，还创造主观的思维空间。艺术家们将各种造型手段和造型形式综合起来运用，调动影视造型的多种功能，使影视画面具有更强大的情绪感染力和视觉冲击力。同时，影视的运动可以创造出更加丰富多彩的影视时空和画面动态，画面造型的叙事、抒情等诸多功能必须在运动性中才能实现。影视艺术总是在运动中造型，在造型中运动的。运动性展示时间进程及对象物的运动之美，造型性侧重于形象和画面的空间性的美。

知识链接

蒙 太 奇

蒙太奇是法文 montage 的音译，原本是建筑学上的用语，意为装配、安装。影视理论家将其引申到影视艺术领域，指影视作品创作过程中的剪辑组合。

"蒙太奇"的含义有广狭之分。狭义的蒙太奇专指对镜头画面、声音、色彩诸元素编排组合的手段，即在后期制作中，将摄录的素材根据文学剧本和导演的总体构思精心排列，构成一部完整的影视作品。其中最基本的意义是画面的组合。广义的蒙太奇不仅指镜头画面的组接，也指从影视剧作开始直到作品完成整个过程中艺术家的一种独特的艺术思维方式。

---

2. 影视作品欣赏　《百鸟朝凤》是导演吴天明的作品。影片作为一部反映民族文化、人文精神的艺术电影，改编自同名小说，讲述了两代唢呐艺人对民俗艺术执着坚守和艰难传承的故事，展现了以西北黄土高原文化为代表的乡村景观与风土人情。影片借助诗化的电影语言，传递了以匠人、匠心、匠魂为内核，以师徒情、父子情、兄弟情为主线的民族文化、民族精神与艺术情怀，淋漓尽致地展现了导演对时代大潮冲击下民俗艺术的保护、传承与发扬。作品以强烈的责任感与使命感，通过个体命运的轨迹观照民族命运，以小见大，将作为中华优秀传统文化代表的唢呐传承与国家命运紧密相连，进而引发观众对传统与现代、艺术与商业、民族与世界等多重关系的深刻思考。

综合艺术的欣赏可以帮助护士更好地理解和表达情感，从而在护理工作中更有效地管理自身情绪，提供更富有情感和人文关怀的护理服务。同时，综合艺术的欣赏还能激发护士的创造力和想象力，帮助他们在护理实践中探索更灵活、更具个性化的护理方案，提升患者的就医体验，构建更加和谐医患关系，最终提升护理工作的整体质量。

总之，护士要提高自己的审美修养，需要深刻领会护士审美修养的内涵，掌握审美修养的培养途径，不断加强美学理论学习、增强艺术欣赏能力，积极参加审美实践活动，通过自然美的熏陶、艺术美的感染提升审美修养，通过社会实践提升职业美感，通过岗位实践增强护理美感，真正将美融入护理工作实践。

（白毛毛）

医院组织新入职护士参观美术馆活动，护士小李在参与过程中深刻认识到审美修养与护理工作的密切关联，并希望将艺术审美融入专业发展。请结合护理专业知识，回答以下问题：

1. 请结合护理职业特性，分析美术馆等艺术体验活动对提升护士审美修养及职业素养的重要作用。

2. 请基于临床护理工作实际，为小李提供 1~3 项将审美修养应用于护理实践的具体建议，并说明其对提升护理服务质量的积极意义。

ER 9-3

练习题

第十章 | 护理审美评价

ER 10-1 教学课件
ER 10-2 思维导图

学习目标

1. 掌握护理审美评价的实施方法。
2. 熟悉护理审美评价的标准及过程。
3. 了解护理审美评价的功能与意义。
4. 学会运用护理审美评价的标准与方法鉴赏与评价护理工作中的美。
5. 具备护理美学的评判性思维,具有感受、鉴赏、评价护理工作中美的能力和素质。

护理审美是指护士在护理实践过程中作为审美主体,能够依据审美标准,对审美客体进行认知、评价、判断和创造的过程。护理审美评价是近年来护理学领域备受关注的话题,它从美学的角度来审视护理工作,对护士的仪表、言谈举止、专业技能、服务态度,以及环境卫生等方面进行评价。护理审美评价为人们审视和评估护理服务的质量提供了一种全新的视角,不仅能够提高护理服务质量和患者满意度,还能够提升护士的专业素养和综合能力。

第一节 护理审美评价的功能与意义

情境导入

骨科病房的护士小张正在为一位骨折的患者提供护理服务。患者因为外伤导致全身多处疼痛不适,情绪非常低落。

工作任务:

请指导护士小张利用护理审美评价的功能,通过富有爱心的言行和精心设计的环境氛围来调节患者的情绪,帮助患者缓解疼痛,使其积极配合治疗。

护理审美评价具有多种功能,如沟通、调节、激励、导向和检验等。这些功能通过综合作用,可以客观评估护理审美活动的效果,有效调控护理审美活动的发展进程,使其朝着符合护理审美的目标前进。此外,通过提高护理审美欣赏和护理审美创造的水平,可以将护理工作提升为一门艺术,使其更加符合患者的需求和期望,从而提高护理质量和患者满意度。

一、护理审美评价的功能

护理审美评价作为审美欣赏与审美创造的中介,在整个审美活动中发挥重要的纽带作用,引导着审美欣赏与审美创造的方向。

护理审美评价的作用包括以下五个方面:

（一）沟通功能

护理审美评价的沟通功能是指通过对护理活动中客观对象的美的特征进行阐释与评价，在美的创造者和欣赏者、美的创造活动与欣赏活动之间架起沟通的桥梁，通过反馈促进相互理解，达到共同提高审美欣赏能力和审美创造能力的目的。

护理审美评价通过多方共同参与，在美的创造者和欣赏者之间搭建沟通桥梁，促进双方相互了解，共同提高审美欣赏能力和审美创造能力。在审美评价活动过程中，护士为患者创造良好的审美环境，了解患者的内在需求，可以更好地为其服务；患者也可以通过此过程了解护理工作的特点，体谅护士工作的艰辛，从而增加对护理工作的理解、支持与配合。沟通功能是护理审美评价的首要功能。

（二）调节功能

护理审美评价的调节功能是指通过审美评价协调审美创造者和审美欣赏者之间的关系，使两者处于相互适应、和谐统一的状态。

例如，医院在儿科病区的装饰上多采用色彩丰富的墙饰或卡通人物的图案，营造适合儿童心理特征的轻松愉快的环境（图 10-1）；儿科与产科的护士服多采用粉色，以营造温馨舒适的人文环境，减轻儿童的心理压力，增强儿童对治疗和护理的依从性，促进患儿早日康复。在产科领域，人们也已经使用音乐来降低产妇的恐惧感，从而增强产妇对疼痛的耐受力，促进产妇顺利分娩。审美评价调节功能的发挥，有利于护理审美创造活动沿着符合服务对象身心特点的方向发展。同时，通过审美评价调节护理服务对象的审美兴趣和审美需要，引导服务对象自觉地感受美、欣赏美、理解美和运用美，从而达到促进患者身心健康的目的。

图 10-1　儿科病区卡通墙饰

（三）激励功能

通过审美评价的信息反馈，可以激励护士不断追求创造美的更高境界。护士接受一定的审美教育，获得相应的护理审美感受能力、鉴赏能力和创造能力，并在实践活动中运用美学知识指导自己的仪容仪表、行为举止等；从美学的角度审视护理活动，调整护理行为；以审美的眼光布置病房环境。在护士创造这些美后，可以通过患者、患者家属、同事等审美主体获得审美评价。积极的评价能够增强护士审美创造的自信心，激励他们以更饱满的热情投入新的护理审美创造工作中来；消极的评价可以规范护士，使其在追求护理审美的过程中不断提高自己的审美创造能力。

（四）导向功能

护理审美评价的导向功能是指通过发现和肯定审美创造中的积极因素，引导审美欣赏、开阔审美眼界、完善审美创造手段，推动整个护理审美活动的健康发展。

护理审美评价的导向功能可以帮助护士不断修正自己的审美观点，加深对美的事物的理解和热爱，引导护理审美创造和审美欣赏的对应和协调。同时通过护理审美评价，护理管理者能够了解护理工作中存在的优缺点，促使他们将审美意识渗透到管理实践中去，提高护理管理质量。

（五）检验功能

检验功能是护理审美评价最直接的功能。检验内容包括护士的审美能力、审美活动的开展过程，以及活动的最终结果等。通过检验功能可以获取护理审美实践的真实信息，对护理审美活动的目标、计划和措施的合理性，以及护理审美活动的内容、方法和手段等有效性进行具体的评估，从而有针对性地提出整改方案，推进护理审美工作的进行。

二、护理审美评价的意义

(一) 有利于提高护士素质

护理审美评价是基于特定美学标准,对护理审美活动全过程的评估。评价融入了独特的美学要求,是美学理论在护理审美实践中的具体实施。在护理实践中,通过护理审美评价,可以帮助护士判断其精神状态、职业形象、护理操作过程及其所创造的事物是否符合护理审美标准,自觉摒弃不符合护理审美目标的行为,以塑造良好的护士职业形象。因此,护理审美评价不仅能提高护士的审美素质,还能带动其业务素质、思想道德素质、心理素质等各方面素质的提高。

(二) 有利于提高护理工作质量

护理审美评价在患者康复过程中起到了至关重要的作用。护士通过细致入微地观察病情变化、运用熟练的护理技术、对危重患者的关怀、对患儿的呵护,以及维持整体护理过程的和谐,使人们感受到护理活动中蕴含的各种美好元素。这些美好的瞬间不仅让患者感受到温暖和安全,同时也激发了护士的工作热情和职业自豪感。

1. 娴熟的技术促进治疗和康复的顺利实施　护士认真严谨的工作态度、娴熟的操作技能、大方得体的言谈举止,可以帮助患者在优美的环境中身心愉悦地享受科学周全的医疗服务,从而使治疗活动和康复进程顺利实现。

2. 人文关怀营造身心愉悦的环境氛围　开展护理审美评价,促使护士不仅关心患者的身体健康,同时也重视患者的心理健康,并自觉地在护理活动中融入更多的人文元素,使护理工作真正成为一门精细的艺术。

(三) 有利于推进护理科研工作

护理审美评价是护理领域中不可或缺的一个环节,它贯穿于整个护理流程中,对于提高护理服务质量和患者满意度具有至关重要的作用。同时,护理审美评价也积极推动了护理科学技术和科研工作的发展。通过对护理实践的反思、评价和总结,可以帮助护士发现护理过程中存在的问题和不足,并针对这些问题展开科学研究和技术创新。这不仅有助于完善护理技术和方法、提高护理服务的质量和效率,还能够推动护理科学技术和科研工作的进步,促进护理专业的成长和发展。

1. 科学之光照进护理工作　具有审美价值的护理过程除了要有丰富的人文元素,还要依托科学的发展才能不断前行。因此护士会在护理活动过程中采用更先进的仪器、更科学的临床护理路径、更完善的护理技术为患者减轻负担,减少痛苦。

2. 探索之路上不断前行　一方面,随着护理审美评价质量的不断提高,护理过程中不符合审美标准的问题就会不断浮现,带给护理工作的思考和探索就会增加,护理工作的新课题也会越来越多;另一方面,护理的科研成果也是护理审美评价的对象之一,护理审美评价在客观上增进了护士对科研的认识,促进了新技术、新方法的运用及科技的创新。

(四) 有利于提高护理管理水平

护理管理是指在护理工作中,通过计划、组织、指挥、协调和控制等环节,使护理工作科学化、规范化、系统化。它以改善患者的身心健康为目标,以提升护士的专业技能和效率为基础,是医院管理体系中的重要组成部分。在护理管理工作中,引入护理审美评价的概念,可以帮助护士更好地关注患者的身心需求,提高护理服务的质量,促进护理管理目标的实现。

1. 便于护理管理者了解信息　护理审美评价对护理管理者的决策和规划有着积极的影响。通过了解和掌握护理工作质量相关的信息,护理管理者可以更好地评估管理的有效性和效率,发现管理工作中的不足和缺陷,进而调整和优化管理策略。这种信息依据可以为护理管理者提供有价值的参考,从而改善整个护理工作流程。

2. 促进护理管理目标的实现　护理审美评价不仅能够为护理管理者提供决策依据和信息,还可以促进护理管理目标的实现。通过发现工作中的着力点，护理管理者可以采用科学的管理方法和措施，将审美意识渗透到实际工作中去。这样可以使护理工作更加科学化、人性化，同时也可以促进整体过程更加和谐、高效。最终，确保护理工作向着更好的方向发展，并达到经济效益和社会效益双赢的目标。

第二节　护理审美评价的标准与方法

情境导入

　　面部烧伤患者张先生因对自身形象产生焦虑，一度对治疗失去信心。责任护士小刘为患者张先生制订了详尽的护理计划，同时为其提供情感支持，鼓励其重拾信心。现患者张先生情绪稳定，积极配合治疗。

　　工作任务：

　　请你应用护理审美评价的标准与方法，对护士小刘为患者张先生实施的护理服务进行审美评价。

一、护理审美评价的标准

　　在护理审美活动中，护理审美评价是一种重要的实践活动。它是通过一定的评价标准和评价方法，对护士的审美活动和审美价值进行判断和评估的过程。护理审美评价标准的制订是建立在对护理审美评价的本质和功能深刻认识的基础上的。评价标准本着实事求是的基本原则，以美学的基本理论、基本要求为准绳，以护理科学的基本原则、基本内容为指导，密切联系护理工作实际，从患者的根本利益和共同需求出发，以不断提高护理艺术的层次为目标。综合分析，全面考虑影响护理审美评价标准的各类因素，使评价标准更加切合实际，对护理实践起到积极的指导及促进作用。

(一) 真、善、美的统一——求真、求善、求美

　　真、善、美的统一是护理审美评价最基本的标准。

　　1. 求真　真——科学之真美。求真是符合事物的客观规律，是护理审美评价的前提条件。护理审美评价中的"真"，主要指护士要以科学为基础，严格遵守护理操作规程，熟练掌握护理技术，使护理工作既体现科学精神，又展现艺术之美。

　　(1)**学习和掌握护理理论知识**：护士应该不断学习相关的医学和护理理论知识，了解疾病的病因、病理、症状、诊断、治疗和护理等方面的知识，不断提高自己的理论水平和实践能力。

　　(2)**严格遵守护理操作规程**：护士应该遵守各项护理操作规程，如无菌技术、消毒隔离制度、三查七对制度等，在工作中遵循规范和标准，减少操作中的失误和偏差（图10-2）。

图10-2　严格遵守操作规程

　　(3)**观察和记录病情变化**：护士应该密切观察患者的病情变化，及时记录和处理各种异常情况，做到实事求是、真实可靠。

　　(4)**严格执行医嘱**：护士应该严格执行医生开具的医嘱，按照规定的时间、剂量和方法给药，确保治疗方案的正确实施（图10-3）。

2. 求善　善——道德之善美。善是护理审美的核心,体现了社会功利性,是护理审美评价的道德标准。在护理审美评价中,求善标准并不仅仅要求护士掌握护理技术,更重要的是要求护士将人文关怀和道德伦理融入护理实践中。善表现为伦理之善美,要求护士在履行道德义务的过程中展现出一种独特的道德美感。

（1）**体现人文关怀**:在护理过程中,护士不仅要关注患者的身体状况,还要关注患者的心理需求,关心患者的情感与感受。因此,护士需要掌握一定的心理护理技巧,关注患者的情绪变化,适时地进行心理疏导,以帮助他们更好地应对疾病的困扰(图10-4)。

图10-3　严格执行医嘱

图10-4　体现人文关怀

（2）**遵守道德伦理**:护士在临床护理操作、健康宣教等工作中,须严格遵循道德伦理规范。在执行护理操作时,护士要尊重患者的隐私权、知情同意权等基本权利,保护患者的利益不受侵犯(图10-5)。同时,护士还要遵循医疗保密原则,对患者的个人信息和病情保密。

（3）**提升服务质量**:求善标准要求护士不断提升服务质量,以满足患者的需求。这需要护士积极主动地了解患者的需求,与患者及家属进行及时有效的沟通,确保患者充分了解自己的病情和治疗方案(图10-6)。同时,护士还需根据患者的实际情况,为其提供个性化的护理服务。

图10-5　尊重患者隐私

图10-6　与家属沟通交流

（4）**提高沟通技巧和信任度**:护士应该提高沟通能力,了解患者的需求和疑虑,建立良好的护患关系,提高患者对护士的信任度和满意度。

3. 求美　美——专业之精美。在医疗体系中,护士不仅为患者的身体健康提供照顾,更是用温暖的情感给予患者心灵的抚慰。护士注重细节,以专业的护理技术、严谨的工作态度,为患者提供全方位、精细化的护理服务。每一个微笑、每一句温暖的语言、每一次细心的关照,都是护士用心去感受并用行动去创造美的最好证明。护士用真诚的关爱和温馨的服务为患者营造舒适、温馨、和谐的康复环境。

（1）**专业之美**:护士不仅要具有扎实的专业知识和技能,同时还需要具备敏锐的观察力和应变能力,能够及时有效地解决患者的健康问题。护士在工作中要积极学习和掌握新技术、新方法,以不断地提高护理服务质量和水平。

（2）**和谐之美**：护士要尽力营造和谐的人际关系，包括医护之间的关系、护士与患者之间的关系、护士与家属之间的关系等。护士需要具备良好的沟通技巧和合作能力，与医生、患者及家属建立互相信任、互相支持的合作关系，同时还需要具备良好的情绪管理能力，能够在压力下保持冷静和理性。

（3）**人文之美**：护士要及时关注患者的心理需求和情感状态，为患者提供人性化的护理服务，从患者的角度出发思考问题，用温暖、关爱和尊重的态度面对每一位患者，使其在治疗过程中得到心理上的安慰和关爱，同时在护理工作中注重保护患者的隐私和个人信息，尊重患者的意愿和选择。

（4）**爱心之美**：护士要具备高尚的职业道德和良好的医德医风，始终把患者的健康放在首位，以爱心和责任心为患者服务。爱心之美是一种高尚的情感表达，要求护士以真诚和热情的态度面对每一位患者，用实际行动践行"以人为本"的护理理念，为患者提供全方位、优质的护理服务。

（二）内容与形式的统一——相辅相成

护理内容是护理过程中的具体表现，而护理形式则是护理行为给人们带来的感受与印象。从审美评价的角度来看，护理内容与护理形式应该相辅相成。不符合医学规律的行为即使符合美的规律也不能被判定为美。例如，在吸痰过程中，如果不能准确地把握吸痰管插入气管的深度和操作时间，即使护理操作再优雅、敏捷，也不能称之为"美"。目前我国推行的整体护理、优质护理服务等都充分体现了护理内容的完美结合。

知识链接

优质护理服务

优质护理服务是指以患者为中心，强化基础护理，全面落实护理责任制，深化护理专业内涵，提升整体护理服务水平的一种医疗服务模式。这种模式强调在思想观念和医疗行为上处处为患者着想，把患者的需求放在首位，提供优质、高效、低耗的医疗服务。

优质护理服务的目标是通过改革护理工作模式、重视临床护理、建立科学的管理机制等措施，提高护士的工作积极性，实现患者满意、社会满意、政府满意的目标。

优质护理服务的内涵包括以下方面：①改革护理工作模式：推行责任制整体护理模式。②重临床：全面履行护理职责，包括治疗处置、病情观察、生活护理、康复护理、健康教育、心理护理。③建机制：落实护士岗位管理，进行科学管理，包括护士分层培训及考核、提高绩效待遇等，以提高护士的工作积极性。

（三）共性与差异性的统一——互为存在

在护理审美评价活动中，我们需要兼顾护理审美形态的共性与特殊性，同时也要充分考虑到不同评价主体的差异性，避免以单一的标准来衡量、评价所有的对象。

审美意识既有客观的社会标准，又有多种个体差异。例如，患者心目中护士的美好形象应该是和蔼可亲、落落大方、心地善良、技术娴熟的形象，这些都是患者对护士的审美共性评价。在审美意识的客观标准同一性的前提下，也要允许审美感受个体差异的存在。患者有不同的文化背景、不同的教育环境，所罹患的疾病亦不相同，对疾病的认识和接受程度也有差异。因此护士在贯彻审美意识的社会客观标准的同时，还应该把握个体审美意识，针对不同的患者，实施个性化的护理方案，让患者的审美需求得到满足。

二、护理审美评价的方法

护理审美评价方法是指对护理工作中的各种因素进行评价和判断的方法。护理审美评价方法可以帮助护士更好地了解和评估自己的工作,提高护理质量和水平。

护理审美评价的方法主要包括定性评价和定量评价两种。定性评价是通过观察和描述的方式对护理工作进行评价,主要依靠专业人员的主观判断和经验。定量评价是通过量化的指标和工具对护理工作进行评价,主要依靠客观的数据和统计分析。常用的护理审美评价方法有以下五种:

(一) 观察评价法

观察评价法通过观察患者的生理状况、心理状况,以及护理过程中的各种细节,来评价护理工作的质量。观察评价法可以通过直接观察患者和护理过程,或者通过观察护理记录和护理报告来进行。

(二) 问卷调查法

问卷调查法通过设计问卷,向患者、家属或其他相关人员收集意见和建议,来评价护理工作的效果和满意度。问卷调查法可以帮助护士了解患者对护理工作的评价和期望,从而改进护理服务。

(三) 专家评价法

专家评价法请专家对护理工作进行评价和指导。专家评价法可以通过请护理专家、医生或其他相关专业人员进行评价,从而得到专业的意见和建议,优化和提高护理质量。

(四) 自我评价法

自我评价法是护士本人对自己的护理工作进行评价和反思。护士可通过书写心得、工作总结等方式,回顾自己的护理过程,分析自己的优点和不足,评价自己工作的效果,找出问题,分析、解决问题,从而改进自己的护理态度和方法,提高护理技能和水平。

(五) 对比评价法

对比评价法将同一患者在不同护理条件下的状况进行对比评价,也可以通过比较不同的护理方法、不同护士或不同护理环境下的患者状况,来评价护理工作的效果和差异。此方法可通过护理科学研究的方式进行,由此提升护理质量与护理科研水平。

护士可以根据实际情况选择合适的护理审美评价方法,对自己的护理工作进行评价和改进。通过不断的评价和反思,护士可以提高自己的护理水平,为患者提供更好的护理服务。

第三节 护理审美评价的过程及实施

情境导入

患者,女,66岁,乳腺癌术后。患者已清醒,但表情痛苦,神情不安,经常环顾周围。

护士小李将一只手放在患者的额头上,另一只手握住患者的手,轻声地问道:"您好!您的手术已经结束了。我是您的责任护士小李,我负责监护您的病情。如果您听懂了我的话就请睁开您的眼睛,握一握我的手。"患者按指令做出反应。护士小李继续说:"很好!我知道您已经听懂我说的话了。您现在正处在麻醉恢复期,需要去掉枕头平躺一段时间。这段时间您可能会难受一些,如果您哪里不舒服请一定要告诉我,我帮助您调整体位。现在您可以放心地休息了。"

工作任务:

请对护士小李的护理服务实施审美评价。

一、护理审美评价的过程

审美评价过程包含三个基本要素:一是具有审美感受、审美理解和审美欣赏能力的审美评价主体；二是具有美的特征的客观事物或现象；三是审美评价主体与客观事物相互作用时所产生的审美体验、审美鉴赏、审美评判等。护理审美评价是评价主体通过注意、体验、品味、评判等方式对客观事物的美的特征进行鉴赏的过程。在这个过程中，各种方式相互推动、相互渗透、相互制约，共同发挥作用，由表及里对事物的属性进行评判和鉴赏。

（一）审美注意

审美注意是指人在审美过程中对于特定审美对象的指向和集中。一般来讲，在审美活动之前，审美者需将视、听、嗅等感官集中于审美对象，然后在其美的诱发下产生审美情趣，从而引起一系列的心理体验。

容易引起人们审美注意的事物通常具备两个重要的特征。一是事物整体上的和谐统一。如色彩、线条、比例、结构的相互映衬与协调，以及物、事、人的和谐融合，能够给人以直观的美感冲击，这种冲击容易引起人们的注意，从而产生一系列的审美体验和评价。当人们走进一个病室单元时，色彩的协调、装饰的醒目、空间的宽敞、工作人员的优雅干练会给人们一种整体上的愉悦感觉，作为审美主体的人们会不由自主地赞叹"真美！"这是视、听、嗅等多种感官综合运动的结果，强调的是整体美对人感官的冲击。二是客观事物的新异性，或是在与其他事物的对比中展现出的独特性与鲜明性。新奇、独特的事物比起司空见惯的普通事物更容易引起人们的注意。审美对象在一定的限度内越是新异、越是复杂，就越能引起审美者的注意。同时那些具有强烈的形、色、声等外在刺激的事物，由于鲜明的对比，更容易成为人们注意的中心。因此，在进行病区文化设计时，可以将"温馨提示"等需要患者注意的地方标上醒目的颜色，以获得患者的关注。

由于新异性和对比强度这两个重要因素的影响，人们审美注意的指向和集中有了一定的选择性。这种选择性反映在护理实践中，导致人们容易关注自然环境的整体布局、色彩、装饰等带给人们的审美感受，而忽略人际氛围、语言姿态中所蕴含的审美因素；容易关注护理过程、操作技能中的形式美和艺术美，而忽略护理活动的社会美的特征等。这就要求护士在工作中要有意识地分配自己的审美注意，尽量营造一种既具自然美又具人文美的温馨、愉悦的氛围。护士要注意美的表现形式的新颖独特性，注意内容的创新与实用，以使人们产生审美感受。例如，在病区走廊上悬挂风景画、活泼跳跃的卡通图案或美的建筑与造型图片等，以满足不同患者的视觉审美需求；在适当的空间播放轻柔舒缓的音乐，创造安静而有生命力的休养环境，以满足患者和工作人员听觉审美的需求，从而在整体上营造美的护理环境。同时，也要求评价者在护理审美评价过程中，不仅会被事物外在的、形式的美所吸引，而且能够透过形式感受事物内在的、内容上的美，对审美对象作出客观的评价。

（二）审美体验

审美体验是指客观事物的美带给审美评价者的一种切身感受。感知、理解、情感、想象是这一过程的主要心理因素。

审美感知不同于一般的感知。它带有浓厚的个人感情色彩，与审美评价者的情绪、情感联系紧密。例如，对于绵延的春雨，有人觉得如梦似幻，沉浸在美景中；有人则觉得似泪珠流淌，令人发愁。因此审美需要周围具体意象的刺激和适宜的心境，审美者的审美感知有着与情感情绪紧密相连的主观性。

审美理解是指人对客观事物的审美特性及其规律的领会和把握。它与以概念分析、逻辑推演、理性判断为特征的理论认知存在本质差异，是一种朦胧的、可以意会却难以言传的心理体验。审美理解的方向和程度因人而异，它与审美者的经验、知识、阅历、心境、素养等多种因素有关。例如，护士在给患者进行晨间护理时，对床单位的布置、清扫以及床头柜物品的整理等，都可能是基于医院病房管理要求和护士个人的一种审美理解而进行的，但对患者来说可能主要是为了满足方便的需要而为之。

审美想象是审美评价中比较高级的心理形式。护理审美评价中使用较多的想象方式是类似联想和对比联想。类似联想是通过对审美对象的感知和回忆，引发与其在性质或形态上相似事物的联想。例如，护士对患者无微不至的关心和照顾通常会使患者回忆起自己与亲人相处的情境，从而在心理上产生一种持久的愉悦感，激起患者对护理工作的尊重、依赖和感激，这种情感本身就是对护理美的一种评价。对比联想则是建立在两件事物相互对立的基础上，它的功能在于强化对两件事物所具有的对立关系的理解和感受，如病区的自然环境宽敞、明亮、装饰精美，医疗器械先进、完备，同时，在此工作的医生、护士态度温和、耐心细致，专业且富有亲和力。这种自然条件与人文环境的相得益彰，通过对比联想，更能凸显优质医疗服务带来的和谐美感，也让人们深刻体会到医护职业素养与专业环境协同塑造的重要性。情感的唤起与融入是护理审美评价中的重要环节。任何审美体验必然伴随一定的情感触动，在对美的评判过程中，能够激起人们积极情感体验的事物更容易被认可和赞赏，如护士优雅得体的服饰、亲切随和的言谈，容易使患者产生赏心悦目和温暖亲近的情感反应。

（三）审美品位

审美品位是在审美体验的基础上，对审美对象美的属性的进一步剖析与玩味，是对美的整体意味与内蕴的审视与反思。

在护理审美评价中，需要对护理美的深层韵味与含义进行深入的理解与反复体会，才能对护理这一特殊领域所蕴含的美进行正确和全面的评价。如看到护士外在形象美与操作流畅美的时候，人们会产生一种赏心悦目的感觉，体验到一种直观的美感，这是审美的"知觉层次"；继而人们去体会护士对患者精神上的关怀与体贴，去感受护理操作中流淌的人情味，人们内心会回荡起对护理工作的赞赏与崇敬之情，这是审美的"情感层次"；再则，当人们仔细去品味操作中蕴含的整体的护理美时，会发现美的外在形象中渗透着护士深厚的文化素养与优雅的审美情趣，流畅的操作美反映着护士对科学不懈追求的精神，会深刻体验到科学的精确美与理智美，这是审美的"理智层次"，审美品位就是指这种"理智层次"的对美的欣赏。在品味的基础上，人们方能真正深入地体会事物的美的内涵与实质。

（四）审美评判

审美评判是在审美体验和审美品位的基础上，对客观事物的美丑所作的一种判定与评价。

审美评判的过程是一个感性的审美体验与理性的审美标准相互结合、协调一致的过程。人们审美评判的结果总是与审美者的审美态度、审美观念、审美趣味、审美能力，以及文化修养等直接相关。审美评价者本身须具备良好的审美修养与审美能力，才能真正体会到事物美的内涵，作出符合审美实际的评价，以评价促进审美欣赏和审美创造活动的深入探讨。

二、护理审美评价的实施

护理审美评价的实施内容广泛，渗透在护理工作的各个层面。护理审美评价的实施应充分促进护理实践中真、善、美的统一，达到护理科学与护理艺术的完美一致。护理审美评价的实施主要包括以下几个方面：

（一）制订评价标准

根据护士的专业技能、服务态度、操作规范、沟通能力等因素，制订具体的评价标准，以确保评价的客观性和准确性。

（二）实施评价

由专门的评价人员或小组对护士的服务进行观察和评估，确保评价的全面性和真实性。评价主要从护理活动、护理过程、护理效果三个方面进行。

1. 护理活动的审美评价　在护理活动中始终贯穿着护理审美主体对美的体现，如护士的心灵美、形象美、行为美、语言与非语言美、技术美，以及所提供的环境美等。在审美评价实施过程中，应根据护士护理活动的审美体现实施评价。

（1）护士心灵美的审美评价

1）职业思想美：护士要热爱护理事业，秉持救死扶伤、人道主义和全心全意为患者服务的职业思想。

2）职业道德美：护士应忠于职守、平等地对待患者，确保护理安全、热情服务、以诚相待，廉洁奉公、遵纪守法，同时具备内省、克己慎独的职业道德。

3）职业精神美：护士要做到敬畏生命、爱岗敬业，能够团队协作，具备精益求精的职业精神。

（2）护士形象美的审美评价

1）护士的仪容美：护士的仪容美应该是自然美、修饰美和内在美三种美的有机融合，是三者的高度和谐与统一。护士的仪容应清洁卫生、自然得体、协调一致，妆容应端庄、清丽、素雅、简约，表情应温和、自然，充分体现护士的职业美。

2）护士的仪态美：护士的仪态应自然得体、端庄优雅、谦恭有礼。做到站立有姿、落座有态、行走有相、下蹲得体，充分体现护士健康向上、亲切友善的良好形象。

3）护士的服饰美：护士的服饰美要体现出服饰的实用美、个性美、艺术美的完美结合，要做到整齐得体、整洁庄重、规范统一，以展现护士端庄、素雅的良好形象。

（3）护士行为美的审美评价

1）护士的日常行为美：护士的日常行为主要通过沟通交流、持病历夹、端治疗盘、推治疗车、递接物品、进出病房、搀扶患者、陪同引导患者，以及运送患者而体现。要求护士做到行为的动态美、得体美、文明美和诚信美。

2）护理岗位行为美：门诊护士要热情接诊、主动介绍、及时分诊、礼貌引导、周到服务；急诊护士要迅速接诊、果断处理、密切配合、有序抢救；手术室护士要术前精心准备、术中娴熟配合、术后安全护送；病区护士要热情接待、主动介绍、流畅操作、轻柔呵护、诚恳致谢、真挚祝福。

3）护理不同患者的行为美：护理老年患者应做到尊重、细心、耐心、确保安全；护理儿童患者应做到尊重、爱护，善于应用非语言沟通，护理技术精湛；护理女性患者应做到尊重、理解，维护女性的外在美及功能美；护理肿瘤患者应做到重视心理护理，缓解疼痛；护理危重患者应做到护理技术精湛，重视非语言沟通，注重人文关怀，端正工作态度；护理临终患者应做到尊重临终患者，做好生活护理，注重心理支持。

知识链接

护理工作中的"四轻"

南丁格尔奖获得者、护理教育家黎秀芳在20世纪50年代初提出护士要有善良之心，实行"保护性医疗制度"，不能在语言上、动作上给患者以恶性刺激，要"走路轻、说话轻、关门轻、操作轻"。

"四轻"总结了护士在临床护理过程中的行为要求和动作要求。它突出的是一个"轻"字，贯穿的是一个"行"字，概括的是一个"静"字。病房是患者休息、治疗的地方，休息需要一个良好的环境，休息本身就是一种治疗。"四轻"是对医护人员行为动作的一种规范要求，而"轻"的目的是保持病房的安静，减少不必要的噪声，保障患者静养的环境和良好的睡眠环境。

（4）护士语言美与非语言美的审美评价

1）护士的语言美：要做到内容美与形式美的高度和谐与统一。语言的内容美体现为内容礼貌、真诚、准确、审慎、情感、委婉；语言的形式美体现为语言表达规范、声音表达恰当。因此要求护士的语言能够起到护患沟通的桥梁作用，有利于整体护理的开展，引导医护有效协作，体现护理人文关怀。同时护士的语言要体现出语言的艺术性，要"言之有诚、言之有度、言之有理、言之有礼、言之有术"。

2）护士的非语言美：非语言美是护士内在美与外在美的重要体现。护士在应用非语言交流时要做到多使用辅助语言沟通，利用非语言协调护患关系，指导患者配合治疗，安抚患者情绪；在护理工作中恰当地使用首语、表情语、手势语、体态语、界域语、类语言。同时护士应注重非语言的艺术性，建立良好的"第一印象"，协调各类非语言，关注患者的反馈，灵活运用、把握尺度。

（5）**护士技术美的审美评价**

1）技术熟练程度：护士应该具备熟练、准确、高效的技术水平，能够正确、有效地执行医疗和护理任务，确保患者的安全和治疗效果。

2）操作规范性：护士应该遵守医院或医疗机构的规章制度，遵守护理操作规范，避免出现疏漏和错误，确保护理质量。

3）创新性：护士应该具备创新的意识和能力，能够根据患者的需求和病情，灵活运用技术和方法，为患者提供个性化的护理服务。

4）安全性：护士应该注重技术的安全性和可靠性，确保护理操作的安全性、准确性，避免对患者造成伤害。

（6）**护理环境美的审美评价**

1）病室外环境美：要求体现建筑美、自然美和人文美的和谐统一。病室外环境要与自然环境、人工景观形成和谐的整体；集艺术、实用和审美于一体，为患者创造优美、整洁、温馨、安全、舒适的就医环境。

2）病室内环境美：要求创建温馨、舒适、宽敞、明亮、自然、和谐的病室内环境；科学应用色彩，光线舒适、温湿度适宜、避免噪声、通风良好，空间与装饰尽量满足患者需要，注重安全。

3）医院内不同环境的审美营造

A.门诊部环境应布局合理、舒适安全，提供人性化服务、信息化支持。

B.急诊室环境的营造应从应急的角度出发，满足急诊服务"快""急"的特点。因此急诊室环境应布局合理、标识醒目，保持急救通道便捷、流畅，以"急诊优先"为原则，充分体现人文关怀。

C.手术室环境营造应以清洁安全、安静愉悦、亲切温暖为主要原则。

D.普通病区环境应布局合理、设施功能齐全、整洁舒适、装饰温馨，满足住院患者的心理需求。

E.产科病区环境应温馨舒适，便于家庭参与，施行母婴同室，体现对母婴的人文关怀。

F.儿科病区环境应满足儿童需求，采用卡通装饰，提供适宜的娱乐设施，加强患儿的安全管理，预防医院内感染。

G.老年医学科病区环境应舒适方便、安全设施到位，方便老人生活。

H.重症监护病房应强化对医院内感染的管理，环境设计应满足病情需求、方便诊疗处理，注意营造生活气息，为危重患者提供家属支持。

2. 护理过程的审美评价　护理过程的审美评价不仅仅局限于护理活动本身，还应贯穿于护理的每个阶段，包括护理准备阶段、护理实施阶段和护理完成阶段，在每个阶段都应对护士的审美活动进行评价。

（1）**护理准备阶段的审美评价**：评估护士在护理准备的过程中，是否做到认真、细致、准确、周到。护理准备阶段是做好护理工作的第一步。

（2）**护理实施阶段的审美评价**：护理实施阶段是护理工作的关键时期，也是促进护患关系良性发展的时期，要求护士以饱满的工作热情、娴熟的专业技术、冷静的头脑、灵活的服务方式、有效的沟通技巧为患者提供高质量的服务。

（3）**护理完成阶段的审美评价**：护理完成阶段是护士为患者提供专业服务结束的时期，要求护士为患者记录护理情况、整理床单位、阐释注意事项、满足患者合理需求等，为下一次更优质的护理工作打下了基础。

3. 护理效果的审美评价　护理效果的审美评价主要通过自评、互评和他评实现。

（1）**自评**：护理活动结束后，护士根据护理美学审美评价标准，对护理效果进行自我评价，找出问题及解决方法并总结经验。护士可以通过护理效果评价表、书写心得或工作总结等方式进行自评。

（2）**互评**：护理团队成员之间可以进行互评，以体现团队协作的优越性，使护理工作的整体质量进一步提升。护士之间可以通过护理效果评价表、小组评价等方式进行互评。

（3）**他评**：包括护理管理者的评价和护理服务对象的评价。

1）护理管理者依据护理审美评价标准对护士的护理活动进行审美评价，从而促进护理管理水平及护理质量不断提高。

2）护理服务对象的评价主要以患者的满意度来体现。如通过匿名问卷调查、现场问卷调查、面对面访谈等形式，获取患者对护士服务的满意度，以改进护士的服务态度、服务方式，提升服务质量，从而促进护患关系和谐发展。

（三）反馈结果

将评价结果反馈给护士，指出存在的问题和不足，并提供相应的改进建议和指导，帮助护士不断提高职业素养和技能水平。

（四）定期评估

定期对护士的服务进行评价，促进护理质量不断提高。

（五）注意事项

在进行护理审美评价时，需要注意以下几点：

1. 评价应该客观公正，避免主观偏见和利益冲突。

2. 评价应该注重对过程和结果的综合评估，不能只看表面现象。

3. 评价应该注重与护士的沟通和协作，共同提高护理质量。

4. 评价应该注重持续改进，不断优化评价方法和标准，提高评价的有效性和适用性。

护理要真正成为科学与艺术结合的学科，必然离不开美学的熏陶。在护理实践的发展过程中不断创造美的事物，并通过评价促进美的创造，使护理活动逐渐趋向完美，这正是护理审美评价的目的所在。总之，护理审美评价是提高护理质量、增强患者满意度和信任度的重要手段，应该得到重视和实施。

（何　岩　王淑芳）

思考题

夜班张护士在查房时，发现刚做完手术的患者小李面色苍白、痛苦呻吟。张护士主动询问小李的情况，得知小李因手术切口疼痛难忍而无法入睡。张护士迅速报告医生并遵医嘱为小李进行了止痛药物治疗。接着，张护士仔细地检查了小李的伤口，协助她调整到舒适的体位以减轻疼痛。为确保小李在咳嗽或变换体位时能够更加舒适，张护士还为她准备了一个枕头。在张护士的精心护理下，小李的疼痛逐渐缓解，并很快入睡。

请你从护理审美评价的视角，分析一下张护士的行为。

ER 10-3

练习题

[1] 王晓莉,孙海娅,王淑芳.护理礼仪与人际沟通[M].北京:高等教育出版社,2021.

[2] 余雨枫.护理美学[M].4版.北京:中国中医药出版社,2021.

[3] 王文姬,金胜姬.护理人文修养与沟通[M].3版.北京:人民卫生出版社,2021.

[4] 孙宏玉.护理美学[M].北京:北京大学医学出版社,2020.

[5] 李小妹,冯先琼.护理学导论[M].4版.北京:人民卫生出版社,2021.

[6] 李敏艳,莫运晓,李斌.大学美育[M].北京:中国纺织出版社,2021.

[7] 李睦,沈晖.美育教师手册[M].北京:清华大学出版社,2023.

[8] 刘义兰,翟惠敏.护士人文修养[M].3版.北京:人民卫生出版社,2022.

[9] 谢红珍,袁长蓉,沈园园,等.《中国护士伦理准则》内容解读[J].中国医学伦理学,2020,33(10):1234-1242.

[10] 吴琳凤,刘永兵,孙凯旋,等.人文关怀视域下护生职业精神培养现状与对策[J].上海护理,2020,20(6):49-52.